# 完善国有大型企业资产风险管理体制研究

# Wanshan Guoyou Daxing Qiye Zichan Fengxian Guanli Tizhi Yanjiu

杨志远 著

西南财经大学出版社
中国·成都

**图书在版编目(CIP)数据**

完善国有大型企业资产风险管理体制研究/杨志远著.—成都:西南财经大学出版社,2017.12

ISBN 978-7-5504-3309-0

Ⅰ.①完… Ⅱ.①杨… Ⅲ.①国有企业—风险管理—研究—中国
Ⅳ.①F279.241

中国版本图书馆CIP数据核字(2017)第298149号

**完善国有大型企业资产风险管理体制研究**

WANSHAN GUOYOU DAXING QIYE ZICHAN FENGXIAN GUANLI TIZHI YANJIU

杨志远 著

责任编辑:杨婧颖

责任校对:张特丽 陈佩妮

封面设计:张姗姗

责任印制:封俊川

| | |
|---|---|
| 出版发行 | 西南财经大学出版社(四川省成都市光华村街55号) |
| 网　　址 | http://www.bookcj.com |
| 电子邮件 | bookcj@foxmail.com |
| 邮政编码 | 610074 |
| 电　　话 | 028-87353785 87352368 |
| 照　　排 | 四川胜翔数码印务设计有限公司 |
| 印　　刷 | 成都时时印务有限责任公司 |
| 成品尺寸 | 185mm×260mm |
| 印　　张 | 13.5 |
| 字　　数 | 440千字 |
| 版　　次 | 2017年12月第1版 |
| 印　　次 | 2017年12月第1次印刷 |
| 书　　号 | ISBN 978-7-5504-3309-0 |
| 定　　价 | 78.00元 |

# 序

中国特色社会主义进入新时代。要实现党的十九大提出的建设社会主义现代化强国的发展目标，就必须坚持习近平新时代中国特色社会主义思想的引领，在新的历史起点上开启改革开放的新征程。围绕社会主要矛盾转化，如何通过全面深化改革来实现国家发展战略的系列调整，是当前要解决的理论和现实的重大问题，其中按照新的使命要求，深化国有企业改革是实践提出的迫切要求。

国有企业改革，就是要找到公有制与市场经济相结合的有效路径。这一改革贯穿中国经济体制改革始终。回顾历史，农业农村改革、财税体制改革和国有企业改革，是中国经济体制改革的三件标志性事件。没有这些改革就没有中国经济的成功。今天，在全面深化改革的历史性进程中，这三个领域的改革，再一次成为启动中国经济发展新进程的关键所在。一代人有一代人的使命，一代人有一代人的长征。推进新时代的国有企业改革，是新时代中国特色社会主义建设的必然路径。

企业、监管体制和产业布局的整体变革，是国有企业改革一贯的要求。要推进这一过程，不仅需要恰当的战略部署、有力的政策执行，还需要获得对国有企业的整体性社会认知的支持，站在新的历史方位的高度，对国有企业改革的过去、现在和未来给予逻辑自洽的理论解释、技术分析和恰当合理的实践前瞻。为此，在国有企业改革历史研究的基础上，形成规范、实证可靠的、稳定的改革理论，就成为当前理论研究关切的集中指向所在。国有企业改革是中国特色社会主义发展历史进程的有机构成部分。改革的探索构成了中国特色社会主义实践经验的重要来源，改革的成就则形成了中国特色社会主义的现实经济构成。必须要承认，改革并非一开始就是在完整的理论指导下开展的。在很多非常具体的环节上，理论的发展远远落后于实践，根本谈不上对实践的指导。但经过了近四十年的改革之后，实践的展开已经为理论的发展提供了丰富的土壤，过去改革的成效已经充分显现。理论第一次可以在整体的意义上，形成对改革实践的指导。这种指导性，既来自历史经验的积淀，也来自对改革进程的理论反思与系统建构。

从历史经验上看，国有企业改革是一个理论与实践不断相互作用的探索过程。公有制与市场经济相结合，并无理论的既定模式，也缺乏实践的参考样本。我国的国有企业改革就是在一个不断试错的过程中得以深入展开的历史过程。单独地就某一个具体的发展时期来看，国有企业改革的阶段性目标可能并不是理论上能够加以充分证实的内容，但无疑会同理论的整体包容性契合。在一定程度上，针对具体问题的相机性决策的特征远强于长远的目标与规划特征。然而正是这种问题导向的阶段性改革的累积，塑造了公有制与市场经济相结合的“中国模式”。这一模式实现了三个方面的结合。一是通过治理创新实现了国有经济与市场经济的有机结合。主要表现在国有经济层面的“抓大放小”改革，使得国有经济收缩战线，集中到关系国计民生的重点产业中去，由此为中国的民营经济发展、国有经济效率的提升创造了基本条件。二是通过管理改革实现了国有企业制度与现代管理制度的有机结合。混合所有制的日渐铺开、企业法人治理结构的日趋完善、现代企业制度的全面确立、管理层级的压缩等国有企业层面市场化改革在企业内部建立起了现代管理制度体系。三是通过职能赋予实现了国有资本与社会责任的有机结合。在追求经济价值的同时，确保国有资本履行国家赋予的宏观调控、社会责任与财富载体的职能，是我国国有资本区别于其他社会资本的重要特征。马克思指出，“分配的结构完全取决于生产的结构，分配本身就是生产的产物，不仅就对象说是如此，而且就形式说也是如此。就对象说，能分配的只是生产的成果，就形式说，参与生产的一定形式决定分配的特定形式，决定参与分配的形式”。中国国有企业改革的历史经验充分证明，社会主义终极价值在具体经济制度中间的实现，不仅仅局限在分配领域，也必须能够在生产领域中实现。这是改革给我们留下的最大经验。

改革的历史演进为理论的建构提出了命题。在新时代，如何在一个一贯的逻辑框架之下推进国有企业改革，如何让国有资本更为有效地发挥国家赋予的应有职能，如何让国有经济成为中国特色社会主义的重要制度实现形式之一，不仅需要实践的积极探索，更需要理论的有力指导。一定要加以明确，新时代，国有企业改革不再是“摸着石头过河”，改革的路径指向已经非常明确，就是做强做优做大国有企业。第一次国有企业改革，我们把全民所有制企业改成了国有企业，开启了公有制与市场经济相结合的实践推进过程。第二次国有企业改革，我们一方面抓大放小，形成了国有经济、民营经济协同共进的既有格局，另一方面进行了国有资产管理体制改革，实现了管理重点由企业向资产聚焦的转变。由此耦合形成本轮国有企业改革的推进逻辑，一方面通过成立资本运营公司，要实现管理重点从资产向资本的转变，另一方面通过大力推进混合所有制改革，找到资本运营的有效实现形式，使得国有资本的国家职能履行具有更多广泛和多元化的实现形式。国有企业改革是一个梯次演进的历史进程，并不是一个无限循环的死结。在理论研究上必须要厘清，国有企业改革的最终目的是要为社会主义现代化强国塑造一个强大的公共财富基础。这一财富基础的首要价值预期就是其可持续的生产属性。因此，促进国有资本向公共财富转变和聚焦是国有企业改革的无法推卸的历史责任。

本书是对国有大型企业资产风险管理的理论研究。其目的，是要围绕国有资产的风险管理与控制，探讨国有资产管理体制和国有企业改革的重点与目的，构建起以资产风险为导向的企业资产风险管理体系。本书认为，以资产风险溢价为目标的企业资产风险管理，要求企业资产管理由传统管理转变为风险导向的企业资产管理。当前国有资产运营存在“排序悖论”，即国有资产存在着资产经营效率与资产规模之间的负相关关系。解决这一问题的理论框架在于，国有资产风险管理系统可以分为两个大的域，一是资产风险治理域，二是资产风险管理域。国有资产风险治理域的核心要素主要包括资产定价、交易市场与风险应对策略。资产风险管理域的核心要素，包括了监管、运营和使用等三种活动。构建风险导向的资产风险管理系统，在监管层面，必须把握国有资产战略方向，必须明确国有资产运营主体的风险承担职能、风险阻断职能、风险治理职能，必须推进混合所有制改革以提高风险应对能力。

本书的研究特色包括以下三个方面：一是研究视角。从资产风险的角度展开对国有资产监督管理体制和国有企业改革的系统研究，在已有的研究中尚不多见。二是理论基础。对于资产风险的认识，基于“风险溢价”理论展开，是对强化风险管理理论基础的积极尝试；结合国有资产风险管理理论与实践，提出了公有制与市场经济相结合的政治经济学式理论归纳。三是对策研究特色。本书提出了一系列有针对性的国有资产风险管理体制改革对策建议。基于此，本书的主要建树在于以下三个方面：一是提出了基于资产风险视角的国有经济改革的认识方法，即企业——资产——资本——公共财富。二是构建了基于资产风险防控思想的国有资产监管和国有企业改革思路，并与现实的改革进程做了比较。三是提出了监管、运营、使用的新国有资产监管“三角形”，为彻底解决国有资产配置和使用中存在的“排序悖论”奠定了理论基础。

本书的研究，是对国有企业改革进行理论建构的积极探索。当前的研究尽管还有较为明显的拓展空间和需要完善的地方，但可以合理预见，只要假以时日，作者围绕国有企业改革这一内容将展开的持续深入研究，必将形成丰硕的理论成果，对国有企业改革的实践形成有益的理论支撑，进而为公有制与市场经济相结合这一伟大命题提供持续的理论解答。

**陈永正**

2017 年 7 月

# 目 录

# 1. 导论

## 1.1 研究背景与意义

本研究是对国有大型企业资产风险管理的理论研究。其目的是要围绕国有资产的风险管理与控制，探讨国有资产管理体制和国有企业改革的重点与目的，构建起以资产风险为导向的企业资产风险管理体系。之所以进行这一研究，主要是基于以下几个方面的考虑。

### 1.1.1 经济转型与国有资产形态转换

我国经济进入发展新常态，意味着以生产方式的大规模变化为主要特征的传统工业化发展进入尾声，以生活方式的大规模变化、城市经济的快速崛起为特征的新经济发展正式拉开序幕。经济结构调整作为当前经济运行中最为突出的现象，同时也是最大的难题，已经形成了诱致性经济制度变迁出现的现实环境。在这一进程中，处于传统关键行业的国有资产以及由这些国有资产的持有而形成的国有企业，存在着战略性调整的必要性与可能性。必要性在于，国有资产有必要从驱动传统工业化的产业中转移出来，进入驱动新经济的新兴产业中去，只有这样，中国特色社会主义市场经济的经济基础才能在持续的调整与发展中得到巩固。可能性在于，经过长期的改革与发展，我国已经形成了一套符合我国国情的国有资产管理体制，使得国有资产通过市场来实现战略性调整成为可能。在包括“十三五”在内的十年时间内，国有资产的大规模战略布局调整将成为在实践中不断强化国有资产风险管理的最大现实需求。

### 1.1.2 深化改革与国有企业战略调整

从20世纪80年代的国有企业改革，到20世纪末21世纪初国有企业“三年脱困”，再到进入经济发展新常态之后的新一轮国有企业改革，大约每隔二十年，就有如此大规模的国有企业改革。尽管时间流逝，企业不同，环境不同，但效率低下、经营困难、债务危机这些关键词汇，在每一次的国有企业改革中都会被提及。改革的轮回所反映的，是国有企业还不是一个完全独立的市场主体，由此形成的缺乏风险约束的市场活动，必然会导致同类问题的反复发生。这一问题的解决，并不是如同有的研究者所提出的方案那样，对国有企业做彻底的市场化就能解决问题。必须认识到，当前的国有企业，首先是国有资产的承担平台，其次才是一个市场化组织。前者的属性远强于后者。只要国有资产还存在，就必然有国有企业。“消灭”国有企业，等同于拿掉国有资产的承载平台，并不符合我国当前发展阶段的内在要求。因此，必须要通过国有企业内部的改革，建立起符合国有资产风险管理要求的风险防控体系，提高风险防控能力，使其能够完成承载国有资产的目标。

### 1.1.3 市场拓展与国有资本“走出去”

随着我国经济开放水平的提高，企业走出去投资开发新产业已经成为发展趋势。可以预见，“一带一路”倡议的深入实施，还会进一步加快这一发展趋势。国有资本作为对外投资的重要企业群体，其海外投资效率如何、投入风险控制水平高低，影响甚大。对于多数国有企业而言，对外投资是新事物。企业在面对国际市场时，缺乏必要的认识，缺乏对规则的理解，缺乏规范的操作，所有这一切，都会成为投资和经营活动最大的风险源。要加强对国际经济活动的管理，就有必要建立起国有资产风险管理体系，对投资于境外的国有资产加强管理。

## 1.2 研究方法

本研究在国有资产管理体制、风险管理制度建设的内容方面，采用了制度比较研究的方法；在国有大型企业资产及其风险分析的内容方面，采用了定量分析方法和案例分析方法；在国有大型企业资产风险管理体系构建方面，采用了模型分析方法。

## 1.3 主要使用的概念

国有大型企业、资产与资本、风险和管理体制是本研究使用的主要概念。其中，国有大型企业是研究所指的企业组织；资产与资本是从两个不同的角度对国有企业各种形式的资产的指称，也是风险管理研究的重点；风险既是研究的视角和方法，也是资产研究的主要切入点；管理体制是研究的落脚点。在下文的研究中，如无特别的说明，对于上述概念内涵的解释与说明均以此处的阐述为准。

### 1.3.1 国有大型企业

可以从三个层面界定本文所指称的“国有大型企业”这一概念。

第一，国有企业。按照2008年10月28日通过的《中华人民共和国企业国有资产法》（以下简称《企业国有资产法》）的界定，国家出资企业是指“国家出资的国有独资企业、国有独资公司以及国有资本控股公司、国有资本参股公司”。

这是从出资主体的角度对国有企业进行的列举式界定。在2015年8月发布的《中共中央、国务院关于深化国有企业改革的指导意见》（中发〔2015〕22号）中指出，“国有企业属于全民所有，是推进国家现代化、保障人民共同利益的重要力量，是我们党和国家事业发展的重要物质基础和政治基础”。其主要贡献在于“推动经济社会发展、保障和改善民生、开拓国际市场、增强我国综合实力”。

这一内涵式界定明确了国有企业的企业性质、全局定位和功能。

第二，大型企业。按照2011年《关于印发中小企业划型标准规定的通知》（工信部联企业〔2011〕300号），按照营业收入、从业人员和资产总额3项指标和16个行业类别，符合下限标准的企业就是大型企业。由于绝大多数国有大型企业的相关指标都远高于标准，因此，这一界定对于国有大型企业来说，仅具参考价值。从研究的角度看，从这一标准来对国有大型企业进行研究，其价值在于提供了比较的参照标准，可以对国有大型企业资产管理与其他性质企业的资产管理进行比较，发现差异。

第三，大型国有出资企业。可以按照《企业国有资产法》，大型国有出资企业是指“国务院确定的关系国民经济命脉和国家安全的大型国家出资企业，重要基础设施和重要自然资源等领域的国家出资企业，由国务院代表国家履行出资人职责。其他的国家出资企业，由地方人民政府代表国家履行出资人职责”。

这一界定给出了国有大型企业的三个基本特征。即特定的存在领域、明确的出资主体和分级的出资人职责履行体制。这三个方面基本界定的任何制度性调整或者存在状态的变化，都会在概念层次改变国有大型企业作为研究对象的外延。

本文所研究的国有大型企业，按照2015年12月发布的《关于国有企业功能界定与分类的指导意见》，包括了商业类和公益类两类国有大型企业。文件指出，“商业类国有企业以增强国有经济活力、放大国有资本功能、实现国有资产保值增值为主要目标”“公益类国有企业以保障民生、服务社会、提供公共产品和服务为主要目标”。

不同类别的国有大型企业，由于其资产运营目的的差异，其资产风险管理在体制设计上也必须形成适应性的调整，以满足企业存续目的的要求。因此，资产风险管理的一般性框架设计与适应性调整，就成为本研究的重点内容之一。对于金融类的国有企业，由于其运行领域的特殊性和管理主体、适用规则的差异，在本研究中不再涉及。

### 1.3.2 企业国有资产与国有资本

《企业国有资产法》界定，企业国有资产（下文均简称国有资产）是指“国家对企业各种形式的出资所形成的权益”。要明确这一概念，在实践中首先必须明确界定“国有”，其次还必须界定“资产”，“国有”是“资产”的属性约束，“资产”是“国有”的类型规定。

对于“国有”这一属性约束，必须明确以下两点。第一，“国有”属性的跨组织性。2012 年 4 月 12 日发布的国有资产监督管理委员会令第 29 号《国家出资企业产权等级管理暂行办法》（以下简称 29 号令）明确指出，“国家出资企业、国家出资企业（不含国有资本参股公司）拥有实际控制权的境内外各级企业及其投资参股企业（以下统称企业），应当纳入产权登记范围。国家出资企业所属事业单位视为其子企业进行产权登记”。换言之，只要出资主体明确，无论资产存在的组织性质有何差异，资产的性质都属于国有产权。第二，对于出资主体的识别，主要在于实际控制权，并不强调追溯出资行为。29 号令指出，“前款所称拥有实际控制权，是指国家出资企业直接或者间接合计持股比例超过 50%，或者持股比例虽然未超过 50%，但为第一大股东，并通过股东协议、公司章程、董事会决议或者其他协议安排能够实际支配企业行为的情形”。

在 2016 年出台的《企业国有资产交易监督管理办法》（第 32 号令）中沿用了这一界定。从这一识别标准出发，形成的需要进行产权登记的国有企业，所拥有的资产未必全是国有资产，企业的组织形式也未必全是企业。在混合所有制快速发展的进程中，国有企业未必全是国有资产，而国有资产也未必全在认定的国有企业中。这样高度复杂化状态下的资产结构与组织结构，对以资产为主要目标的管理方而言，显然有非常强烈的风险控制需求。

对于“资产”这一类型规定，要明确以下两点。第一，强调增加值。资产是由商业机构、组织或个人所拥有的，具有商业或者交换价值的东西。① 能够实现价值的增值是资产的首要特征和功能。第二，以企业为载体的资产组合。对于资产的研究，本研究并非从资产或者资产组合出发，对资产的价值增值进行分析和比较，而是基于企业组织，从企业整体作为资产的承载平台的角度出发，对价值增值进行研究。这一点，在《关于以经济增加值为核心加强中央企业价值管理的指导意见》（国资发综合〔2014〕8 号）中有较为明确的体现。文件指出，“经济增加值是指企业可持续的投资收益超过资本成本的盈利能力，即税后净营业利润大于资本成本的净值”。

因此，在本研究中，基于资产组合的风险管理是从属于企业资产风险管理的一个子系统。相对于一般意义的资产而言，以企业为载体承载的资产，类型更为综合，形式更为多样，价值增值的渠道更为灵活。就风险管理的研究而言，综合性更强。

另外一个需要明确的概念就是“国有资本”。这一概念的使用，主要有两种情况。

---

① Asset：Anything having commercial or exchange value that is owned by a business, institution, or individual. John Downes, A. B. Dictionary of Finance and Investment Terms（9th Edition）［M］.

一是与集体资本、非公有资本对照使用，以示区别。这在国有企业改革进程中曾经多次出现。例如，《关于推进国有资本调整和国有企业重组的指导意见》(国办发〔2006〕97号）中就指出，“加快国有大型企业股份制改革，完善公司法人治理结构，大力发展国有资本、集体资本和非公有资本等参股的混合所有制经济，实现投资主体多元化，使股份制成为公有制的主要实现形式”。

二是作为一个监管对象，作为国家出资企业的统称，在管理和理论研究中加以使用。在这一层次上使用的国有资本，侧重从资产的角度，以“出资”为基本依据，对国有企业进行描述，并按照资产活动的基本特征对国有企业的经营活动进行监督和管理。在2007年公布的《中央国有资本经营预算编报试行办法》中对于国有资本纳入监管范围的内容主要包括了收益和支出两个部分（见图1-1)。而国有企业作为一个基本的监管对象单位，对于国有资本的经营负有直接和明确的责任。

| ·国有资本收益<br>（1）利润收入；<br>（2）股利、股息收入；<br>（3）产权转让收入；<br>（4）清算收入；<br>（5）其他国有资本经营收入；<br>（6）上年结转收入。 | ·国有资本支出<br>（1）资本性支出；<br>（2）费用性支出；<br>（3）其他支出。 |
|---|---|

**图1-1　纳入监管内容的国有资本内容**

新的国有企业改革意见明确提出“国有资本”的概念。之所以如此界定，出于以下几个原因。其一，与行政单位所属的国有资产相区分。大的国有资产概念显然包括了行政单位的国有资产。而国有企业改革所涉及的国有资产，则是企业国有资产。对于企业国有资产，采用国有资本来统称，在管理上更为清晰。其二，突出国有资产的功能性。国有资产之所以是国有资产，不仅仅在于形式，更在于其所承担的职能。其三，发展阶段所需。在工业化后期的发展阶段上，国有资产所承担的职能正在发生变化，在这一阶段上，在监管、运营的过程中突出资产的资本性，更能体现资产管理的意图。在实际的国有企业经营过程中，企业层面的国有资产和国有资本区别并不大，在较多的场合是可以混用的。但在本研究中，有必要区分国有资产和国有资本。其原因在于，国有企业层面的资产风险管理并不能涵盖国有资产风险管理的全部内容。国有资产作为一个整体，其风险管理的重要性，无论是在经济、社会还是在政治意义上，都远高于单个企业的风险管理。要区别这两个层次的风险管理研究，在概念的使用上就有必要做出区别。因此，在下文的研究中，如果不做特殊的说明，在国有企业层面的资产风险管理研究中均使用“国有资产”来指称研究对象，而在国有资本监管层面的资产风险管理研究中，则均使用“国有资本”来指称研究对象。

同时，还需要注意的是，在研究企业国有资产或者资本的时候，必须要对国有企业中的非国有资产加以重视。在很多情况下，国有企业资产的范围要大于国有企业的国有资产或者资本的范围。国有企业资产的风险管理与国有企业的国有资产的风险管理未必有一致的规则。从严格的意义上看，企业层面的国有资产风险管理，实际上就是国有资本的风险控制问题。

### 1.3.3 国有资产管理

在我国社会主义市场经济的发展进程中，国有资产管理是一个随着发展阶段变化、内涵逐渐丰富的词汇，这一过程至今还在持续变化着。认真梳理这一历史过程，可以发现，国有资产管理至少有以下几种不同的内涵。

第一，在市场化改革的早期，国有资产管理的主要内容就是资产权属的明确与产权管理制度的建设。1991 年国务院第 91 号令《国有资产评估管理办法》指出，国有资产评估就是为了“正确体现国有资产的价值量，保护国有资产所有者和经营者、使用者的合法权益”。在股份制改造时期，国有资产管理的重点是产权界定和国有股权行政管理。《股份有限公司国有股管理暂行办法》（国资企发〔1994〕81 号）明确提出，“国有企业改建为股份公司，要按国家有关规定进行产权界定”“国有资产管理部门是国有股权行政管理的专职机构”。

对于国有股权行政管理工作，主要包括：

一是贯彻以公有制为主体的方针，保证国有股权依国家产业政策在股份公司中的控股地位。二是坚持政企职责分开，维护国有资产权益，依法落实股份公司法人财产权。三是促进国有资产合理配置，优化国有资产投资结构，提高国有资产运营效益。四是保障国有股权利益，做到与其他股权同股、同权、同利。

为确保国有资产在改革过程权利的实现，《企业国有资产产权登记管理办法》（1996 年国务院令第 192 号）提出了新的资产管理职能，“加强企业国有资产产权登记管理，健全国有资产基础管理制度，防止国有资产流失”。

第二，随着改革的深入，国有资产的运营效率也进入国有资产管理的内容中。《国有资本金效绩评价规则》（财统字〔1999〕2 号）指出，“有资本金效绩评价是指运用科学、规范的评价方法，对企业一定经营期间的资产运营、财务效益等经营成果，进行定量及定性对比分析，做出真实、客观、公正的综合评判”。

《国有资本保值增值结果计算与确认办法》（财统字〔2000〕2 号）规范了国有资本保值增值考核工作；《国有大中型企业建立现代企业制度和加强管理的基本规范（试行）》则对现代企业制度在国有大型企业的建立提出了引导性要求。《企业集团内部效绩评价指导意见》（财统字〔2002〕17 号）对国有集团母公司对所属子公司的年度经营效益和经营者业绩实施综合评判进行了规范性指引。

第三，国有资产管理体制正式形成。《企业国有资产监督管理暂行条例》（2003 年国务院令第 378 号）对国有资产管理进行了正式的原则性界定，“国家实行由国务院和地方人民政府分别代表国家履行出资人职责，享有所有者权益，权利、义务和责任相统一，管资产和管人、管事相结合的国有资产管理体制”；管理的主体是“国务院，省、自治区、直辖市人民政府，设区的市、自治州级人民政府，分别设立国有资产监督管理机构。国有资产监督管理机构根据授权，依法履行出资人职责，依法对企业国有资产进行监督管理”；管理主体的基本职责是“国有资产监督管理机构不行使政府的社会公共管理职能，政府其他机构、部门不履行企业国有资产出资人职责”。

在这以后，国有资产管理尽管随着发展态势的变化，在内容上有所变化，但管理的框架没有大的调整。在这一框架下，国有资产管理显然存在两个层次，一是国有资产监管层面上的，二是国有企业经营层面上的，前者是后者的制度性约束，后者是前者的实践支撑，两者互为补充。本研究报告对国有大型企业资产风险管理体制的研究，就是基于这一国有资产管理体制展开的。

### 1.3.4 风险与风险管理

风险（Risk）一词最早出现在12世纪的西方。对于“风险”这一词汇的词源，语言学家的认识并不统一。主要有三种说法（Mercantini，2015）。一说是源自拉丁语的动词“*secare*”，意指能够划破船体的海上暗礁。二说是源自阿拉伯语“*rizq*”，意指来自神的偶然的、没有预计到的礼物，这一礼物可以是好的，也可以是坏的。三说是源自罗马语动词“*rixicare*”，意指一种危险且肆意的争执。17世纪以后，随着概率理论的形成，风险成为概率理论的专业术语，即“事件发生可能性的数学期望”（Bernoulli，1738）。这一概念在当前的数量化风险评价中还在被广泛使用。

20世纪以后，新技术的发展以及随之形成的社会性危机事件的高频度发生，催生了风险分析和管理系统，并被广泛应用于各类产业领域中。由此形成了众多的风险认识与概念。在经济领域中，由于世界市场联系在技术支撑下日益深入，对资产价格波动的把握成为经济活动必要的内容，基于各种经济目的的风险研究也由此展开。在不同的研究领域，风险的含义各有不同，表现出高度多样化的特征。

COSO的《全面风险管理——整合框架》（Enterprise Risk Management - Integrated Framework，ERM），把风险定义为源于企业组织内部或外部的影响组织运营目标实现的事件的发生并给目标带来负面影响的可能性水平。在这一表述中，与“风险”对应的是“机会”，即源于企业组织内部或外部的影响组织运营目标实现的事件的发生并给目标带来正面影响的可能性水平。ISO/FDIS 31000：2009风险管理国际标准将风险定义为“与目标有关的不确定性的程度”（Effect of Uncertainty on Objective），所谓程度，就是与期望的偏离。从目前使用的风险一词看，有两个关键的内容，即不确定性（Uncertainty）及其结果（Outcomes）。风险就是事件的结果以及与事件相关的可能性。这是一个一般性的概念。

总的来看，对于风险，从方法论的角度看，有的研究将其视为客观存在的研究对象（Rescher，1983），有的研究则将其视为人类思维形式的表现和管理工具的延伸，是一种值得对其进行专门分析的社会性建构的产物（Caeymaex，2007）。有的研究则认为，风险是基于现实的，但风险只能通过人类建构的工具才能被察知（Beck，2009）。本研究侧重于第三种观点。风险既是企业资产管理必须要应对的现实问题，存在于企业资产运营的现实中，同时又高于现实，是企业资产风险管理必须要加以熟练应用的管理工具。

本书所研究的风险是基于特定组织（企业）和特定对象（资产）的风险。组织约束决定风险的应对偏好集合，资产约束则决定风险的应对策略集合，两者共同构成企业的风险管理空间。本文对国有企业资产风险管理的研究，必须要基于以上两个基本的维度展开。一是企业风险管理（Enterprise Risk Management，ERM），即企业风险管理空间的制度化构建。二是资产风险管理。第一个维度描绘资产风险管理的平台以及策略约束，第二个维度则研究资产风险管理的流程、工具与操作。需要指出的是，由于风险类型因企业组织、发展阶段和市场环境而变化，因此企业的资产风险管理所面对的风险，有较多的类型，在这里并不对风险类型做界定。在具体分析国有企业资产风险管理的过程中，再对这一分类问题进行展开。

企业风险管理的平台由两个部分构成。一是法人治理结构，这一结构规定了企业应对风险的责任主体、能力大小和应对机制。二是风险管理体系，这一体系支撑着风险管理的实际运作。对于国有企业资产风险管理而言，不能仅仅局限于第二个层次的探讨，应该在第一个层次领域拓展研究思路。这也是本研究致力展开的领域。在企业风险管理的平台上，以下三个方面构成了资产风险管理的基本策略约束。第一，风险管理是一系列规则、程序、活动、角色定位、职责和基础设施的协调配合而构成的系统，这一系统被用于控制组织行为过程中面临的风险事件。第二，企业风险管理是经理层用于管理整个企业风险事件集合的一个系统。第三，就一个组织而言，风险具有相对性，随企业文化、经营流程、结构、战略、政策、目标等内外部因素所形成的综合背景（Context）的变化而变化。

## 1.4 研究框架

本研究包括了六个部分。

第一部分是导言，主要介绍了本研究的背景与意义、研究方法、主要概念以及研究框架。

第二部分国有资产管理体制分析是整个研究的政策介绍与历史分析基础，对国有资产管理体制进行分析，在回顾了国有资产管理体制的发展与变迁历史基础上，对当前的国有资产管理体制进行了特征归纳，在此基础上，探讨了资产风险管理在国有资产管理体制中的定位。

第三部分企业资产风险管理框架是对企业资产风险管理框架展开了理论和实证的分析，以此构建研究的理论基础。在对企业风险管理的操作性框架进行介绍之后，对企业资产风险进行了一般性描述，在此基础上，对资产价格目标导向的风险管理机制设计的理论基础进行了研究，构建了资产风险管理理论的政治经济学基础。

第四部分国有大型企业资产构成及其风险因素分析是对国有大型企业资产构成及其风险因素展开分析。首先展示了当前国有大型企业的资产总体规模及其特征，即“排序悖论”，然后对国有大型企业的一般性组织形态的资产属性和集团公司制展开分析，并探讨了集团公司制下的企业资产风险管理，在此基础上对国有大型企业资产风险因素进行了分析和研究。

第五部分国有大型企业资产风险管理体制的运行分析是对国有大型企业资产风险管理体制的运行情况展开分析。研究从资产风险的可控性探讨，分析了影响当前国有资产风险可控性的原因和提高可控性的必要条件，对国有大型企业资产风险管理的发展现状进行研究，在此基础上，对资产风险防控的运行机制进行了分析。

第六部分完善国有大型企业资产风险管理机制的对策研究是对策性研究。提出了国有大型企业资产风险管理系统的总体思路和运行原则、机制，在此基础上，围绕构建风险导向的资产风险管理系统，从监管、运营和使用三个方面进行了对策研究。

## 1.5 主要观点

“国有资产管理体制分析”部分认为：①只要有国有资产，就有国有资产管理的实践性需要存在，无论在制度安排上是否存在一个确定的管理主体。国有资产管理的目的也并非既定不变，而是服务于社会主义市场经济发展的现实需要。②国有资产管理体制存在从企业到资产、到资本、到公共财富的管理对象的依次变化。③国有资产管理主体包括了中央、地方和企业的层级式组织系统。由这三个层面构成的国有资产管理组织系统，是中国特色社会主义市场经济的重大组织创新成果。④国有资产管理职能存在监管、确权、引导的三元复合界定。⑤资产的风险管理是企业组织在市场活动中自然派生出来的现实需要。⑥要构建国有资产风险管理体制，必须进一步突出企业在国有资产管理中的主体地位，进一步强化企业国有资产管理的市场化手段，进一步在国有资产监管体制中丰富风险控制的市场化手段。

“企业资产风险管理框架”部分认为：①通过风险管理，提高企业的六种能力，即协调组织的风险偏好与应对战略、规范风险应对决策、降低操作中的非预期事件及其损失、全方位识别和管理多重风险、主动把握机遇、优化资产的动态配置。②风险管理主要在风险治理、控制集成和风险约束三个维度上展开。③在根本的意义上，企业组织的风险控制，是资源付出与风险控制技术的权衡。④从风险管理和外部市场的情况看，企业可以加以利用的风险控制策略和工具大致可以分为三个类别，一是市场参与度，二是组织规模与形态，三是利益相关者共同参与。⑤资产权益的完整性，是企业资产风险管理的重点关注点。主要包括以下几个方面。第一，资产权益的原初状态是否明确；第二，资产结构是否清晰；第三，资产有无市场定价基础；第四，资产管理是否存在管理层不当控制；第五，是否有足够的准备金覆盖风险。以上五个方面的关注重点，构成了企业风险管理的五个风险来源，也是五个管理重点。⑥交易及风险溢价是资产风险管理的理论基础。⑦一个基于交易风险溢价的企业资产风险控制理论，必然包含三个层次的理论建构，一是企业组织的资产风险控制能力与策略理论，二是市场的风险控制制度理论，三是市场制度层面的资产风险监控机制。这三个方面的制度设计与工具选择，将构成完整的企业资产风险控制框架。⑧企业资产风险管理，其管理的对象是企业资产，主要的手段是风险控制，是以风险控制为主要特征的企业资产管理。⑨以资产风险溢价为目标的企业资产风险管理，要求企业资产管理由传统管理转变为以风险为导向的企业资产管理。

“国有大型企业资产构成及其风险因素分析”部分认为：①“排序悖论”，是指国有资产存在着资产经营效率与资产规模之间的负相关关系。②资产与组织形态之间相互影响。企业组织形态及其变化是资产风险管理的必要手段。治理结构下的企业组织形态的选择与调整是资产风险管理的必然要求。③国有大型企业的“国有”属性的支点在于国有资产。④大多数国有大型企业，在实际的组织结构设计中都采用了集团公司制这一形式。⑤类风险。国有大型企业所面对的风险，可以分为三个大的类别，即权益风险、运营风险和市场风险。⑥国有大型企业的风险源包括由于国有资产的属性界定缺乏可靠的预期导致的资产固有风险源，由于国有企业改革尚未完成导致的改革风险源，由于资产风险管理尚未成为共识导致的管理风险源，由于社会对国有企业、国有资产和国有经济缺乏足够的正确认知导致的认知风险源。⑦资产风险因素可以通过投资传导机制、政策传导机制、监管传导机制、风险蔓延机制四个传导机制，形成真正的风险事件。

国有大型企业资产风险管理体制的运行分析部分认为：①市场风险是当前国有资产运营面临的主要类风险。②国有资产的权益履行主体客观上还是较多，直接影响国有资产风险的可控性；资产规模增长与管理能力提升不匹配降低国有资产风险可控性。③国有资产风险可控的必要条件包括：管理主体结构清晰有效、管理能力可置信、资产结构可预期。④简单地以规模和数量为评价依据的业绩考核不再适用，取而代之的是资产结构的稳健性。⑤国有大型企业的资产风险管理是“混合型”的风险管理。在模式上，内外结合，资产监管与资产风险管理相混合；在策略上，经济与非经济手段并用。⑥资产风险防控思路的三个关键点在于：明确资产定价，提高资产与企业的可分离度；围绕系统性风险管控，明确风险管理关键点；提高风险管理的规范性，提高管理的可置信度。⑦不同行为主体的行为差异，可以分为资产的监管、资产运营与使用。⑧国有资产风险防控可能采用的三种模式包括：应急处置型、过程控制型和风险导向型的资产风险防控模式。

完善国有大型企业资产风险管理机制的对策研究部分认为：①国有资产风险管理系统可以分为两个大的领域，一是资产风险治理领域，二是资产风险管理领域。国有资产风险治理领域的核心要素主要包括资产定价、交易市场与风险应对策略。资产风险管理领域的核心要素，包括了监管、运营和使用三种活动。②国有资产风险管理系统的运行原则主要包括风险导向、市场决定、风险敏感和规范有序原则，风险管理运行机制包括国有资产风险监管机制、国有资产定价机制、国有资本治理机制、资产风险应对机制四大机制。③要构建风险导向的资产风险管理系统，在监管层面必须把握国有资产战略方向，必须明确国有资产运营主体的风险承担职能、风险阻断职能、风险治理职能，必须推进混合所有制改革以提高风险应对能力。

# 2. 国有资产管理体制分析

对大型国有企业资产管理的研究，离不开对当前国有资产管理体制的研究。概括来说，国有资产管理体制是国有企业资产管理的制度基础，决定着国有企业资产管理的目标取向、策略组合乃至具体执行。在探讨资产风险管理之前，有必要对我国的国有资产管理体制及其下一步的变化进行分析研究，在厘清发展历程的基础上勾勒当前的制度框架，在研究体制运行的基础上探讨企业资产风险管理的目的、定位与价值。

## 2.1 国有资产管理体制的发展与变迁

我国社会主义市场经济的发展，就是公有制与市场经济结合探索不断深入、结构不断调整。这是贯穿近四十年改革发展进程的长久命题。这一命题尽管因时代的不同、发展要求的变化，在具体的内容、目标指向上有所差异，但对于这一命题的回答，始终是在发展逻辑指导下的变革与创新，始终是在问题导向原则上的探索与推进。在此从资产的角度，以新一轮国有企业改革为分界点，总结国有资产管理体制发展进程中值得注意的制度性调整与变革。① 概括来说，当前以国有资产监督管理委员会（以下简称国资委）为管理主体的国有资产管理体制，本身就是我国国有经济改革发展过程中，资产管理适应性变革的结果。之所以说是适应性的变革，在于以下三个管理模式方面值得肯定的变革。这些变革有些可

① 我国的国有资产管理体制变革，就是探索与市场化的资源配置模式相适应的公有制的实现形式。这一过程大致经历了以下几个阶段：第一阶段为 1978—1988 年，放权让利以应对政企不分的问题。从 1979 年 4 月中央工作会议开始，主要的改革就是明确企业在生产经营、投资决策、产品定价等诸多方面的经营自主权。第二阶段为 1988—2002 年，产权改革，建立起资产所有权职能与政府社会管理职能分开的新资产管理体制。1988 年 10 月，组建国有资产管理局。以“产权明晰、权责明确、政企分开、管理科学”为特点的现代企业制度的建设成为国有企业制度建设的重点内容。第三阶段为 2002—2015 年，以国资委为管理主体的国有股权与公司法人财产权分开的国有资产管理体制形成与发展。国有经济布局和结构的战略性调整成为改革的重点。2002 年 4 月，成立国务院国有资产监督管理委员会，推进国有资产监管组织体系、法律体系、责任体系的建设，探索监管实现的成熟形式。主要参考文献：（1）林岗. 国有企业改革的历史演进与发展趋势［J］. 中国特色社会主义研究. 1999（3）. 34-38.（2）郑海航. 中国国有资产管理体制改革三十年的理论与实践［J］. 经济与管理研究. 2008（11）. 3-14.（3）王加春，王萌. 国有资产管理体制改革 30 年［J］. 经济研究参考. 2008（49）. 24-44.（4）李政. 中国国有企业改革的历史回顾与评析［J］. 政治经济学评论. 2008（2）. 36-50.

能并不彻底，有些可能与当前发展的需要已有差异，但这并不能否定其对于我国国有资产管理体制建设的积极意义。

### 2.1.1 国有资产布局战线收缩进程中的管理主体集中化

从计划经济整齐划一的公有制经济过渡到公有制经济与非公有制经济共同发展、相互促进，我国的国有经济在发展进程中，经历了一个困难的收缩与调整的阶段①。从管理主体的角度看，与收缩与调整并行的是管理主体由过去的分散在多个部委、不同的政府层级的分散体制，转变为以国资委为核心的集中体制。这一转变有其特殊的时代背景。脱离那一时代背景来看当时的国有企业管理体制，批评其缺陷是有失偏颇的。必须要认识到在计划体制下，企业分属不同的部门、不同的行政层级并不是一个管理上的缺陷。相反，对于行政指令的下达，这一依附于行政体制的企业制度，反而能够更为快速、有效地传递和执行由上级下达的生产指令；同时，在办企业也办社会的企业组织状态下，分散管理模式最大的特点和优点就是“就近”，也有利于提高管理的效率。在这一模式下，需要防范的是伴随着企业生产组织的行政化而产生的官僚主义和生产无效率。例如，“棘轮效应”（Rachet Effects）等。随着我国由计划向市场转轨的深入发展，这一管理体制的弊端就暴露无遗了。市场的发展在客观上形成了国有企业布局收缩和管理集中的现实变革要求。

第一，管理环节调整的必要性。市场环境下生产指令不再通过上级的行政管理主体发出，即使按照传统发出，也由于难以适应市场需求的快速变化而成为无效指令。生产由市场决定的新状态使得传统的“就近”管理模式实际上失去了存在的必要性，成为管理流程上的冗余环节，产权虚置、无人负责、多头管理的情况比比皆是。必须清除这些多余的管理机构，提高对国有企业的管理效率。

第二，考核评价规范的必要性。基于市场交易的经济核算以及在此基础上的利润导向，使得企业组织的行为目的由传统的完成计划指标的生产性任务，转变为实现利润指标的经营性任务，资产而非企业，其运行状态成为必须要加以考核的重要经济指标。对于分散在各个领域、各个企业的国有资产，客观上必须要有一个较为统一的评价标准。而要做到这一点，就必须要实现管理的集中化。

第三，渐进式改革的必然选择。由计划向市场的转型是一个过程，在这个过程中，国有企业的战线收缩是问题的一个方面，也是社会、政策和理论共同的重要关注点。但这一问题的另外一个方面，即在战线收缩过程中如何保持国有企业

① 国有经济布局的战线收缩是指国有经济布局和结构的战略性调整。这一调整始于1995年，党的十四届五中全会提出：“搞好大的，放活小的，把优化国有资产分布结构、企业结构同优化投资结构有机结合起来，择优扶强，优胜劣汰。”1997年提出“三年脱困”，1999年的《关于国有企业改革和发展若干重大问题的决定》明确了战略性调整的任务，2003年党的十六届三中全会通过的《中共中央关于完善社会主义市场经济体制若干问题的决定》要求从整体上搞好国有经济，发挥国有经济的主导作用。党的十七大后，国有企业改革的重点，在于调整战略布局，使得国有经济主要集中在关系国民经济命脉的重要行业和关键领域，增强国有经济的影响力和控制力。详细内容可以参考相关政策文献。

的经营效率。一个基本的考虑，也是被后来的实践证明正确的考虑，即不能因为要培育和壮大市场，就把国有企业在一个极短的时间段内全部改制为非国有企业。这是一种简单粗暴的做法，不仅会导致巨大的寻租空间，也会因为非国有企业发展难以跟上改革的节奏，最终损害整个经济的运行。因此，在整个国有企业改革的进程中，有必要通过管理的集中化来实现改革的统筹安排。

第四，资产边界认定的必要性。在市场活动中，以企业形式存在的国有资产，其表现形式是多样化的，有易于定价的有形资产，也有长期市场活动累积形成的无形资产，有单一形式的国有独资企业，也有混合所有制的国有股份制公司。多样化的资产形式是在对国有企业进行管理过程中可以预见的现实问题。如果没有动态的认定机制，依靠例行的、时点式的核查，并不能把握国有资产的实际状态，进而在管理层面上，会形成易于被利用的制度漏洞，造成国有资产的流失和被侵占等问题。通过管理的集中化，实际上为国有资产的动态认定创造了必要的组织条件。从管理实践的实际情况看，管理集中化在客观上形成了一种“制度共识”，使得对资产属性的判断成为企业经营活动中首先要加以确定的前置性条件。这种“共识”，无论是对国有企业改革来说，还是对国有资产管理而言都具备足够的积极性。

管资产、管人和管事三结合的国有资产管理体制，所形成的管理集中化，是推动近年来国有企业快速发展、国有资产快速增加的重要制度性因素。① 实践的成功充分说明了这一改革顺应了国有企业战略布局收缩的历史趋势，实现了收缩战线的同时发展壮大国有经济的战略目的，为中国特色社会主义市场经济制度的完善注入了鲜活的实践要素。

### 2.1.2 国有资产战略布局调整中的管理职能明晰化

按照2008年的《国务院关于机构设置的通知》（国发〔2008〕11号），作为国有资产的管理主体，国资委的管理职能主要包括：履行出资人职责，监管非金融类的企业国有资产；监督企业国有资产的保值与增值；指导推进国有企业改革与重组；国有企业负责人管理；国有资产基础、预算和收益管理。这些管理职能并不是在改革之初就完全明确的，而是在管理实施和改革推进的进程中逐步完善的。这些职能既是国有资产战略布局调整的现实要求，也是国有企业改革实践的经验总结。从管理执行的结果上看，形成了以下三个方面管理体制的突出特点。

第一，从国有资产的管理结构上看，管理职能的明晰形成了新的中央与地方的关系。在国资委的集中管理体制下，中央政府和地方政府分别代表国家履行对国有企业的出资人的职责，实际上形成了中央国有企业和地方国有企业两块具有

① 按照国资委的通报，2016年，全国国有及国有控股企业营业总收入458 978亿元，同比增长2.6%，利润总额23 157.8亿元，同比增长1.7%，国有企业资产总额1 317 174.5亿元，同比增长9.7%。

明确管理界限的对象群。中央国有企业在国家经济发展全局中，实际上起着关键的基础支撑作用，是名副其实的中国经济“脊梁”。地方国有企业在地方经济社会的发展中也是发展的中坚力量，越是欠发达的地区，地方国有企业所起的作用越是突出。① 这样的管理格局，实际上为中央政府实施经济调控、地方政府落实发展战略，提供了实施的手段、力量与渠道。

第二，管理职能的明晰，形成了国有资产市场化运营的制度基础。着眼于资产权利关系、由企业组织的权利结构切入的国有资产管理体制改革，深刻地改变了计划体制传统体制下的国有企业在市场冲击下的种种不适应状态。在思想认识上，普及了资产权利的市场知识；在制度层面上，厘清了所有权、经营权的关系，确立了企业内部治理结构在资产管理的基础地位；在实践层面上，通过国资委的设立及其管理的执行，为长期以来难以根除的政企分开问题的根本解决奠定了基础。国有资产的市场化运营，在集中化管理、战略性收缩、内部管理强化等措施的共同作用下成为可行的选择。

第三，管理职能的明晰，形成了国有企业改革深入推进的局面。实践证明，国资委作为一个管理的平台，是实现政府自我约束、应对政企不分的有效手段。职能的明晰是政府和市场关系在市场化改革实践推进中的制度创新，为国有企业按照市场规律的作用去生产和经营拓展了空间。而国资委作为一个自我约束的专业化管理主体，其本身的存在就成为政府与市场之间的制度性“阻断阀”，可以在防止政府直接干预企业经营方面起到积极的作用。

### 2.1.3 国有企业现代企业制度形成过程中的管理对象规范化

与产权改革和国有资产管理体制变革同时进行的，是国有企业的现代企业制度建设。党的十四届三中全会《关于建立社会主义市场经济体制若干问题的决定》提出，我国国有企业建立现代企业制度，使企业成为自主经营、自负盈亏、自我发展、自我约束的市场竞争主体。这是国有企业改革中非常重要的内容，关系到面对市场的国有企业最终会以一个什么样的组织形态来面对竞争。从实践的情况看，现代企业制度的建设、国有资产的战略布局的调整和国有资产监督管理体制的逐步建立，使得传统意义的国有企业在形态上出现了巨大的变化，为国有企业资产管理由企业外部的机制构建向企业内部的制度建设延伸创造了条件。

第一，形成了资产管理的制度化平台。一大批国有大型企业实施股份制改造，建立了现代公司制度，过去单一的国有独资企业形式转变为独资、控股、参股等多种形式，股东会、董事会和监事会等公司法人治理结构的基本构成内容成为国有大型企业的普遍形态。尽管在实践中这些探索还存在这样或者那样的问题，但在客观上这些现代企业组织形式在国有企业中的出现及其运转，为国有资产管理体制向企业内部延伸提供了可以信赖的制度空间。随着市场化改革的深入进行，这些资产管

---

① 杨志远. 我国国有企业风险控制问题研究［M］. 成都：四川大学出版社. 2012：139-166.

理的制度化平台将对未来的国有资产管理提供更多的制度和工具的组合。

第二，形成了资产管理的指标体系。随着国有资本经营预算制度和国有企业经营业绩考核体系的建立，资产增值目标在考核评价体系的优先性得到了明确的制度性表述。资产保值与增值成为国有企业运营的硬约束。与此同时，企业办社会办的分离、主业辅业分离改制等保障性工作的推进，也为国有企业围绕资产增值目标开展经营活动创造了条件。

第三，探索了资产管理的市场方法。在积极参与市场活动的过程中，包括财务管理、流程管理、营销管理以及风险管理在内的现代管理理论与工具在国有企业管理实践中得到广泛应用，使得企业在市场条件下运营国有资产能力得到了显著的提升。作为监管主体的国资委，在监管实践深入发展的进程中，也更为清晰地明确了监管目的，更为熟练地运用现代资产管理技术。

## 2.2 当前国有资产管理体制的架构

要把握当前国有资产管理体制，首先要进行制度分析，即结合发展的历史阶段，对当前国有资产管理架构进行整体审视。制度分析主要通过文献研究和政策分析，明确制度设计的目的，把握管理主体的结构，梳理管理职能。在探讨之前，有必要明确三点。第一，只要有国有资产，就有国有资产管理的实践性需要存在，无论在制度安排上是否存在一个确定的管理主体。第二，即使存在制度上明确的唯一管理主体，国有资产的管理也并非完全由这一管理主体承担，这是发展的客观现实。第三，国有资产管理的目的也并非既定不变，而是服务于社会主义市场经济发展的现实需要。这三点观点，作为讨论的前提，在下面的分析中将加以展开。另外，还需要说明的是，这部分探讨的是国有资产管理体制的制度状态，而不是其制度实施效率。对于后一问题，将在第四部分展开探讨。

### 2.2.1 国有资产管理体制的过渡性制度设计：企业、资产、资本和公共财富

我国的国有资产管理体制经历了一个逐步完善的发展过程。计划经济时期也有国有资产管理的活动，从属于企业管理，特别是企业生产管理的一个附属性内容。按照“二五”计划建议的内容①，中央和地方各司其职，中央主要的职责是规划、政策制定和工作检查，地方的主要职责是“担负起更多的责任，更大地发挥积极因素和生产潜力”，以实现“增产节约”的任务。其主要目的依次是，第一，资产的配置权属。在发展战略规划中，对于资产的部门配置权属尤其重视，

① “应该根据统一领导、分级管理、因地制宜、因事制宜的原则，改进国家的行政体制，划分企业、事业、计划和财政的管理范围，适当地扩大各省、自治区、直辖市的管理权限，并且注意改进和加强中央各部门的工作。”见中国共产党第八次全国代表大会关于发展国民经济的第二个五年计划（1958—1962）的建议（1959 年 9 月 27 日中国共产党第八次全国代表大会通过）。

必须把资产配置到国民经济亟待发展的领域中去。第二，资产的使用效率。在重视产品供给增长的进程中，也重视产品质量的提高和生产、运输、流通费用的降低。第三，资产的增长。通过工业资产的增长，快速实现工业化，这是当时一个基本的发展目的。这一时期的国有资产管理，主要有以下特点：首先，资产管理高度依附于企业生产经营，并没有独立的资产管理。其次，管理权限主要在行政系统内部、在中央和地方之间分配，企业内部的资产管理是服从于生产目的的资产使用和维护，缺乏经济价值层次上的资产管理，与行政事业单位的国有资产管理并无太大的区别。最后，资产的具体形式主要以设备、厂房为主，土地尚未成为资产的构成内容。对于设备、厂房等具体资产对象的物理性管理的重要性，远大于对其进行经济性管理的重要性。这是一种以企业为管理对象的资产管理模式。在这一模式下，企业就是资产，资产就是企业，两者并无区别。要理解当前的国有资产管理体制，就必须把握这一历史。

改革开放以来，企业改革开始加速。随着市场影响的日益扩大，国有企业开始通过扩权让利的方式加快改革，提高经营效率。在理顺企业经营的内部机制的过程中，资产定价问题就成为企业资产管理的重要内容。在这一需求压力下，国有企业资产管理，开始逐渐成为企业管理的重要内容。随着现代企业制度的建立，国有企业股份制改造的加速，整体意义上的国有资产重要性的凸显，资产管理才在真正意义上从过去的企业管理中独立出来，成为国有资产监管体制的重要内容。在企业管理层面上，资产的运营与管理，既作为一种外在的制度性约束，也作为企业运营的重要工具，开始在企业中发挥不可替代的作用。

当前的国有资产管理体制主要有以下几个特征。第一，行政化的、专业的外部管理主体，即国资委。第二，管资产、管人、管事三结合，即以资产为管理对象的资产管理模式。第三，市场化与行政化混合的国有企业内部资产管理。行政化既表现为外部的考核约束，也表现为内部的机制约束。市场化则是指依托市场活动的资产管理与运营。第四，过渡属性。这是最为重要的一点。必须要看到，从历史的角度看，计划经济时期的传统管理模式，尽管经历了多次的改革与调整，但在现实中的影响还在，其制度形式还在一定的范围内保留着。特别是在国有企业内部，这种企业和资产部分的传统管理模式，影响还非常大。这就决定了当前的国有资产管理体制必须进行进一步的改革。同时，从发展的未来看，要贯彻落实党的十八届三中全会提出的“让市场在资源配置中起决定性作用和更好发挥政府作用”的改革目标，当前以“管资产”为主要目标的国有资产管理体制也必须要向“管资本”转变，即以资本为管理对象的资产管理模式。如果能够实现这一点，就能够彻底地实现传统计划体制管理模式的影响。如果目光再放长远一些，必须要认识到，无论是国有企业、国有资产还是国有资本，在我国2020年全面建成小康社会之后，都将在我国国民财富的增长和结构调整中扮演极其重要的角色。到那时，国有资产的管理将跨越企业的边界，成为整个社会层面上、以公共财富为管理对象的资产管理模式。也正是在这一发展的意义上，探讨在企业层面和监管层面国有资产风险管理，才有其历史必然和现实需要。基于以上的分析，在研究国有企业相关问题时，对于当前国有资产管理体制的过渡性必须要有充分的认识和考虑。

### 2.2.2 国有资产管理主体的层级式组织系统建设：中央、地方和企业

当前的国有资产管理的组织主体是一个包含了三个层次的主体的组织系统。一是在国家层面上，国资委和负有特殊领域国有企业管理职能的部委，是中央的国有资产的管理主体。二是在地方层面上，地方国资委以及其他部门负有监管地方国有资产的职能。三是在企业层面上，国有企业的管理层负有企业所属的国有资产的运营、保值和增值的职能。这个三个层面的管理主体，无论是从职能、适用规则还是单位属性而言，都存在着较大的差异。由这三个层面构成的国有资产管理组织系统，作为中国特色社会主义市场经济的重大组织创新成果，一端面对的是行政系统、政府和社会责任，另一端面对的是市场、企业和利润目标，其管理的主要目的，就是要探索公有制与市场经济的有效制度结合方式。

跨越行政和市场是国有资产管理组织系统的组织定位。如何伴随社会主义市场经济的发展，建立起符合国有经济发展要求的国有资产管理体制，是国有资产管理组织系统建立和发展的初衷。必须要承认，当时的设计并没有表现出战略制度的设计意图，其主要聚焦点在于提高管理的效率，改变多头管理、效率低下的问题。但实质的问题在于市场经济发展对传统的管理体制形成了挑战，即在市场条件下，如何通过恰当的制度设计建立起跨越行政系统和市场体系两大领域的管理系统，统筹实现行政系统在国有经济中的逐步退出和市场因素在国有经济中的全面实现。对于这一点，既可以从当时对建立国资委的意图讨论中看出来，也可以从国资委组织系统内部结构的探讨中发现端倪。从这一意义出发，当时的选择是建立国资委这样的行政色彩较浓的管理主体，符合当时国有企业市场化改革取向的实际情况。从实践的效果上看，基本实现了制度设计的意图。但必须认识到，这种选择未必是唯一的。随着时代的变化和国有经济发展态势的变化，未来可能还会需要市场色彩更加浓厚的管理主体。但无论如何变化，只要国有资产还必须以国有企业作为市场平台来实现发展的目标，这种跨越行政和市场的管理组织系统就是必然的。

对接政府和企业，是国有资产管理组织系统的建设要求。从操作层面上看，国有资产管理组织系统要实现的，是引导、激励、监督企业在市场化运营过程中，落实政府对于国有资产管理的具体要求。这是基于对计划体制的反思得到的理论结论和实践经验，也是在国资委建立和运转过程中，通过制度建设、监管活动和组织建设等多方面的手段，要重点加强的工作内容。回顾管理发展的历史过程可以发现，在对接政府和企业方面，市场化的手段在逐渐增加，行政化的手段在逐渐减少；政府对企业资产管理的要求逐渐规范化，企业资产管理的运行、对政府要求的回应逐渐常态化。政府与企业之间存在的偏行政属性的国有资产管理

组织系统，正在两者之间起着积极的协调与沟通作用。同样地，这种对接也会随着发展的变化而出现内容和形式的适应性变化。

协调社会责任和资产目标是国有资产管理组织系统的运行准则。国有资产是承载价值理念和政策目标的资产。即使是完全经营性、商业性的国有资产，也无法在资产运营过程中无视公共价值的要求与压力。越是市场化的国有企业，越担负着明确的社会责任。如果说对接政府和企业是改革的要求，那么协调企业社会责任和资产运营利润目标则是国有经济在发展进程中必然要处置的重大关系。这一关系处置得好，不仅会为国有经济的发展创造良好的舆论条件，还会反作用于国有资产运营的利润目标。实践表明，三个层次的国有资产管理组织系统，要实现协调社会责任和资产目标的任务，需要重视以下工作。第一，社会责任的厘清与实现方式的明确。在特定的区域、市场和发展阶段，国有资产应当承担什么样的社会责任，这是管理的前提。第二，资产利润目标的合理确定与分配规则的明确。资产的使用和收益的获得是国有企业履行社会责任的条件。第三，国有企业应该获得足够的外部激励和形成可持续的内部激励，在进行资产运营过程中实现社会责任的目标。

### 2.2.3 国有资产管理职能的三元复合界定：监管、确权、引导

在“中央国资委+国有企业、地方国资委+国有企业”的架构下，国有资产管理的职能存在着三个维度的复合性界定。第一个维度是外部维度的界定，表现为国资委对自己工作职责的界定，这些内容在政策文件中有非常明确的表述①，

① 根据《国务院关于机构设置的通知》（国发〔2008〕11 号），国务院国有资产监督管理委员会为国务院直属特设机构。国务院国有资产监督管理委员会党委履行党中央规定的职责：一是根据国务院授权，依照《中华人民共和国公司法》等法律和行政法规履行出资人职责，监管中央所属企业（不含金融类企业）的国有资产，加强国有资产的管理工作。二是承担监督所监管企业国有资产保值增值的责任。建立和完善国有资产保值增值指标体系，制定考核标准，通过统计、稽核对所监管企业国有资产的保值增值情况进行监管，负责所监管企业工资分配管理工作，制定所监管企业负责人收入分配政策并组织实施。三是指导推进国有企业改革和重组，推进国有企业的现代企业制度建设，完善公司治理结构，推动国有经济布局和结构的战略性调整。四是通过法定程序对所监管企业负责人进行任免、考核并根据其经营业绩进行奖惩，建立符合社会主义市场经济体制和现代企业制度要求的选人、用人机制，完善经营者激励和约束制度。五是按照有关规定，代表国务院向所监管企业派出监事会，负责监事会的日常管理工作。六是负责组织所监管企业上交国有资本收益，参与制定国有资本经营预算有关管理制度和办法，按照有关规定负责国有资本经营预决算编制和执行等工作。七是按照出资人职责，负责督促检查所监管企业贯彻落实国家安全生产方针政策及有关法律法规、标准等工作。八是负责企业国有资产基础管理，起草国有资产管理的法律法规草案，制定有关规章、制度，依法对地方国有资产管理工作进行指导和监督。九是承办国务院交办的其他事项。在地方国有资产监管工作方面，按照 2006 年的国资委 15 号令《地方国有资产监管工作指导监督暂行办法》，国务院国资委依法对下列地方国有资产监管工作进行指导、监督：第一，国有资产管理体制改革；第二，国有经济布局和结构调整；第三，履行资产收益、参与重大决策和选择管理者等出资人职责；第四，规范国有企业改革、企业国有产权转让以及上市公司国有股权管理；第五，企业国有资产产权界定、产权登记、资产评估监督、清产核资、资产统计、综合评价等基础管理；第六，国有企业财务、审计、职工民主监督等内部制度建设；第七，企业国有资产监管法制建设；第八，其他需要指导和监督的事项。

主要是监管内容的概要性罗列。

第二个维度是国有企业内部的国有资产管理职责界定与机制，其主要的目的是确权。文件表述主要是以下几个方面①。一是管理的权利界定。国有企业对于“其动产、不动产和其他财产依照法律、行政法规以及企业章程享有占有、使用、收益和处分的权利”“依法享有的经营自主权和其他合法权益受法律保护”“对其所出资企业依法享有资产收益、参与重大决策和选择管理者等出资人权利”。二是治理的规范架构要求，即法人治理结构，重点是围绕“权责明确、有效制衡”的要求，健全内部监督管理制度、风险控制制度以及落实这些制度得以执行的董事会、监事会、职工代表大会等基本的内部组织形式。三是管理制度要求，主要是规范的财务、会计制度，同时强调国有企业有“向出资人分配利润”的制度上的责任。四是企业管理者的选择、薪酬标准以及经营业绩考核制度。五是包括关系国有资产出资人权益的重大事项的特别要求，例如，因企业组织形式变更导致的国有资产权属变化、改制、关联方交易、资产评估、国有资产转让等。

第三个维度是国资委对国有企业经营活动的引导性约束。主要包括以下几个方面：一是改革的推进。例如，《关于规范国有企业改制工作的意见》《关于国有大中型企业主辅分离辅业改制分流安置富余人员的劳动关系处理办法》等。二是国有企业日常资产管理工作的规范。例如，《国有企业清产核资办法》（第1号令）、《企业国有资产统计报告办法》（第4号令）、《中央企业财务决算报告管理办法》（第5号令）等。三是规范的市场化资产管理方式在企业内部的培育。例如，《中央企业全面风险管理指引》《关于中央企业履行社会责任的指导意见》等。

这三个维度的资产管理职能界定，反映了国有资产监管的两种不同的思路，一种倾向于从行政部门入手，侧重从外部入手强化对企业所属国有资产的监管，其主要的措施是严格的绩效考核和管理者选择与约束。另一种则倾向于规范的现代管理制度与方法，侧重在国有企业内部建立起规范有效的资产管理体制。这两种认识并不存在孰优孰劣，在管理实践中，最终的方案也表现为两种思路的混合，其背后是国有企业改革政府管理和市场规律的共同作用。

## 2.3　资产风险管理在当前国有资产管理体制中的定位

在概要性展示了国有资产管理体制的基本情况之后，有必要深入下去，对资产风险管理在当前国有资产管理体制中的定位进行制度分析和判断。为下一步展开对国有大型企业资产风险管理进行研究打下基础。

---

① 下文内容参见：《中华人民共和国企业国有资产法》（2008年10月28日第十一届全国人民代表大会常务委员会第五次会议通过）。

### 2.3.1 资产风险及其控制的客观性与普遍性

首先要明确，资产的风险管理是企业组织在市场活动中自然派生出来的现实需要。企业只要从事生产和经营活动，就有可能会面临资产的风险问题。这里的风险是具有经济结果的风险，而不是纯粹物理意义上的风险。例如，资产的非预期减值、市场变化导致的资产增值的非预期减少甚至是亏损，等等。这是人类经济活动的必然构成部分。

并不是说计划体制就可以消灭风险。应该说，可能风险管理的形式会变化，风险承担的形式和结构随着环境的变化会有差异，只要国有企业要持续运营，就必然有资产的风险管理问题。即使计划经济体制下，资产实际上也存在风险控制的需要。但这种风险控制，由于直接的管理主体不明确以及风险在不同主体之间的任意传导，实际上由更为广义的管理主体，例如，行政部门，甚至整个社会来做风险的最终承受者。因此，在计划经济时期，并不会有普遍的企业资产风险事件出现，而是当风险在整个计划系统中累积到一定的程度后集中爆发出来，表现为生产比例的失调、生产激励的下降等宏观经济现象。例如，计划经济时期存在的普遍性的供给不足就是整体性风险的一种表现形式。极端的情况是计划中枢的安排失误，造成严重的整体性、行业性风险。例如，把大量资源投入到某一个产业中，希望实现产业跨越而造成其他产业投入严重不足的风险性事件，就是这种极端的决策失误情况。因此，计划经济时期实质上也有资产的风险管理和控制，只不过这种风险管理是在整体层面上，应对系统性风险的一种“相机”决策，而不是计划体制中内在的制度性安排。

那么，是不是消灭计划体制就会消灭这种因风险累积和传导导致的整体性、系统性风险呢？也不尽然如此。如果市场体制中没有足够的风险阻断机制，同样会因局部风险的累积和传导导致系统性风险的出现。因此，关键的问题在于：伴随着市场机制的完善和市场经济的发展，能不能在资产管理体制中有效嵌入一种新机制，使这一机制成为局部性风险的“承压器”和风险传导的“阻断器”。

对于这一问题的回答，就是资产风险管理。资产风险管理在企业资产管理中处于核心位置。之所以如此判断，是因为风险是影响资产定价的不确定性因素。管住风险就可以对资产定价形成可置信的预期，使其成为企业资产决策的有效价格基础。必须要认识到，企业作为一种市场组织形式，相对于其他市场主体而言，在应对风险控制问题方面的有效工具和方法较多，相对于不确定性更高的收益管理而言，风险管理的可靠性更高，对于那些资产规模巨大的企业而言，这一点尤其重要。

### 2.3.2 国有资产管理体制中资产风险管理的现实状态

当前的国有资产管理体制，在外部规范方面由较多的制度性安排甚至应急式接入，但对于企业内部资产风险管理的界定，还停留在方向性界定和制度性指引层面。

在外部规范方面。一方面，通过一系列制度文件，对企业的资产管理活动进行规范。例如，在法人治理结构方面，明确了国有企业专职外部董事制度①。《中央企业境外国有资产监督管理暂行办法》（第 26 号令）中规定了境外国有企业必须通过完善法人治理结构，加强风险管理。同时，在出资、衍生品业务的经营等方面，有非常明确的规定②。《中央企业境外国有产权管理暂行办法》（第 27 号令）对境外国有产权安全也有明确的定性规定③。《关于进一步推进国有企业贯彻落实"三重一大"决策制度的意见》为防范决策风险，对国有企业的重大决策、重要人事任免、重大项目安排、大额度资金运作进行了程序性规范。《中央企业资产评估项目核准工作指引》（国资发产权〔2010〕71 号）对企业国有资产评估进行了要件申明和程序规范。《关于进一步加强中央企业全员业绩考核工作的指导意见》（国资发综合〔2009〕300 号）针对国有资产保值增值责任体系不完整等问题，要求加大推进全员业绩考核工作的力度。另一面，对发展进程中可能出现的突出资产风险事件，还采用直接行政阻断的方式，来实现风险控制的目的。《企业国有资产法》在对国有企业内部资产风险治理机制建设进行原则性界定之后，对涉及国有资产多种情况的损害行为，进行了经济和法律责任的规定。《中央企业全面风险管理指引》（国资发改革〔2006〕108 号）提出了企业全面风险管理的总体目标。《国务院关于促进企业兼并重组的意见》（国发〔2010〕27 号）指出，在国有企业兼并重组中，必须加强风险评估，防范道德风险和恶意收购等行为④。《关于中央企业工程建设领域突出问题专项治理整改工作的指导意见》（国资发纪检〔2010〕171 号）中对决策及审批、招标、质量安全管理、资金安排使用管理、物资采购等方面的违规行为进行了明确的界定，也提出了整改要求。意见明确指出，应从开展全面风险管理、建立重要岗位权力制

---

① 见《董事会试点中央企业专职外部董事管理办法（试行）》（国资发干二〔2009〕301 号）。

② 第十七条 境外企业应当建立完善法人治理结构，健全资产分类管理制度和内部控制机制，定期开展资产清查，加强风险管理，对其运营管理的国有资产承担保值增值责任。第八条 境外出资应当进行可行性研究和尽职调查，评估企业财务承受能力和经营管理能力，防范经营、管理、资金、法律等风险。境外出资原则上不得设立承担无限责任的经营实体。第十四条 境外出资应当进行可行性研究和尽职调查，评估企业财务承受能力和经营管理能力，防范经营、管理、资金、法律等风险。境外出资原则上不得设立承担无限责任的经营实体。

③ 第四条 中央企业应当完善境外企业治理结构，强化境外企业章程管理，优化境外国有产权配置，保障境外国有产权安全。

④ （二）加强风险监控。督促企业严格执行兼并重组的有关法律法规和政策，规范操作程序，加强信息披露，防范道德风险，确保兼并重组操作规范、公开、透明。深入研究企业兼并重组中可能出现的各种矛盾和问题，加强风险评估，妥善制定相应的应对预案和措施，切实维护企业、社会和谐稳定。有效防范和打击内幕交易和市场操纵行为，防止恶意收购，防止以企业兼并重组之名甩包袱、偷逃税款、逃废债务，防止国有资产流失。充分发挥境内银行、证券公司等金融机构在跨国并购中的咨询服务作用，指导和帮助企业制定境外并购风险防范和应对方案，保护企业利益。

衡制度、明确监督措施和责任、控制风险点等方面加强企业风险管理①。《设立“小金库”和使用“小金库”款项违法违纪行为政纪处分暂行规定》（监察部2010年19号）则对企业内部人的寻租行为进行了规范。《关于规范国有股东与上市公司进行资产重组有关事项的通知》（国资发产权〔2009〕124号）对国有股东与上市公司进行资产重组涉及的国有资产权属变动进行了原则性界定和程序性约束②。《关于进一步加强中央企业金融衍生业务监管的通知》（国资发评价〔2009〕19号）要求国有企业高度重视金融衍生业务管理工作，审慎开展金融衍生业务③。

### 2.3.3 国有资产风险管理的制度分析

资产风险管理是企业风险管理中的重要内容。当前的国有企业资产风险管理，仅就制度体系表现出来的情况看，有以下几个方面的重要特点。

第一，外部约束较多。从当前看到的政策文本上看，除了全面风险管理这一指引外，对企业内部风险管理的培育和发展的政策相对较少。更多的政策文件是着眼于企业经营发展的常规性和突发性事件，进行规范性界定和范围约束。第二，行政性介入手段较多。在如何通过外部向国有企业内部的资产风险管理施加

---

① （三）加强企业风险管理。一要开展全面风险管理工作。建立健全风险管理组织体系，包括规范的公司法人治理结构，风险管理职能部门、内部审计部门和法律事务部门以及其他有关职能部门、业务单位的组织领导机构及其职责。具备条件的企业应全面推进，尽快建立全面风险管理体系。二要建立项目投资、招标、资金管理等重要岗位权力制衡制度，明确规定授权批准、业务经办、会计记录、财产保管和稽核检查等不相容职责的分离。对内控所涉及的重要岗位可设置一岗双人、双职、双责，相互制约。所有项目参建单位工作人员以及工程监测、检测、咨询评估及施工图审查等单位工作人员，按各自职责对经手的工程质量负终身责任。三要明确该岗位的上级部门或人员对其应采取的监督措施和应负的监督责任；具备条件的企业应把各业务单位风险管理执行情况与绩效薪酬挂钩。四要重点围绕投资决策、财务管理、物资设备采购、招投标、质量安全管理、劳务管理以及用人管理等，查找辨识风险点，制定切实有效的防范应对措施，抓好工程建设领域风险防范工作。

② 二、国有股东与上市公司进行资产重组，应遵循以下原则：（一）有利于促进国有资产保值增值，符合国有股东发展战略；（二）有利于提高上市公司质量和核心竞争力；（三）标的资产权属清晰，资产交付或转移不存在法律障碍；（四）标的资产定价应当符合市场化原则，有利于维护各类投资者合法权益。

③ 一是要求企业严格执行审批程序，明确企业开展金融衍生业务必须得到企业董事会或类似决策机构批准，对于国家规定必须经有关部门批准许可的业务，应得到有关部门批准，并强调集团总部要进行集中统一管理，并负责向国资委报备有关情况。二是要求企业严守套期保值原则，禁止投机。要求企业选择与主业经营密切相关、符合套期会计处理要求的简单衍生产品，不得从事风险及定价难以认知的复杂业务，并从经营品种、持仓规模、持仓时间等方面进行规范，尤其对持仓规模进行了严格控制。三是要求企业切实有效管控风险。要求企业制定专项风险管理手册，建立规范的授权审批制度，开展第三方风险评估，加强银行账户和资金管理，进行定期监督检查。四是要求企业规范业务操作流程。强调专门机构专业化操作，要求企业及时与交易对手核对，严格执行前、中、后台职责和人员分离原则，慎重选择代理机构和交易人员。五是要求企业定期报告。主要分季度报告和年度报告，发生重大亏损等重大事项要求3个工作日内报告，建立周报制度。六是依法追究损失责任。要求企业建立损失责任追究制度，加强对违规事项和重大资产损失的责任追究和处理力度。对于发生重大损失、造成严重影响的企业，在业绩考核中予以扣分或降级处理。见《国资委有关负责人就〈关于进一步加强中央企业金融衍生业务监管的通知〉答记者问》。

影响方面，更多的是行政性指令的直接下达，缺乏资本运营的有效工具和手段。第三，资产风险管理的制度建设较多。大量的政策文件集中资产管理的基础性制度构建方面，对于资产风险管理等专业性、针对性、动态性较强的领域，涉及度不高。第四，发展特征明显。从整体情况看，当前的国有企业资产风险管理，无论是外部的政策约束，还是内部的市场化运营，都还处于发展的中前期。还有待于进一步理顺思路、强化手段。

这些特点的背后，与当前国有资产风险管理在资产管理中地位、企业国有资产管理在国有资产管理体制中的地位有关系。在国有资产管理中，非常强调资产的保值增值。所谓保值，在风险管理的角度看，就是资产的安全性问题。所谓增值，站在风险管理的层面上，是指企业在资产运营过程中，如何提高把握不确定的机遇的能力。从最为广义的风险概念角度看，这也属于风险管理的内容。因此，沿着理论的逻辑推演，风险管理应当在国有资产管理中居于核心位置。但实际的情况并非如此，资产的风险管理远远不是国有资产管理的核心内容。

究其原因，一方面是“三年脱困”之后的国有经济，遇到了中国经济的快速发展期。在这一时期，如何通过快速的扩张资产规模以赢得市场中的优势地位，进而实现做大做强的目标，是国有资产运营的首要战略目标。要在这样的时期强化风险管理，加强企业内部控制制度的规范性建设水平，与发展的整体趋势并不符合。这也是为什么全面风险管理指引在2006年出台后，影响力并不大的重要原因。另一方面，对于国有资产的管理，在国资委成立之初，所能够依赖的有效渠道和手段，大多是行政性渠道和手段。国资委代表国家履行出资人职责，本身也没有被赋予应用经济手段对国有资产进行调控的职能。所以国资委也不可能有足够的经济手段对企业的国有资产管理行为施加实质性影响。但这一问题的悖论在于，企业的国有资产管理，最终必然也只能依托市场开展，保值也好、增值也好，都需要应用足够的市场工具。这些选择和行为的多样化组合，本身就是市场行为。对于这些市场行为的最好调控方法，就是经济手段。单单依靠行政手段，往往事倍功半。但在管理实践中却完全离不开行政手段，这就是悖论所在。

我们应该认识到，国有企业改革，特别是以混合所有制为标志的改革推进缓慢，使得国有企业自身也很难在运用市场化工具进行资产管理方面有大的作为。一个能够自主参与市场竞争、自己承担竞争结果的企业主体，才能是合格的资产管理主体。这个方面改革的缓慢，在客观上减弱了国有企业的独立性。而独立性不够的国有企业群体，要实现国有企业作为一个整体的任务目标，必然会对行政性的监管主体形成内在的要求。从这一意义出发，当前企业资产管理的市场化程度不够，是国有资产风险管理难以进一步深化的重要原因。

## 2.4 国有大型企业资产风险管理体制构建的理论探讨

国有企业的国有资产管理能力的提升，对于国有资产监管而言，具有理论上较为充分的意义。但在实践的推进中，这一能力的提升，有着诸多方面的约束和限制。从理论的角度来看，国有大型企业资产风险管理有其充分的意义。对于这一意义的探讨，将成为下一步我们分析国有大型企业资产风险管理的理论前提。本研究报告将从三个方面，对这一问题的意义进行分析。

### 2.4.1 必须进一步突出企业在国有资产管理中的主体地位

国有资产管理不在于“管死”，而在于“放活”。是“放活”中的风险市场化应对，而不是在“管死”中的风险规避。“放活”会面对风险应对失败的结果，也会获得把握不确定性而赢得的机遇。“管死”则在规避风险的过程中也放弃了不确定性所带来的机遇。孰优孰劣，一眼便知。

要做到这一点，需要有以下方面的准备。第一，企业作为资产风险控制主体的风险应对权力应被规范赋予。这应当是一种完整权利，而不是在特定的领域、特定的环节、特定的企业中存在诸多制度性差异和实践约束的残缺的权利。第二，企业应有风险控制的内部机制、市场化手段和技术策略。这是企业作为资产风险控制的主体，能够获得相应控制权利的组织前提、手段前提和技术前提。第三，企业风险控制应对策略实施的结果，在制度层面上能够被监管层所认同。这是一个常识性问题。例如，在经济上行的过程中或者其他正向机遇的把握，企业通过经营活动实现资产增值的可能性很大；但在经济下行或者遇到非预计冲击的情况下，企业在经营活动中遭遇损失的可能性也很大。如果能够接受资产增值，那也必须要接受资产的损失。结果导向的监管应该坚持一以贯之的原则，这就是对市场规律的尊重。第四，资产管理在企业的经营活动中，应居于首要的、核心的位置。这是对企业资产风险管理实施范围的判断标准。如果企业的生产活动，更多地围绕生产、营销等具体环节展开，资产管理在实质上依附于其他管理活动。这样类型的企业既无法建立起有效的企业法人治理结构，也无法对国有资产进行真正意义的管理，至多是使用资产而已。此类企业显然就不具备进行资产风险管理的条件和必要性。从国有资产管理的角度看，这样的国有资产处于管理失效状态，无论是资产的使用、收益还是处置都缺乏程序化的机制，任何环节上、任何性质的资产权属变动，需要外部行政性力量的介入才能完成，管理成本极高。

有了这四个方面的准备，才能提出企业在国有资产管理中应该处于什么样位置的问题。应该说，这样的企业已经有了足够的能力，去执行国有资产管理的任务。没有理由去妨碍企业作为管理主体的作用的发挥。在这一意义上，企业应当成为国有资产管理体制中的主体。但在目前的管理体制中，这样的理论上的设计并不能有效地实现。除开企业本身很难具备足够的条件外，行政化的国有资产监管体制，也并没有适应采用非行政化的手段去实现监管的目的。而这样一来，客观上，出资人职责的行政化履行必然会挤压企业作为国有资产管理主体的作用空间。而企业资产管理能力的弱化，反过来会进一步增加外部国有资产监管部门的行政化激励，长此以往，就会形成恶性循环，与市场化改革的目标渐行渐远。

因此，理论分析的结论指向，在于有必要在实践中找到一条能够促进国有资产更多地依赖于市场化手段进行管理和运营的道路。而这种市场化的发展道路，又必须突出企业的管理主体地位，以资产的风险管理作为管理体制的核心内容。其原因在于无论国有资产的管理体制如何设计，在制度设计中，必然是一头在行政部门这一侧，另一头在国有企业这一侧。一边是行政部门站在政府的角度对国有资产提出的管理要求，另一边则是市场对资产运营收益的天然追求。在这中间，必然有一个既有行政性质也有市场性质的管理结构去协调两侧的联系与沟通，去履行资产的出资人职责，由此在体制中明确地划分政府与市场的关系。无论国有经济的改革如何进行，在当前的发展阶段上，这样一种机构的存在是必不可少的。这种存在有着客观发展的现实需要。在国有资产的管理体制的发展和完善中，我们已经顺应了发展的需要，建立了国资委。在下一步的发展进程中，就是要进一步创造条件，让国资委履行其职责，让国有企业在这一管理体制中，能够真正获得依靠市场进行资产管理的权限和能力。另外，在于从风险的角度切入，企业落实国有资产的管理职责，更符合资产管理的本质，也更符合国有资产在当前的发展阶段，所承担的宏观经济角色定位和财富性质定位。

### 2.4.2　必须进一步强化企业国有资产管理的市场化手段

资产的风险管理，在形式上是一个对组织行为的程序性要求和例外性约束，其实质是企业资产管理的市场化手段的习得与熟练运用。因此，要突出企业在国有资产管理中的地位，必须要强化包括风险管理在内的市场化资产管理手段的把握能力。

提高国有企业对国有资产结构的战略性把控能力。企业中的资产结构，服务于企业对市场需求的判断。不同的需求判断会形成对资产结构进行调整的动机。一个迅速扩张的市场需要企业通过投资、扩大资产规模、增加市场供给来赢得市场份额。这一市场需求下企业对资产的要求，必然有较高地对保持持续投资的资金流的需求，也必然会形成巨大的固定资产管理的压力。比较来看，一个面对技术迅速变化市场的企业，会遇到高度不确定性的风险投资的市场需求，由此必然会形成能够有效控制投资风险、实现对高技术领域有效投资的资产结构的需求。由这两个情况可以看出，国有资产灵活的结构是资产管理可以实现预期目的的基本要求。要实现这一点，不仅需要国有企业能够具备对资产结构进行调整的明确授权，还需要国有企业有相应的战略性把控能力，能够把握机遇、形成激励、控制风险。

提高国有企业在治理层面对国有资产进行整体运营的能力。企业组织作为资产管理的主体，其内部空间本身就是资产运营的重要平台。例如，企业内部部门结构的调整所带来的资产组合方式的变化，可以实现资产运营效率的提高；企业内部管理效率的提高，也可以为资产运用于企业的经营过程创造更为有利的条件；等等。要使得企业组织的内部空间发挥其作用，就有必要着力构建治理层面的资产管理机制，既要突出有能力的利益相关者对企业治理的参与，更要注重在治理层面为资产管理定下规则，使得资产管理在企业治理层面上能够得到制度性支持。这是一种对国有资产进行整体运营的能力，包括了三个内容，资产内部管理的监控能力，即在治理层面对企业内部控制的战略性使用；竞争环境下资产运营效率提升的保障能力，即利益相关者在治理结构中的沟通交流与协同行动；风险环境下资产风险控制的系统能力，即法人治理结构对资产风险的敏感程度与处置的资源的保障水平。

有必要提高国有企业在市场层面对国有资产进行管理的能力。企业资产管理目的的实现，需要通过市场交易活动才能得到实现。市场的决定性，只有贯穿于资产管理的全过程，才能保证在市场环境下资产的保值与增值。对于国有企业而言，国有资产可能并不来源于市场，例如，划拨形成的国有资产，如果在企业的经营过程中还始终保持游离于市场外的状态，资产的经济价值就永远不能得到体现。企业的国有资产管理，就是要在市场环境中实现资产的公允定价，有了公允的价格，才能形成管理的起点。在市场环境中，资产价格的高低，并不取决于资产的名义价格或者账面价格，而是取决于资产在市场交易中的定价，这一定价的背后，既有资产名义价格的影响，也有资产在市场交易中的所起作用的影响，还有交易双方对资产未来价格变化的预期影响。企业的市场化资产管理活动，可以对上述三个方面的因素起到重要的影响，进而为资产管理目标的实现创造条件。因此，有必要提高国有企业遵循市场规律、运用市场工具实现对国有资产管理的能力，以完善国有资产的市场化定价机制。

### 2.4.3 必须进一步在国有资产监管体制中丰富风险控制的市场化手段

突出企业在国有资产管理中的地位，必然会对国有资产监管体制提出新的要求。例如，围绕“管资本”，进一步扩大和落实企业管理国有资产的授权；减少不必要的外部约束，为企业履行资产管理职责创造条件；等等。所有这些，都要求国有资产管理体制在整体上，减少行政监管的色彩，创新并强化市场手段的运用，实现国有资产管理权限整体向企业集中。

减少监管的行政色彩，并不是说要去掉国资委这一当前国有资产管理体制中的行政化管理层级。相反，对于国资委这一层级，要进一步加强其组织建设，扩大其监管权限。减少监管的行政色彩，就是要减少国资委直接的行政性干预和直接的外部制度约束，转而采用更为市场化的调控工具。要实现这一点，必然要包括以下两个方面。

一是国资委本身管理模式的适应性调整，降低行政性工具的使用频度，提高市场工具的使用比例。国资委这一监管模式已经实现了初期的密集的基础性制度建设时期，进入到集中提高监管能力的发展新阶段。实现监管模式由行政化向市场化的转变，既是顺应发展需求的必然选择，也是过去监管经验的总结。作为出资人，在市场条件下应当如何来实现自身的权利，有市场的基本规律。对于这些规律，不能忽视，更不能违背。既不能不顾市场的要求一味地强化作为出资人的权利，更不能违背市场规律，强制性介入企业的资产管理活动。要学会充分运用战略性投资、兼并重组、资产处置等市场化手段，通过企业法人治理结构，来实现监管的目标。

二是国有企业本身，要进一步突出资产管理的特点，使得国资委的市场化监管，能够作用于预期可以产生效果的组织对象。国资委监管手段的变化，需要监管对象的同步调整。因此，必须通过战略的重新调整与布局，将管理范围内的国有企业调整到管理有效的水平，这里既有产业布局的调整，也有企业规模的控制，使得企业的管理能够表现出资产管理为主的显著特征，便于国资委新的市场化的监管手段的实施。目前，这些工作正在加速推进的过程中。

## 2.5　本部分的简要结论

本部分作为整个研究的政策介绍与历史分析基础，对国有资产管理体制进行分析，在回顾了国有资产管理体制的发展与变迁历史基础上，对当前的国有资产管理体制进行了特征归纳，在此基础上，探讨了资产风险管理在国有资产管理体制中的定位。本部分的主要观点包括以下内容。

第一，国有资产管理体制的发展与变迁主要表现为三个方面的特征。①国有资产布局战线收缩进程中的管理主体集中化。②国有资产战略布局调整中的管理职能明晰化。③国有企业现代企业制度形成过程中的管理对象规范化。

第二，只要有国有资产，就有国有资产管理的实践性需要存在，无论在制度安排上是否存在一个确定的管理主体。即使存在制度上明确的唯一管理主体，国有资产的管理也并非完全由这一管理主体承担，这是发展的客观现实。国有资产管理的目的也并非既定不变，而是服务于社会主义市场经济发展的现实需要。

第三，国有资产管理体制存在从企业到资产、到资本、到公共财富的依次变化。当前的国有资产管理体制，主要有以下几个特征。①行政化的、专业的外部管理主体，既国资委。②管资产、管人、管事三结合，即以资产为管理对象的资产管理模式。③市场化与行政化混合的国有企业内部资产管理。

第四，国有资产管理主体包括了中央、地方和企业的层级式组织系统。由这三个层面构成的国有资产管理组织系统，作为中国特色社会主义市场经济的重大组织创新成果，一端面对的是行政系统、政府和社会责任，另一端面对的是市场、企业和利润目标，其管理的主要目的，就是要探索公有制与市场经济的有效制度结合方式。国有资产管理组织系统要实现协调社会责任和资产目标的任务，需要重视以下工作。①社会责任的厘清与实现方式的明确。在特定的区域、市场、发展阶段上，国有资产应当承担什么样的社会责任，这是管理的前提。②资产利润目标的合理确定与分配规则的明确。资产的使用和收益的获得，是国有企业履行社会责任的条件。③国有企业应该获得足够的外部激励和形成足够的内部激励，在进行资产运营过程中实现社会责任的目标。

第五，国有资产管理职能存在监管、确权、引导的三元复合界定。这三个维度的资产管理职能界定，反映了国有资产监管的两种不同的思路，一种倾向于从行政部门入手，侧重从外部入手强化对企业所属国有资产的监管，其主要的措施，是严格的绩效考核和管理者选择。另一种则倾向于规范的现代管理制度与方法，侧重在国有企业内部建立起规范有效的资产管理体制。这两种认识并不存在孰优孰劣，在管理实践中，最终的方案也表现为两种思路的混合。其背后，是国有企业改革政府管理和市场规律的共同作用。

第六，资产的风险管理是企业组织在市场活动中自然派生出来的现实需要。企业只要从事生产和经营活动，就有可能会面临资产的风险问题。风险是影响资产定价的不确定性因素。管住风险就可以对资产定价形成可置信的预期，使其成为企业资产决策的有效价格基础。

第七，当前的国有资产管理体制，在外部规范方面由较多的制度性安排甚至应急式行政介入，但对于企业内部资产风险管理的界定，还停留在方向性界定和制度性指引层面。要构建国有资产风险管理体制，必须进一步突出企业在国有资产管理中的主体地位，进一步强化企业国有资产管理的市场化手段，进一步在国有资产监管体制中丰富风险控制的市场化手段。

# 3. 企业资产风险管理框架

国有资产在企业组织中实现市场化的管理，是国有资产监管一直以来要实现的目标。企业作为市场组织，其天然的目的就是要应对风险以获得利润。没有企业能够在无风险的环境下获得回报。因此本研究认为，在企业的国有资产管理活动中，风险管理是居于核心位置的管理活动。随着我国国有企业重组力度的加快，企业经营活动中资产管理的特征会越来越明显，企业风险管理的重要性会凸显。本部分基于企业全面风险管理理论，研究企业资产风险管理的理论架构，为下文对国有大型企业资产风险管理打下基础。

## 3.1 企业风险管理及其发展

从企业管理的角度看，风险是事件产生的结果以及事件发生的可能性。企业风险管理（Enterprise Risk Management，以下简称 ERM）是一个经理人用于管理所有企业风险事件集合的系统，即由一系列规则、程序、活动、角色定位、职责和基础设施的协调配合而构成的系统，用于控制企业经营过程中面临的风险事件；ERM 的运营，需要坚持两个基本的原则，一是交流（Communication），二是可信度（Accountability）或责任（Responsibility）（Green，2016①）。在这一自上而下的管理框架下，通过交流，在 ERM 框架下，实现不同类型的企业风险在管理层、在控制的角度上得到有效的集成，为风险管理创造信息基础和控制平台；通过可信度或责任的明确，明确企业组织内部各个不同的岗位上对于风险控制的责任以及责任落实的程度。规则、程序、角色定位源自企业管理层对风险的认知和应对，活动与职责是企业组织各个岗位基于风险管理的要求，对岗位风险控制的具体落实，基础设施则是企业作为市场组织应对风险事件的基本保障。

### 3.1.1 企业风险管理框架的形成与发展

企业的资产风险管理，就是一个识别、分析、接受或减少投资决策中的具有

---

① Philip E. J. Green. Enterprise Risk Management: A Common Framework for the Entire Organization [M]. Elsevier. 2016.

潜在威胁的不确定性因素的过程，自然地，还包括对于这一过程运行状态的监控。因此，对于企业风险管理框架和标准的研究，一直是企业风险管理关注的重点内容。

企业风险管理的操作性框架，最早的规范性表述是 1992 年美国 COSO（Committee of Sponsoring Organization）发布的《内部控制——整合框架》报告（Internal Control-Integrated Framework，COSO-IC）。在这一报告基础上，2004 年 COSO 委员会提出了全面风险管理的 ERM 整合框架（Enterprise Risk Management - Integrated Framework），这一框架在美国的使用范围最为广泛。2013 年，又发布《内部控制——整合框架》（Internal Control - Integrated Framework，COSO-IC），取代了 1992 年的 COSO-IC。与 COSO 风险管理框架同时出现的，还有众多的企业风险管理标准。例如，加拿大注册会计师协会于 1995 年发布的《控制标准框架》（Criteria of Control，COCO，Canadian Institute of Chartered Accountants，1995）从风险意识的角度提出风险管理的框架；2002 年由英国保险与风险经理协会（The Association of Insurance and Risk Managers，AIRMIC）和国家风险管理论坛（The National Forum for Risk Management in the Public Sector，ALARM）联合发布的风险管理标准（IRM 标准）提出了风险管理术语、过程与组织结构、目标；ISO 31000（Risk Management— Principles and Guidelines，2009，之后还有 ISO 31010 和 ISO 31100）与 COSO 的思路一致，也从内部控制的角度提出了风险管理标准，强调了企业从董事会到员工各自承担的风险管理责任。英国财政部 2004 年的橙皮书则提出了政府风险管理的原则和概念（The Orange Book Management of Risk - Principles and Concepts，HM treasury Department，UK）认为，鉴于组织之间的相互依赖性，因此风险管理必须要经常跨越组织的边界。在这里，我们主要围绕 ERM 框架，对企业风险管理的理论进行说明。

1992 年的内部控制整合框架，明确提出，企业内部控制的目标在于：第一，确保企业运作的效率和效益；第二，确保财务报表的可信度；第三，确保企业的活动与适用法律和规则一致。要实现这三个目标，内部控制的关键性要素包括控制环境、风险评估、控制活动、信息与交流、监控五个方面。COSO-IC 的提出，意味着风险管理作为战略性活动，有必要成为企业组织管理的重要内容。通过风险管理，企业的资源得以更集中地投入到重要的风险因素的应对中，以实现更好的风险应对策略。这一框架在全世界得到了广泛的认同和使用，成为企业组织设计、实施、评估内部控制的主要框架。

2004 年的 ERM 框架，针对管理企业面对的不确定性问题，提出了企业组织的“全面风险管理立方体”（ERM Cube），提出了企业组织全面风险管理的对象目标类型、要素和行动、企业组织水平三个维度的企业风险管理框架。在对象目标类型维度方面，提出了战略（Strategic）、操作（Operations）、报告（Reporting）和合规（Compliance）四个目标。在要素和行动维度方面，提出了内部环境（Internal Environment）、目标设定（Objective Setting）、事件识别（Event Identification）、风险评价（Risk Assessment）、风险应对（Risk Response）、控制活动（Control Activities）、信息与交流（Information & Communication）监督（Monitoring）等内容。在企业组织水平方面，则提出了企业整体层面（Entity Level）、部门（Division）、业务单元（Business Unit）和子公司（Subsidiary）四个层面的风险管理要求。通过这三个维度构成的企业“全面风险管理立方体”（见图 3-1），形成了企业风险管理的第一次规范的制度规范引导。

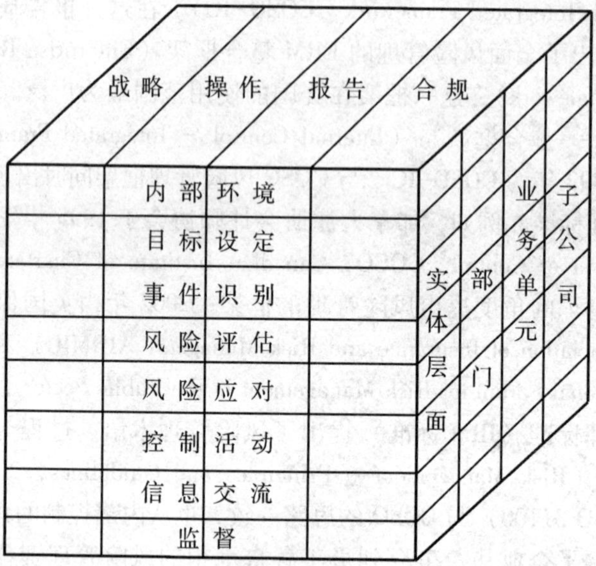

图 3-1 全面风险管理“立方体”

2013 年版本的内部控制整合框架在保持 1992 年版本基本特征的同时，一方面为了方便应用和推广，对基础性的概念，进行了重新规范表述。另一方面，为反映过去几年市场和操作环境的变化，对框架所涉及的政府预期、全球化、市场变化、制度变化等内容，进行了修改。在企业组织的内部控制与全面风险管理两份规范性文件的关系方面，新的框架在导言中明确指出，全面风险管理与内部控制两份文件是相互补充（Complementary）的关系，而不是替代（Supersede）关系，全面风险管理的范围更大，其中必然包含着内部控制。ERM 框架的提出，其意义可以从两个方面加以说明。一方面，ERM 框架使得风险管理彻底摆脱了对象依托的相机管理状态，成为公司的规范性制度要求。这种规范性制度要求的落实和组织实现，又会对公司法人治理结构形成变革压力。另一方面，ERM 框架使得风险管理从过去在组织内部的封闭状态到开放的治理层面，从纯粹的内部控制到集成的多元化风险控制。管理框架的开放程度越来越高。从 2004 年以来的公司治理的发展变化，尤其是金融危机之后，针对重大风险性事件集中爆发的讨论，使得风险管理的理论研究，突破了管理的研究，进行到对经济规律和宏观经济运行的整体层面上，成为社会关注的重点问题。

2006 年，国资委发布了《中央企业全面风险管理指引》，明确指出企业全面风险管理关系到国有资产保值增值，关系到企业持续健康稳定发展的大局。由此，国有大型企业的全面风险管理实践全面展开，至今已有 10 年的历史。以下结合 ERM 框架、内部控制整合框架，结合我国国有企业的风险管理实践，对企业风险管理的一般性框架做基础性的理论分析。

### 3.1.2 企业风险管理的三个维度：风险治理、集成与约束

按照 ERM 框架的表述，企业作为市场组织，之所以要实施风险管理，就是要通过风险控制能力的提高，促进企业业绩增长与风险之间的动态平衡，从而实现企业资源的高效率使用。企业风险管理是一个由董事会、管理层和其他企业人员共同参与，贯穿企业上下、经营活动全过程、为企业实现其经营目标提供可行保障的动态过程。通过风险管理，提高企业的六种能力，即协调组织的风险偏好与应对战略、规范风险应对决策、降低操作中的非预期事件及其损失、全方位识别和管理多重风险、主动把握机遇、优化资产的动态配置。ERM 框架的主旨，就是要在企业组织内部建立起一套机制，实现对企业组织在市场中必定会遇到的风险性事件进行集中的、动态的管理。结合 ERM 框架与企业风险控制的实践展开，可以发现，风险管理主要在风险治理、控制集成和风险约束三个维度上展开。其中，风险治理企业风险控制的组织维度，风险控制集成是行动维度，风险约束则是结果维度。

#### 3.1.2.1 组织维度：风险治理

ERM 对于组织维度的风险管理，其表述的重点在于每一个企业的利益相关者，都可以通过做恰当的制度设计，被纳入到企业的风险控制全过程中来。企业作为一种市场组织，其内部组织的结构、状态以及变化，必然会形成不同的风险组合、不同的风险偏好、不同的风险应对。可以通过对企业组织形式、结构的主动调整，来实现对风险的有效管理。这一思路，早在奈特（Knight，1921[①]）的研究中就已经提出了。奈特认为面对风险，组织的应对包括两个基本的手段，即“合并”和“专业化”。所谓合并，就是企业组织形态的变化。

客观而言，ERM 框架走的是奈特说的“专业化”路子，而且风险控制的主要专业化手段，是管理意义上的内部控制。这一点可以从 ERM 框架和内部控制框架的构成上发现（见图 3-1 和图 3-2）。从 COSO 委员会的角度看，全面风险管理为内部控制赋予了价值以及管理层根据这一价值进行判断和采取行动的权利。而内部控制就是一个没有了战略目标设定和应对手段的风险管理。对于企业组织结构及其变化的关注，尽管是 ERM 的一个重点，但是 ERM 所说的四个层面的组织，是从管理维度上对组织内部的结构进行目的导向的划分，组织在 ERM 框架中，具有较强的封闭性。换言之，ERM 强调的是利益相关者在企业组织内部的各自职责。因此，这是一个具有明显管理特征的风险管理。其根本前提是企

① ［美］弗兰克，H. 奈特，安佳译，风险、不确定性与利润［M］. 北京：商务印书馆. 2006. 242-245.

业作为一个组织，内部治理结构的稳定。这一点，ERM 框架中也有较为明确的表述[①]。不能因为这一点就否定 ERM 框架。这是一个企业管理视角的风险控制框架，离开了企业组织这一平台，所有的探讨在管理的角度都是没有意义的。

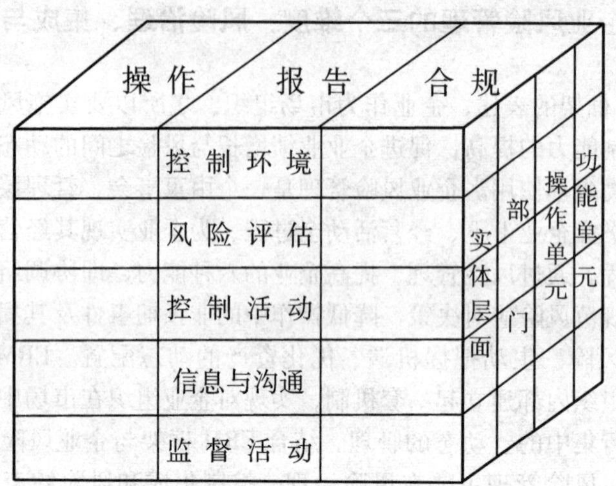


图 3-2 2013 年内部控制整合框架“立方体”

尽管如此，ERM 框架界定的在组织维度上展开的企业风险控制，实质上开启了一个具有广阔理论研究和实践探索的空间。在治理层面提出的 ERM 框架，在理论上对基于产权理论和委托代理理论提出的企业法人治理结构提出了新的要求，即如何在企业治理层面上体现风险控制的价值要求，在战略的权衡中落实风险控制的要求，保障企业组织实施风险控制的能力和条件。更进一步说，企业法人治理结构中的风险控制，就是本研究所说的风险治理，是企业作为市场化组织，其利益相关者参与企业风险控制的制度安排与权利界定。ERM 框架对于这一维度的表述是基于管理实践提出的，其操作的价值较强，理论性较弱，包含了风险治理的意蕴，但显然并没有研究彻底。而理论性不够，反过来影响了 ERM 框架在实施中的自洽性。一个包含了风险治理的全面风险管理，才是真正意义的全面风险管理，才能真正体现集成的风险控制对于企业组织的现实意义。

要将风险治理研究深入下去，就有必要从风险研究切入，对企业组织进行重新界定和分析。并在此基础上，提出风险意义上的企业组织，作为研究的基础。从现有的法人治理结果出发的研究，可以探索的空间较小。现有的企业理论对于企业组织存在意义的探讨，足以说明企业这一组织形式的演变，从生产的组织形式到合同的缔结，贯穿这一过程的究竟是企业组织的哪一个层次的内在规定性，如果说是由生产的组织形成决定，那么后来的有限责任公司的出现就难以说明，

① ERM 框架指出，无论设计和运行得多好，有效的企业风险管理只能围绕企业实体的运营目标，向管理层和董事会提供合理的、但不绝对的保证，错误的判断和决策、操作失误、内部人串谋、管理层凌驾于企业风险管理之上、成本与收益的权衡，等等，都会对风险管理形成约束。具体内容见：The Committee of Sponsoring Organizations of the Treadway Commission. Enterprise Risk Management - Integrated Framework [R]. 2004：93-94.

如果说是合同的缔结形成的权利结构，又无法说明企业形成之初单纯的企业组织形式，在逻辑的起点上，无法做到和历史的统一。基于交易成本的企业组织研究，最大的内在逻辑矛盾，在于交易成本并不能在市场环境下通过市场活动的开展得到充分的度量，因此，就必须在理论找到交易成本的度量方法，而这种度量的方法，未必在市场的实际活动中能够得到现实的根据。用一个在实践中无法使用的度量方法和概念来解释企业组织未免过于脱离客观。

现有的企业组织理论也同样不足以对未来可能发生的变化做出预判。一方面，新技术的快速发展，对企业在技术创新及其产业化方面保持发展的优势提出了新的要求。知识和技术作为必不可少的组织要求，必然在法人治理结构中提出更多的权利诉求。而知识和技术作为要素的权利诉求及其落实，又必然会带来企业组织在追求创新方面的态度的根本性转变，由此会要求企业超出其组织边界的局限，在更大的战略联盟、技术联盟中完成技术创新的风险控制。另一方面，技术创新也正在从根本的意义上改变企业本身。网络化带来的企业组织平台的虚拟化、共享化带来的企业核心资产的整体性转移，价值链变化，企业内部层级变化，等等。所有这些的叠加作用之下，很难说企业内外部的权利结构还能是一成不变的。这种变化很可能是颠覆性的变化，而不是原有权利结构之下的要素权属变化。现有的企业理论，无论是产权理论、委托代理理论，还是更为根本的交易成本理论，对于这种未来的变化，都无法做出有依据的预判。

在下文的研究中，将围绕这一问题，构建一个基于交易溢价的企业风险控制的理论框架，既作为对企业风险控制理论基础的再探索，也作为对国有企业资产风险管理展开进一步研究的理论基础。

3.1.2.2 行动维度：风险控制集成

不同的风险由不同的企业部门应对。风险不同，重视程度有差异，行动也大不一样。例如，市场风险、技术风险与财务风险，必然是不一样的应对方式。ERM 可以实现的，就是不同类型的风险的集成控制。由此，必须对企业组织的各个环节和各种活动，按照风险管理的思路进行流程再造。这一维度上展开的企业风险控制，就是为公众所认知的、管理学意义上的风险管理。ERM 框架作为这一层面上的风险管理，所要实现的，就是对企业组织的风险控制活动做出规范性表述，并对这些控制活动在企业管理层中得到体现，做出制度性安排。这种规范和制度性安排，并不是说所有的企业都要有完全一样的风险管理制度。相反，绝不会有完全一致的企业风险管理，因为风险管理的形态，与企业所处行业、管理层的风险偏好、要素结构、法人治理结构等多种因素相关。同样，也绝不能以简单的、线性的方式去理解企业风险管理，并不是说一项管理活动的开展必须要以另一项管理活动的终结作为条件。所有的管理活动可能同时开展，这些活动之间相互影响、相互作用，共同构成了企业风险管理的基本框架。

ERM 框架的执行，关键在于包括内部环境等八个方面的行动的过程可观察和行为可判断。ERM 框架之所以重要，就在于所有这八个方面的行动如果有效，那么从管理的角度看，企业的风险管理活动与企业的风险目标的设定之间的一致性就可以得到保证。与一般的企业管理相比，在 ERM 框架下的企业风险管理，在系统化理念、资源与技术、应对和控制三个方面，表现出新的特点。

ERM 框架为企业管理注入了系统化的风险控制理念。系统化的风险控制理念，主要表现为对风险的整体认识。作为管理过程，ERM 要求企业必须为风险控制设定一个总体条件，即风险偏好（Risk Appetite），既包括风险的类型偏好，也包括风险的规模要求。这一总体条件的形成，又有三个方面的基本考量，即管理层的风险态度（Attitude）、企业的风险控制能力（Capacity）以及忍受能力（Tolerance）。态度来源于对企业发展战略方向的认识，能力的基础在于风险控制制度保证和运行机制，忍受能力则是在态度和控制能力基础之上的风险权衡的边界条件。风险偏好所覆盖的企业风险，在整体上又根据风险应对的举措实施与否被分为两类，即实施之前的固有风险（Inherent Risk）和实施之后的剩余风险（Residual Risk）。在这一意义上的风险控制，显然有两个层面的风险应对。一是常规意义的风险控制技术，这主要是根据对固有风险的评估而实施的管理活动。二是管理层相机实施的风险控制，这主要是针对剩余风险的控制活动。如果第一个层次的风险控制失效，那么剩余风险就是固有风险，这样的企业风险管理与传统的企业管理并无二致。因此，ERM 框架要实现的真正变革，在于通过一个风险导向的管理过程，将剩余风险尽可能地缩小到管理层可接受的程度。这一变革要真正发生，不仅需要在企业组织的管理层中树立起风险管理的理念，还需要一个专业化的风险控制团队以及相应的资源保障、企业中下层的全面参与，否则就无法实施。

ERM 框架为企业管理提供了风险控制决策中资源与技术权衡的基本决策结构。考虑一个极端的情况，例如，企业完全没有风险控制策略，如果风险事件真的发生，那么企业要做的，只能是通过资源的付出，例如，资金、技术、市场等，来弥补风险造成的负面影响。因此，在根本的意义上，企业组织的风险控制，是资源付出与风险控制技术的权衡，没有风险控制技术，只要资源可以覆盖，风险问题一样可以应对。但是这样的以资源付出为唯一手段的风险应对，在很大的程度上是以企业组织的存续为代价的。因此，这种粗放的做法并不可取。企业组织必须要通过风险控制技术来尽可能多地替代资源付出，同时使得资源付出成为风险控制中的可预期的最后手段。ERM 框架的设计，从整体上提供了一个涉及企业活动各个方面风险控制的框架，为企业进行资源和技术的权衡提供了程序上、机制上、技术上和原则上的结构意义的支持。

ERM 框架为企业风险控制设计了一个完整的风险管理过程，使得不确定性作为企业组织在活动过程中面对的必然情况，在组织制度中得到稳定的体现渠道，成为企业组织内部的公共知识，而不再是某一个或少数管理者的思维活动和决策。ERM 强调企业组织内部风险哲学（Risk Philosophy）的重要性，重视风险控制理念在企业组织内部的普及，重视风险控制方法和技术在风险应对（Treat）、中止或规避（Terminate/Avoidance）、转移（Transfer）和承担（Tolerate）等策略中的应用，所形成的风险管理过程，在有效控制固有风险的同时，也形成了一个较为规范的透明的公司法人治理结构，为外部的监管创造可以置信的制度基础。

3.1.2.3 结果维度：风险约束

ERM 所展现的第三个维度是企业的风险约束，即战略、操作、报告和合规等四个目标约束。ERM 框架的企业风险控制是企业法人治理结构之下的企业风险管理，服务于企业的市场运营。市场运营的好坏，站在风险管理的角度看，主要是四个目标约束，其主要内涵是：①在公司法人治理结构、经营战略目标、商业模式等决定组织行为的重要内容上，是否符合现代公司的基本制度要求，是否能做到风险偏好与风险应对的一致。②企业组织的各个专门领域，例如，商业过程、价值链、现金流等，是否能够形成既能满足企业运营需要，又能够匹配风险控制要求的规范流程。③在财务制度、知识产权、社会声誉等方面，企业有没有恰当的信息系统和手段，实现公开透明的沟通应对机制。④企业的运营是否合规，是否能够符合来自外部的法律、政策、环境的要求。这一维度上展开的企业风险控制，尽管其管理的主体在企业，但内容的实质则是外部市场对企业风险管理的规范性要求。从这一角度看，这些目标与其说是企业组织内部的管理原则，但在实质上已经超出了企业组织内部的范围，成为社会约束在企业组织内部的延伸。正是在这一意义上，这一维度的企业风险控制，可以被称为风险约束。

必须要注意，ERM 框架之所以有价值，有其特定的社会背景。风险管理维度的企业组织风险控制，其之所以成立，就在于具有真实意义上的法人治理结构的企业，在实质上处于外部市场的监控之下。外部的市场通过企业的信息披露来判断企业行为的合理性和合规性。随着全球化的深入发展，企业的信息披露涉及的内容越来越广泛，企业关键性资产价值的变化频度也在加快。如果没有相应的信息披露制度，外部的监管就会流于形式，企业为了追逐利润完全放弃对风险防控的事件就会不断发生。这就是企业风险管理产生的外部历史原因。可以做一个合理的推测，如果外部的监管并不存在，或者说存在但并不是采取市场的方式，那么企业的风险管理应该就不是现在这样的结构。从发展的实际情况看，风险约束究竟是采取市场的方式、行政的方式甚至是血缘联系的方式，在不同的时期、不同的地区、不同的企业并不相同。因此，对于三个维度的企业风险管理，不能完全按照 ERM 框架生硬地照搬。而是要根据实际情况的不同，进行有针对性的设计。

### 3.1.3 企业风险管理的策略与工具

企业风险管理的策略与工具主要可以从两个方面加以概括。一是组织内部的风险管理策略与工具。这部分内容主要是由一个管理前提、四个管理策略和与之相配合的管理工具相配合形成的，是企业风险管理框架建立和执行的保障和体现。二是组织外部的风险管理策略与常规性工具。这部分内容包括了市场化的风险控制策略与工具，是企业风险管理框架的外部支撑和根本性工具。

3.1.3.1 内部风险管理的策略与工具

就企业组织内部而言，在风险偏好的管理的前提建立之后，就要围绕企业风险管理的事件识别、评估和应对，进行策略选择和工具执行，实现风险管理满足风险偏好的标准。在策略选择方面，风险规避、减少、分散和自担是较为被普遍认同的四个策略。围绕这四个策略，有一系列的管理工具可以加以选择。按照ISO 31010《风险管理——风险评估技术》（Risk Management—Risk Assessment Techniques），首先是逻辑上和系统层面的方法，主要包括：①保持风险管理全过程中利益相关者之间的信息沟通与交流；②建立企业组织内部涉及所有活动、过程、功能和产品的风险管理的基本信息；③监控风险变化；④及时报告和恰当记录管理结果。而这四类方法在风险管理各个环节的应用，决定于对企业组织内部面对的风险因素及其变化的把握（见图3-3）。

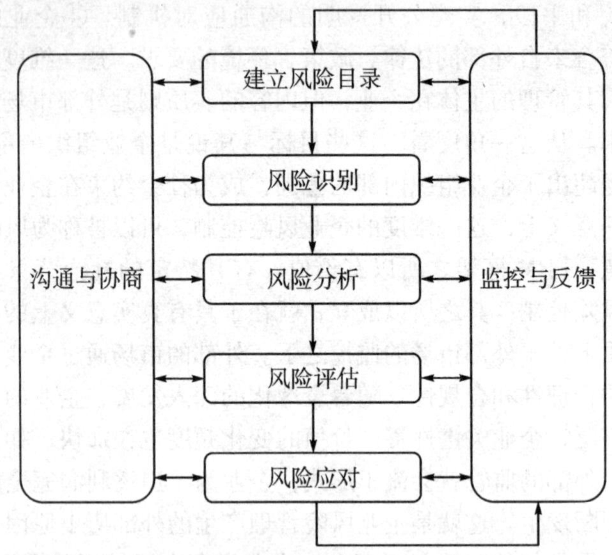


图3-3 ISO 31010企业风险管理过程及系统方法示意图

在风险识别的环节上，可以采用历史数据、专家团队和结构化等方法对风险进行识别，之后在具体的风险规模和程度的分析上，可以根据需要采用定性或者定量的方法，在更进一步的定量分析方面，可以采用历史数据、故障树、专家意见等方法。在执行这些工作的过程中，为了保证沟通与交流，保证管理的正常运转，可以根据实际需要采用常规的管理工具，例如，头脑风暴（Brainstorming）、结构或半结构化访谈（Structured or Semi-structured Interviews）、德尔菲方法（Delphi Technique）、预先风险分析（Preliminary Hazard Analysis，PHA）、危险与可操作性分析（Hazard and Operability Analysis，HAZOP）、危险与关键控制点分析（Hazard Analysis and Critical Control Points，HACCP）、结构化假设分析（Structured "What-if" Technique，SWIFT）、情景分析（Scenario Analysis）、经营影响分析（Business Impact Analysis，BIA）、根本原因分析（Root Cause Analysis，RCA），等等。这些管理工具的应用是常规性的，在此不做过多展开。

3.1.3.2　外部风险管理的策略与工具

由于风险问题的复杂性、不确定性和性质的难以明确等特点的存在，外部的风险管理策略和工具的应用，对于企业风险控制而言，具有现实的意义。一个风险事件的出现，可能有外部或内部、经济或政治、国内或国际、信息的及时性和可获得性等诸多方面的因素，仅仅通过内部的风险分析过程并不足以覆盖整体，在很多情况下，剩余风险并不好判断，剩余风险会带来多大的影响也难以明确，由此，管理层应该对剩余风险做出什么样的应对，也不是一个非常明确的问题。正是在这一意义上，才有外部风险控制的提出。

从企业外部的情况看，风险的控制根据风险问题的性质不同，有可能采取不同的应对策略。对于复杂程度较高的风险因素，管理层可以主要采用预先处置的方式应对，例如，参加市场化的保险活动和引入政府对风险的制度性控制。对于不确定程度非常高的风险因素，则有必要出于平衡风险的考虑，在企业利益相关者全面介入的情况下，实现对风险的控制。对于那些在目前的风险管理框架下根本就无法明确界定的因素，则有必要引入更为广泛的参与者来平衡风险。更多的外部相关者参与到企业的风险管理中，本身就意味着企业风险应对策略的增加。对于这一点，对美国和加拿大上市公司的研究提供了实证证据。美国和加拿大的上市公司，根据相关法律的要求，必须向公众进行风险披露，以确保公众能够对其风险有可信的判断基础。一般认为，公司的风险披露与公司法人治理结构，在分析公司运营表现、价值等内容时才有足够的影响机制。但实证研究表明（Kaouthar Lajili，2009[①]），如果董事会规模越大，独立董事越多，那么上市公司更趋向于主动实施风险披露行为；同时企业的规模和产业的性质也会对风险披露有显著的影响。反过来，如果企业在更高水平的资本市场交叉上市，企业价值会比在较低水平的资本市场上市，有显著的增加。其背后的原因在于市场提高了企业的可观察性，进而对企业的治理结构、信息不对称和资本成本都有积极的影响（Cetorelli & Peristiani，2015[②]）。

从这些例子可以看出，企业外部的风险策略和工具是极其多元化的。可以说，市场有多少风险应对的可操作方法，企业可以加以利用的风险控制策略和工具就有多少。至少在理论上是等同的。从风险管理和外部市场的情况看，这些策略大致可以分为三个类别。一是市场参与度。通过不同的市场参与度，获得不同的市场声誉，进而为企业的风险控制提供不同的策略与工具组合。例如，可以通过整体市场参与度的提高，树立起良好的企业声誉与形象；再例如，面临系统性市场风险时，可以通过参与不同的市场活动，例如，资本市场和保险市场，为企业的风险控制开拓新的工具组合。二是组织规模与形态。产业性质的不同、发展阶段的不同，对企业组织的形态和规模的要求也不相同。更为特殊地，在面对特

---

① K. Lajili. Corporate Risk Disclosure and Corporate Governance [J]. Journal of Risk and Financial Management. 2009 (2): 94-117.

② N. Cetorelli, S. Peristiani. Firm Value and Cross Listings: The Impact of Stock Market Prestige [J]. Journal of Risk and Financial Management。2015 (8): 150-180.

定风险因素时，当既定的策略实施时，必然会形成组织变化的内外部压力。企业对自身组织形态的主动调整，最为常用的方法就是兼并与重组。通过兼并与重组获得远高于预期回报的案例很多，在理论上也有较多的论述。例如，企业要进入新的市场，为避免因对新领域不熟悉而导致的经营风险，一个普遍的做法就是购买、兼并或者入股这一领域中较为成熟的企业。三是利益相关者共同参与。有些企业风险，例如，重大的资产并购、环境风险，由于影响面太大，由企业来单独承担风险，并不足以覆盖全部的风险敞口。有必要通过事前的联系机制构建，引入有风险治理能力的主体，建立有效的沟通渠道，形成利益相关者共同治理的格局。例如，通过提高企业在社区的根植性，就可以为共同治理机制创造良好的环境条件。对于这些策略和工具，在此就不做进一步的展开。在企业资产风险治理的研究部分，再结合具体的风险因素，来探讨应对的策略和工具问题。

## 3.2 企业资产风险的一般性描述：权益、运营与市场价值

企业资产的运营是企业从事市场活动的重要内容。风险管理是资产管理必不可少的构成内容。对于这一问题的研究，必须从资产风险的属性开始，以改变目前研究通过罗列的方式来对企业资产风险进行描述的状态。

### 3.2.1 企业资产风险管理：框架与方法

#### 3.2.1.1 企业资产权益的完整性应当成为管理的重点

按照目前的研究，企业在生产和经营过程中，资产所面临的风险具有多样化的特征，例如，货币风险（Currency Risk）、利率风险（Interest Rate Risk）、金融工具使用风险（Financial Instrument Use Risk）、流动性风险（Liquidity Risk）、市场风险（Market Risk）、操作风险（Operational Risk）、技术风险（Technology Risk）、政治风险（Political Risk）、自然风险（Nature Risk）、政府规制风险（Government Regulation Risk），等等。不同的分类、不同的产业类别、不同的国家，对于资产风险的分类并不相同。例如，在加拿大，要求上市公司公布的风险因素包括货币、利率、市场等在内的价格风险、信用风险、流动性风险和现金流风险。美国则对金融工具，特别是衍生金融工具的公允价值，有严格的信息披露要求。不同的分类，有着不同的风险标准和应对策略，这就使得资产的风险管理在方法上形成难以统一的局面。

总体而言，资产的风险管理，针对的是资产的物理性风险和价值性风险。物理性风险，即资产的物理性实体的存续性障碍和功能性障碍，是企业常规管理覆盖的范围。价值性风险，即资产因根据其权属而形成的价值诉求的实现性障碍，是企业风险管理的重点内容。从这一意义上讲，资产风险管理的重点不在于风险

的来源，而在于风险可能发生的资产，即哪些资产、哪些资产形态之间的转换是风险源所在。换言之，资产权益的完整性是企业资产风险管理的重点关注点。

按照风险来源对资产风险进行分类，尽管在风险的类别上看似清晰，但实际上，管理的客体是一个整体的价值概念，缺乏必要的结构性特征和形态性描述。因此，在企业的资产管理中，有必要首先对资产进行分类，形成资产导向的风险"类"，然后在此基础上再根据具体的风险事件及其重要性水平，对风险"类"进行分"级"。最后，在具备优先顺序的资产目录基础上，才能实现价值意义上的风险管理集成。

#### 3.2.1.2 三个层次的企业资产风险管理

站在不同的角度看资产，其类别是有差异的。从财务管理的角度看，企业的资产包括了资产和债务两个方面，具体的资产包括了固定资产、流动资产、无形资产等使用形态，在价值层面上，则包括了所有者权利、负债、利润等价值形态。从企业的组织目的上看，资产是企业实现经营目标的手段之一，因此资产的构成与更新就成为组织资产管理的主要内容。从利益相关者的角度看，资产是利益相关者投入企业并借此获得参与治理权利的一种形式，因此资产这一形式与权利的关联度，就成为问题的关键①。结合这三个方面的情况，从风险管理的角度看企业资产，应该有以下三个方面的基本考虑和衡量标准。

在风险治理层面，资产的权益是否明确。这是企业资产风险管理的起点。资产是企业的利益相关者投入企业的资金形成的具体对象。在治理层面上，必须把资产的权益放在关注的聚焦点上，使得资产风险集成管理成为可能。必须要认识到，资产从企业外部进入到企业内部，从市场进入组织，必然会经历一个由价值明确到不明确的过程。可能在市场中，资产是具有明确价格的交换对象，但一旦进入企业，在企业的经营过程中变为具体的资产形式，其价值的不明确程度会有明显的上升。假设企业经营顺利，在经历了一段时间的经营之后，作为整体的资产价值上升，但这种上升要体现为权益的相应实现，需要在特定的时点上才能发生，例如，分红或者股权。在其他的时间内，资产的价值并不容易为利益相关者所获知。从实践中看，只要企业的管理层有意去掩盖权益的变化信息，总是能够做到的。因此，这种由市场向组织的资产权属转移，尽管并非是全部权利的转移，但在客观上形成了资产权益不完整的实施。在极端的情况下，管理层可以通

---

① 我国的《企业国有资产法》（2008年10月28日第十一届全国人民代表大会常务委员会第五次会议通过）对于企业国有资产的界定，包括了三个层次的规定性。第一，明确企业国有资产的"权益"属性。"企业国有资产是指国家对企业各种形式的出资所形成的权益"。第二，明确企业对于国有资产的使用权利。"国家出资企业对其动产、不动产和其他财产依照法律、行政法规以及企业章程享有占有、使用、收益和处分的权利"。"国家出资企业对其所出资企业依法享有资产收益、参与重大决策和选择管理者等出资人权利"。第三，国有资产权益完整性的基本评价，在于资产价值。国家出资企业合并、分立、改制、上市，增加或者减少注册资本，发行债券，进行重大投资，为他人提供大额担保，转让重大财产，进行大额捐赠，分配利润以及解散、申请破产等重大事项，应当遵守法律、行政法规以及企业章程的规定，不得损害出资人和债权人的权益。企业改制应当按照规定进行清产核资、财务审计、资产评估，准确界定和核实资产，客观、公正地确定资产的价值。

过风险事件的控制，提高企业的经营成本甚至推动企业破产，来彻底地剥夺其他利益相关者的权益；或者企业通过利用对资产的实际控制权，利用各种手段阻碍资产所有者行使权利，在客观上，使得正常的资产处置活动无法开展。资产定价的困难，使得真正的权益拥有者不能够在企业的活动中保障自己应有的权益。企业的法人治理结构，就是针对这些潜在的风险性因素而必需的制度性安排。以资产风险为重要目标的法人治理结构，必须要能够在根本的意义上确定资产具有明确的权益。一个有效的法人治理结构，要能够形成激励—风险相容的权利约束结构，在激励企业追求经营目标的同时，实现对资产风险的控制，实现治理层面的风险权衡机制。

在风险集成管理层面，资产的运营是否科学。资产的风险问题，在企业风险管理的层面与一般意义的资产管理在大部分内容上是重合的。在这一层面上，资产是由企业实际合法控制的经济资源，这一控制权的行使预期会给企业带来经济利益。对于资产的管理，就是企业组织内部对资产使用全过程的系列控制行为，包括了资产的形成、使用、维护和退出管理（张庆龙，2008①）。除了这些共同的内容外，资产管理中并没有特别突出风险管理的因素。同样地，在国内目前看到的企业风险管理的研究中，主要是根据 ERM 框架，按照风险类别提出应对策略，也并不涉及资产风险管理的内容。只有在金融企业才能发现资产风险管理与企业风险管理共同讨论的情况。必须要认识到 ERM 框架中之所以缺乏对资产风险管理的专门描述，并不是说这一内容并不重要，而是内部控制和外部市场中均存在足够的资产风险控制机制。这一环境条件，在我国并不能得到满足。因此，在客观上有必要在企业资产常规性管理中，强调和突出风险管理的内容。需要关注四个方面的问题。第一，定价。即资产在企业组织内部是否有恰当的内部定价机制，尤其是企业的关键性资产。第二，风险相容。即资产在企业经营活动中的应用，是否与资产风险管理确定的基本原则相适应。第三，匹配。资产的规模与结构是否与企业组织、产业形态相匹配，能够帮助企业实现价值提升的投资活动。第四，应对。即企业资产结构是否能够应对预期中的风险冲击，如果不能，有无应对办法。之所以强调这四个方面，在于为企业资产风险管理，梳理出以内部定价机制为核心、符合企业组织与产业规律要求、以风险相容为标准的企业资产风险管理模式。

在风险约束层面，资产价值是否可以通过市场的方式加以确定。企业资产风险管理要服务于企业促进价值提升的经营活动，不仅需要关注在既有形态之下、在企业组织内部的资产活动，还需要注重资产与企业组织之间的结合状态，是否符合资产运用的目的要求。假设企业所拥有的资产，一旦离开企业这个组织形态，例如，出现价值的大幅下降或者与其他生产要素紧密结合导致根本无法分离，又或者缺乏必要的公允定价机制无法通过交换离开企业，等等，这样的资产对于其权益拥有者而言，价值必定是下降的。即使企业的经营成功，利润目标实

① 张庆龙. 资产管理与控制［M］. 北京：企业管理出版社. 2008.

现，资产对于其权益拥有者而言，也仅仅是增溢的部分。企业与资产，应该处于较为灵活的结合状态，这种灵活性，主要就体现在资产价值的市场化决定水平。市场化水平越高，资产与企业的结合就越灵活。反之则会成为风险控制的关键点所在。

3.2.1.3 企业资产风险管理的关注重点探讨

基于以上的分析，企业资产风险管理的关注重点，主要包括以下几个方面。

第一，资产权益的原初状态是否明确。一方面，资产的权益拥有者必须明确，权益拥有者采用什么样的方式来行使和申诉其权利。另一方面，资产的价值必须有市场化的定价。即使在资产进入企业时，资产价值无法得到市场化的价格，在资产风险管理实施的进程中，也必须有一个估价的过程。权益、价格不明确，资产的风险控制就无从说起。在未来的资产运营过程中，原初状态的不清晰，会导致对风险的完全无知（Risk Ignorance）状态。

第二，资产结构是否清晰。这主要依靠资产目录来实现，即判断资产的形式、比例是否记录和更新。缺乏对结构的动态把握，资产形态在组织内部的变换，例如，通过关联交易实现的资产在企业内部位置和形态的变化，往往是风险累积的重点领域。在市场环境中，对于这种交易活动有明确的规范。但在企业内部，对于这种交易的内部控制是否到位，是否能够满足资产风险管理的要求，并不是一个强制性的约束。

第三，资产有无市场定价基础。资产的市场化定价机制的存在，是资产权益得到保障的重要条件。要为市场化定价机制发挥作用创造条件，就必须在企业内部为市场化定价创造基础的信息条件。这不仅需要对资产的使用有规范性要求，也要求企业在资产管理过程中使用市场化定价机制，实现市场向企业资产管理的“延伸”。

第四，资产管理是否存在管理层不当控制。管理层利用资产运营的机会空间，在客观上形成了资产的全面控制，这种情况会损害资产所有者的权益。在企业的资产风险管理中，这是需要加以重点防范的风险点。

第五，是否有足够的准备金覆盖风险。企业一旦遭遇到极端资产风险事件，例如，操作重大失误、自然灾害、重大技术冲击、等等，资产价值出现重大损失甚至灭失，企业有无足够的准备金或者其他方法来覆盖风险。这是资产风险管理在应对极端事件的必然性预防措施。

以上五个方面的关注重点，构成了企业风险管理的五个风险来源，也是五个管理重点。这些内容的提出，主要是基于以下关于企业资产风险管理的理论建构提出的。

### 3.2.2 企业资产风险及管理的一个解释：交易、风险溢价与外部介入

资产的风险管理与ERM框架的融合，不仅仅是管理意义上的融合，更是经

济理论对于企业认识的深化。企业作为一个市场组织，其资产风险的来源可能是多样化的，但风险因素的发生，对于资产的影响最终要以资产市场价值的减值作为结果，也就是必须要反映到资产的价格上。因此，在理论上，资产的风险管理归结起来，就是风险因素对于资产的定价而言，究竟如何发挥作用？影响有多大？

资产价格的决定是一个市场化的竞争过程。其确定的关键性市场活动就是交易（Transaction）。买卖双方对作为交易对象的资产的价格的一致性认识，是交易完成的必要条件。影响交易资产价格高低的，按照经济学理论的表述，除开市场对资产公允价格的一般性认知外，剩余的部分可以统称为风险溢价（Risk Premium）。由此形成的交易的收益结构，即商品交换的收益与风险交换的收益的比例。① 这一风险溢价，可以是多方面因素的集成，其中既有对市场价格变化的预期、季节性因素、不可预期的冲击，也有交易双方对资产的不同评价影响，等等。相对于资产的公允价格而言，由于信息把握的差异，交易双方对资产价格的评价可能会有判断基础的差异。例如，卖方可能以历史成交价为依据，而卖方则以市场现价为依据。无论其来源如何，风险溢价对于最终交易价格的影响，表现为最终交易价格与公允价格之间的偏差。这种偏差下交易能够实现的关键在于最终价格与买卖双方的价格预判之间的各自差异，在各自可接受的范围之内。在交易的过程中，风险溢价可能很小，小到足以被忽视。例如，极少发生的交易、交易双方认识较为一致的资产，等等，公允价格与最终价格之间的偏差会很小。风险溢价也可能很大，达到完全颠覆公允价格，成为最终价格的决定因素。例如，技术出现根本性变化，资产的价格一夜之间快速下降，或者新技术出现，资产的需求快速提升而导致的预期性价格上升，等等。总之，风险溢价就是资产价格市场化波动的代名词。从交易价格决策的角度看，它可以是一个确定的价格。例如，在实际的操作中，我们可以使用资产的常规性评估价格与同期类似资产之间的差值来衡量资产的风险溢价；也可以是一个价格区间，例如，利用资产历史上的最终交易价格数据，分析其变动规律，获得风险溢价的范围；甚至可以是对资产价格变化方向的大致判断。具体是哪一种，取决于资产在交易过程中遇到的风险状态的复杂程度以及可以判断的程度。

#### 3.2.2.1 理论基础之一：马克思主义政治经济学的延展性思考

之所以提出交易及风险溢价来作为资产风险管理的理论基础，主要基于以下几个方面的认识。理论方面，马克思主义政治学在论及交易问题时，基本的遵循是三点，第一是“惊险的跳跃”。第二是“商品形式和它借以得到表现的劳动产品的价值关系”“这只是人们自己的一定的社会关系”。第三是交换的影响，“流通中的价值没有增大一个原子，只是它在A和B之间的分配改变了”②。这三个方面的理论认识归结为一点，即市场交易在根本上改变的，是交易双方的分配结

① 杨志远. 我国国有企业风险控制问题研究［M］. 成都：四川大学出版社. 2012. 9.

② 马克思. 资本论：第1卷［M］. 北京：人民出版社. 1975.

构以及依附于其上的社会关系。换言之，就是风险结构伴随着交易的发生而出现了变化。

在对企业资产风险控制进行研究，把资产的价格按照属性进行研究性分割，不仅在方法论上符合马克思主义政治经济学的研究思路，在研究目的上也是一致的。马克思主义政治经济学对于商品交换的研究，其最终的目的在于引入对资本主义生产关系的研究。生产关系既有出于生产目的的制度性安排，也有出于规避风险的制度性安排。这些都是现代市场经济的常识。需要指出的是，这样的划分和商品价值与价格的经典论述之间也并不矛盾。按照马克思主义政治经济学的分析，商品中凝结的无差别的人类劳动，是一个非市场的决定性因素；而商品的价格的波动，围绕商品的价值展开，这是市场的因素在起作用。因此在讨论价格的过程中，很难不研究风险问题。在最根本的意义上，如果不能把握价格波动的一般性规律，商品的价值本身是很难度量的。人类劳动作为一个完全非市场的概念，如果在市场活动中无法度量，这一概念在经济活动中的有用性就会受到质疑。如果市场上劳动的价格显著低于劳动的价值，并由此形成在企业组织的分配关系上，劳动处于完全的弱势，资本剥夺了剩余价值。那么这种状态又该如何加以精确的计量，究竟低了多少，这种差距又在多大程度上反映了企业作为一个组织在参与市场活动的同时应对风险而获得风险溢价？

这些问题简单从劳动一端得不出令人信服的答案，即使有，在市场活动的具体展开中也无法具备足够的操作性。理论的意义不在于理论本身，而在于理论对于实践的指导性。马克思主义政治经济学的交换分析，需要在现实的市场发展进行中与时俱进。需要顺应市场发展的态势，对现实的问题做出令人信服的回答。要做到这一点，就需要回到马克思对交换分析的起点上，从市场的角度，对交换的经济、社会属性进行分析。

#### 3.2.2.2 理论基础之二：供求法则的不确定性分析

西方主流经济理论在论及交易问题时，稀缺性是前提。资产的市场价格由供求双方的市场竞争活动决定，而供给与需求反过来，又受到包括价格在内的众多因素的影响。在这一理论中，无论是稀缺性的大小、市场竞争活动的状态还是供给与需求影响因素的多样性，均存在相当大的不确定性。市场交易本身就是风险的来源。在理论研究中，对于这种不确定性，是通过选择集合的开放性界定加以覆盖的。每一种状态下的价格与交易量的对应，成为交易决策的一个选项。因此，这种不确定性在理论中是以确定的形式出现的。但这仅仅对于理论有效，在现实的市场运行中，不确定性必须要有专门的策略予以应对。

价格的决定性因素，主要是供给与需求力量的对比。在不同的供给或需求市场条件下，这两个方面的重要性是有差异的，由此形成的不确定程度的高低也有较大的差异。例如，稀缺性极高的商品，供给严重不足而需求相对巨大，这样的供求结构下，稀缺性本身就成为最重要的价格因素。需求由于其他条件的影响而出现的非预期性波动，除非预期波动幅度可以在根本上改变供求力量的对比，对于价格的影响是可以忽略不计的。在这样的情况下，市场的不确定性并不会对价格本身形成重大的影响。

但也有这样的情况，如果稀缺性不变，交易的价格也会出现大幅度的波动。例如，供需条件季节性波动幅度巨大的商品，价格随季节波动幅度很大，因季节导致的不确定性，就成为商品价格的重要决定因素。同时，就一个可以预期在相当长时间段内存续的交易活动而言，价格是一个时间区段的中长期考虑，不确定性在交易价格决策中的重要性也会凸显出来。例如，如果我们把目标集中在资产的交易环节，在交易达成、给付对价的过程中，可以发现，对价的标的物并非完全是单一的货币，而是货币、资产、债务和制度性安排的综合性结构。越是涉及复杂资产结构的资产交易活动越是如此。这种综合性结构的背后考量，必然包含着风险重新配置的设计。

这两个方面的情况实际上描绘了市场交换作为一个买卖双方参与的过程的不确定性来源。交易的不确定性，既可以来源于供求力量的变化，也可以来源于交易达成条件前后的变化以及交易标的与对价物结构的变化等。概括来说，一个互换过程中可能会出现的所有情况，都是不确定性的来源。但从交易达成的角度看，只有足以影响交易达成以及执行的不确定性的因素，才是研究关注的对象。要对这一水平进行判断，就必须有一个可以观测的指标来对不确定性进行跟踪与观察。

因此，基于供求法则的不确定问题探讨，其焦点在于如何才能通过常用的市场指标，例如，价格，对交易所涉及的不确定进行判断，并由此确定重要的不确定性因素，进而采取针对性的措施加以应对。研究商品的价格随着市场不确定性的变化而变化的态势，是这一研究的历史起点。研究商品价格的形成机制因显著的不确定性而形成的特定规律，是这一研究的逻辑起点。这两个方面的结合，就成为对资产风险进行研究的价格理论基础。

### 3.2.3 交易风险溢价的理论构建

#### 3.2.3.1 劳动价值论的重现与探索

任何一个市场交换，其最终目的，在于对需求的满足。否则交换就不会发生。这是一个动机极其主观、形式却又极其客观的过程。在现代市场经济的运行中，为什么市场营销活动、品牌建设、渠道培育对于企业组织而言非常重要，就在于这些活动可以提供足够的信息、安全感，支撑或者引导交换的双方做出决策。这些活动在客观上加快了交换的进程。信息技术的出现，更是凸显了这些传统意义上的非生产性活动对于交易过程的重要性。那么，在这些活动支撑下完成的市场交易，是不是就是在信息充分情况下的理性决策呢？答案是不一定的。信息经济学的研究指出，交易的一方在面对一个完全不熟悉的商品或领域时，比较容易被交易中具有较为充分信息的另一方所左右，这是常见的现象。同一个群体内部，由于相互攀比的心理，在同一个时段或空间中出现类似交易的行为现象也比比皆是，而且这种攀比的心理在大多数情况下可能是非理性的。这些都说明，交易在发生之时，未必都是信息充分、完全理性的。因此，一个具有偶然成分的交易的实现，实质上为交易对象所隐含的不确定性的让渡创造了可能性。这实际上也是市场中存在的客观现象。正是在这一意义上，我们认为市场的交易活动具有交易风险的内在属性。也就是说，市场交易在交易商品的同时，也实现了风险的配置。当然我们并不是说所有的交易活动实质上都实现了风险的重新配置。而是说如果存在一个风险定价指标的话，依据这一指标进行衡量，所有的交易活动都进行了风险配置，即使在风险价格为零的情况下。在实际的市场化交易过程中，只不过这种风险让渡有规模的大小、显性定价与隐形定价、非正式市场和正式市场的区分而已。

对于国有大型企业资产风险管理的研究，其研究的背景是中国特色的社会主义市场经济制度的设计和理论的构建。必须将其纳入到相关的理论研究中，通过中国特色的马克思主义政治经济学的发展来夯实研究的理论基础。因此，在这里，必须明确指出，对于交易风险溢价这样一种观点有助于我们重新认识、在理论中再次实现劳动价值论。在传统的理论研究中，在劳动的一端切入论述劳动与价值的关系与管理的研究，是一种特定历史条件下的必然的、合理的理论思路。当这种思路在市场变化的过程中面临新的挑战时，有必要在坚持劳动创造价值的前提下，从市场的角度对劳动价值论进行充分的再论证。

在经典理论中，资本获得的是剩余价值，而劳动得到的是工资，工资是确定的，而剩余价值是扣除工资之后的劳动创造的价值。必须要认识到，马克思在这里论述的资本和劳动是总体的资本和劳动，并不是个体的资本和劳动，对应的是总体的劳动创造的价值。在这一框架下，如果劳动获得的工资是确定的，那么资本获得的剩余价值也就是确定的。双方的权利在资本购买劳动之时就已确定，这里面并没有不确定性的存在。在市场现实中情况可能是相反的。例如，在微观领域，在企业法人治理结构中，劳动拥有的是确定的权利，而资本通过企业组织所拥有的是扣除了其他权利之外的剩余权利，这种剩余权利拥有对经过对其他相关权利进行补偿后的剩余收益的获取权利。这是对企业组织的产权理论解释。但从总体上而言，受技术变化、要素的长期变化和周期的影响，一个经济体系的总体收益并非一成不变，而是随时波动的。总体收益的波动大小，决定于一个经济体系面对的风险大小。市场的实践表明，这种风险的真实大小是主观的，因而是无法确知的，但它对收益的影响却是可以观察的。因此在实际的状态中，无论是劳动或者是资本，都必须在整体收益波动的情况下，实现收益的风险预先配置，这种风险的预先配置并不是一个根据权利比例来决定的简单过程，而是一个高度状态依存的博弈过程。正如马克思在《资本论》中指出的那样，“权利同权利相对抗，而这两种权利都同样是商品交换规律所承认的。在平等权利之间，力量就起决定作用。”①

因此，在真实的市场条件下，资本的未来收益不明确，劳动的未来收益也不

① 马克思. 资本论：第1卷［M］. 北京：人民出版社. 1975.

明确，两者都不能在相互关系确立之初就加以明确的决定。例如，劳动合同确保的工资收入，在具体的执行中可能会因为企业经营失败而面临无法执行的情况，这样的情况下，资本的收益也无法得到保证。在劳动关系发展的历史长河中，不断的劳资纠纷与对立，持续的企业发展与资本扩张相伴随行。其最终的结果是一个在形式上各有侧重的劳动关系：在劳动这一方，关系的界定倾向于定期化和规范化，以确保风险承担能力弱小的劳动一方能够依靠契约的力量来维护自身的利益；而在资本一方，关系的界定则倾向于市场化，以明确企业可以最大限度地利用市场竞争机会来获得更高的风险回报。在双方的关系方面则围绕企业法人治理结构，形成了一系列议事规则和冲突处置机制。包括所有这些内容在内的劳动与资本的合同关系，尽管在形式上依然是资本与劳动的市场契约，但这种契约关系并不是对双方在契约执行过程中的未来收益分配的保证，而是劳动和资本围绕不确定的总体收益、进行收益分配的市场机制和制度保障。这一理论认识是在新的历史条件下，对劳动价值论进行再认识的起点。

马克思主义政治经济学的研究，表明了在资本主义制度下的分配博弈从整体上、长期上看有利于资本而不利于劳动。由此提出的劳动价值论，其首要目的就是矫正市场机制和调整制度保障，使得总体上的收益分配更有利于劳动而不是资本。在特定的情况下，不排除彻底否定原有制度保障的可能性。即使从今天的发展阶段上观察，这一认识也有足够的论据支撑和道德制高点。但需要明确的是，无论是马克思主义政治经济学的理论分析，还是现代社会的变迁，都指出了同一个事实，即这样对分配机制的调整，无论是策略还是对象，大部分都处在经济问题的范畴之外，具有明显的社会性特征。因此，就马克思主义政治经济学研究而言，在宏观和整体层面的研究应该转向市场相关法律和制度的经济分析方面，为劳动和资本之间的权利与权利的对抗，设定必要的边界，使之符合发展的需要，使得这一博弈能够持续进行下去，成为经济增长的基础性机制。因此，宏观和整体层面上的研究要坚持劳动价值论，就是要在社会基础性制度层面对劳动群体有足够的制度关照，在社会治理实践中加以整体实现，在国家政治生活中加以明确宣示，而不是在基本经济制度层面上植入不切实际的东西。

在微观层面上，也要坚持劳动价值论。具体而言，要在市场的微观活动中体现劳动的价值，而不是对市场组织和市场制度的颠覆性改造以突出劳动的主体地位、强化劳动的权利。这既不符合历史、也不符合现实、更不符合市场和常识。而是要在现有的市场交易制度和企业组织制度中，找到劳动价值这一理论认识的现实契合点。这一契合点只会存在于市场最为基础、也最为常见的交易活动中。交易的风险溢价，为我们探讨劳动价值提供了一个新的视角和工具。

所谓新的视角，就是我们不再从劳动的一端，简单地、个体化地去认定劳动价值，而是换一个视角，从市场竞争的主要信号——价格出发，从价格波动的规律性去观察劳动价值。所谓新的工具，就是我们可以运用现代化的市场分析工具，对劳动价值进行符合市场规律的新探索。从这一角度看劳动价值，一是强调价值的市场实现程度。没有办法在市场中实现的价值在本质上无法分配。因此，必须重视和强调交易在价值实现中的基础性地位。劳动价值的实现必须要在交易实现之后才能确定是可以实现的。

二是注重阶段性。注意坚持在马克思主义政治经济学的基本分析方法基础上创新，区分劳动创造的价值和劳动分配的价值之间的差异。不要过度强调两个价值之间的同源性，理论上同源性的表达实际上造成了现实市场运行中的巨大困惑，理论实质上与现实相去甚远。必须要指出，劳动创造的价值与劳动分配的价值是两个理论的概念，之所以可以并存，在于其存在于市场交易的同一过程中。劳动创造的价值存在于交易之前的生产过程中，劳动分配的价值在交易之后的系列分配过程中。不能简单地用前者取代后者，而忽略了交易环节的客观存在，前者并不是可以实现的可能对象。也不能粗暴地用后者替代前者，因为前者是需要在宏观层面上加以整体性实现的制度理念，后者是需要在现实的市场运行中加以个体化实现的市场活动，两者层次不同。必须要注意到，由于交易环节的存在，不同时期劳动分配的价值的大小并不一致，市场的周期性走势不同，价值的大小也不同。在市场向好，风险溢价的正值很高的情况下，劳动在分配中获得的收益可能会高于其创造的价值。反之，市场萧条，风险溢价为负，则有可能劳动得到的收益会远远低于创造的价值。换言之，在一个特定的时点上，在某一个特定的局部市场中，不能总是认为总体意义上的劳动获得的收益低于劳动创造的价值。

三是表现形式。没有必要在交易的价格中生硬地切割一块剩余价值出来。劳动所创造的价值，在市场中的表现形式，只能是市场上通用的表现形式。价格是市场竞争最主要的风向标。对于价格指标的任何分割，都必须要有市场活动的实际作为支撑，不能任意凭空想象。坚持对交易价格的研究，把定价规律搞清楚、用彻底，就是对劳动价值论的最有力支持。只要价格研究能够深入下去，能够和市场实践紧密结合起来，市场交换的公平性自然就能够为收益分配的正义性提供足够的理论和实证依据。

#### 3.2.3.2 市场发展的历史证据

在市场经济发展的初期阶段，资产在交易过程中风险溢价的大小并不重要。交易活动最终影响资源配置的结构，主要是基于公允价值的意义来说的。其原因在于当时的资产交易不频繁、规模小、范围小、支付期限短，资产的价格可以在很长的时间段内保持缓慢变化乃至不变的状态。但随着市场的扩大，资产交易在更大的空间、以更大的规模、更长的交易时间展开，资产价格在现象上表现出快速波动的态势。到今天，资本市场上以极高频率波动的资产价格，成为市场的基本特征之一。如何应对价格的快速波动，也因此成为资产交易必然要加以重点考虑的决策内容。在这种状况下的资本市场交易，除了满足物品的需要之外，还必然会涉及依附于资产的风险的交易问题。随着信息技术的快速发展，过去在资本市场上出现的价格波动情况，现在也开始在一般商品市场上开始出现。与商品交易联系在一起的风险配置问题，已成为交易环节必须要加以重视的研究内容。

正是在这一意义上，出现了对交易风险的管理要求。例如，交易的市场化制度的建立，特别是信用制度的建立，就是在一般意义上通过制度来管理风险的有意识的控制性活动。这一方面的实践深入到企业内部，就形成了管理意义上的风险控制。同时交易本身作为一种工具，来实现风险重新配置的作用被逐渐挖掘出来。特定的组织开始出现，例如，银行机构，以专门应对特定的风险；特定领域的商品交易开始被设计为风险控制服务，例如，外币交易；特定的组织行为开始被用于风险控制的目的，例如，企业的跨行业跨区域投资、兼并、重组与战略联盟；专门的市场被设计出来对冲交易的价格波动风险，例如，期货和期权市场。到今天，我们可以发现，风险及其控制已经成为资产管理活动，特别是交易行为集中、特征突出的资产管理活动的本质特征。所有这一切的现代市场经济的发展，为交易价格中包括的风险溢价研究，提供了实证的数据和案例。而风险控制理论的发展，又将为市场的深化和完善提供新的思路和工具。

市场跨越国家边界的拓展，是全球化态势下最为突出的趋势。在这一趋势下，对于风险配置的需求也随之快速增加，由此形成的交易规模发展，呈现出分化的态势，即从总量上看，实体经济交易规模与金融市场交易规模之间的差异越来越大，而且越是高收入国家，差异越大①。市场的专业化深度发展实质上使得过去一直以来与商品交易融合在一起的风险交易独立出来成为专门的市场。一个以风险交易为主要目标的市场，无论在规模上还是影响上，都已经成为当前市场经济发展中不可忽视的现象。资产泡沫已成为宏观经济现象中的常态。应该说这既是经济全球化、市场规模拓展的结果，又已经成为经济全球化的现实驱动力，而且在未来，还必将是决定经济全球化发展方向的关键性力量之一。如何增强风险交易市场与传统商品交易市场之间的内在联系，如何充分认识风险交易市场的发展规律，既能实现有效配置风险的目的，又不至于因为专门性风险交易市场的发展过快而失控，反过来侵害传统交易市场的发展，是当前社会、理论和实践都关注且需要迫切加以解决的问题。

#### 3.2.3.3 交易风险溢价基础上的组织研究

从市场交易到企业组织是市场经济发展过程中不断重复、周而复始的过程。市场交易的发展，风险溢价的显性化是专业市场风险控制和企业组织风险控制两个方向的资产风险控制机制发展的内在原因。从历史发展的脉络来看，生产个体规模扩大形成的工场（Mill）和后来的工厂（Factory），是生产扩张、资产扩大、生产扩大的相互激励过程。然而这一过程的中断，即固定资产的更新以及经济危机，则是整个生产、企业和资产缺乏对风险防范的基本意识、机制和措施的结果。在危机的冲击下，重新恢复和繁荣起来的市场经济中，企业组织形成也由工厂变成了公司（Company）及其之后的系列以权利的划分为主要特征的企业组织形式。资产的集合被权利的集合所取代，企业组织的权利结构成为组织的首要特

---

① 按照世界银行的研究，股市、私人债、公共债3项合计得到的数据，2014年高收入国家的数据占所属国别GDP总量的203.1%（均值）、165.2%（中位数），中高收入国家的数据占所属国别GDP总量的98.2%（均值）、70.7%（中位数），中下和低收入国家的数据占所属国别GDP总量的62.4.1%（均值）、53%（中位数）。见：Global Financial Development Report 2015/2016：Long-Term Finance［R］，2015 International Bank for Reconstruction and Development / The World Bank，1818 H Street NW，Washington，DC 20433.

征。这一历史过程的背后是交易的风险配置功能的扩张。

发展至今日，市场交易是风险应对的根本性途径。在一定的意义上，源自市场的风险只能通过市场交易来控制。这一理念必须要贯穿于企业资产风险管理的全过程，成为基本的评价标准和决策依据。

从风险溢价的角度看，正的风险溢价是市场主体所追逐的，负的风险溢价是市场主体所规避的。对于长期进行的交易规律的把握，构成了企业组织内部架构的基础。企业的组织形态，取决于对生产要素之间交易规律的理解与把握。一个具有信用的企业组织，远比一个偶然的市场交易主体，拥有更长的决策时期、更大的组织内部空间、更强的资源保障能力去把握市场交易的正风险溢价，去规避负的风险溢价。风险溢价的内部化成为企业组织扩张的重要动力。而一旦企业组织承担过多的负风险溢价，外部的破产约束机制就会发生作用，风险溢价的内部化机制崩溃，风险的控制再次回到原来的市场轨道上来。

因此，一个基于交易风险溢价的企业资产风险控制理论，必然包含三个层次的理论建构。一是企业组织的资产风险控制能力与策略理论，这是对企业作为市场组织，风险控制活动的系统研究。二是市场的风险控制制度理论，其核心是资产的风险定价机制。三是市场制度层面的资产风险监控机制，这是在政府层面上，对资产风险控制的制度性引导和相机干预。这三个方面的制度设计与工具选择，将构成完整的企业资产风险控制框架。

## 3.3 资产价格目标导向的风险管理机制设计

基于以上的理论分析，企业的资产风险控制框架，应作以下几个方面的原则性考虑，以形成资产价格目标导向的风险管理机制，实现对企业资产的有效风险防控。企业资产风险管理，其管理的对象是企业资产，主要的手段是风险控制，是以风险控制为主要特征的企业资产管理。从整体上考虑，企业资产风险管理应包括能力与策略、内部定价、外部环境等不可或缺的主要部分。这一部分的内容是关于企业资产风险管理的整体框架、机制、管理原则和重点环节等内容的理论研讨，其结论作为下一部分对国有大型企业资产风险管理研究的参照。

### 3.3.1 企业资产风险控制能力培育与策略积累

企业拥有的资产，在生产经营中所面对的风险是多源性的。其中，既有市场的因素，也有生产环节、自然环境、操作、技术等多方面的因素。从各种风险源出发，去设定风险控制的各自应对方案，是全面风险管理的程序性要求。这种要求对于资产的风险管理而言，并不是强制性的。程序性的、常规性的管理流程必须要有，但这种管理必须服从于企业的经营目标、服从于企业资产的使用目标。在风险管理细节上不合理的资产利用，可能符合企业发展战略上的某种具体要求。在这种情况下，风险管理要服从战略的安排。站在企业经营目标和发展战略的层面上看，资产的风险控制应放弃琐碎的罗列式风险管理模式，把管理集中到对资产的价格及其变化的风险控制上来。

风险管理作为手段，服务于管理的目的。资产的价格波动，对企业的影响是什么，取决于企业持有资产的目的。如果持有资产的目的仅仅是为了增值，那么价格向下波动就是需要防范的重大风险。如果持有资产的目的是服务于生产与经营，那么资产价格在其生命周期完成之后无法得到补偿，就是需要防范的风险。如果持有资产的目的在于形成行业进入门槛等战术性目的，那么保持资产的流动性就是风险控制需要考虑的主要问题。因此把握企业持有资产的目的，是资产风险管理的起点。也是衡量资产风险控制能力大小和策略组合多少的基本依据。

概括而言，就是要构建能力与目的相适应、策略与能力相匹配的资产风险控制框架。所谓能力与目的相适应，就是不超越资产使用目的的需要去设计和执行资产的风险管理。所谓策略与能力相匹配，就是严格按照能力的要求去准备控制的策略及其组合。要认识到资产的风险控制是需要资源支持的管理过程。所有的资产风险控制，要以风险控制的能力不损害资产使用效率为基本考量。

企业的资产风险控制能力，包括了风险识别、评估和应对的能力。围绕资产价格展开的风险控制，就是要能够识别影响资产价格变化的潜在危险，减少企业资产无效率使用等风险。可以从以下几个层面来理解企业资产风险控制能力（见图 3-4）。

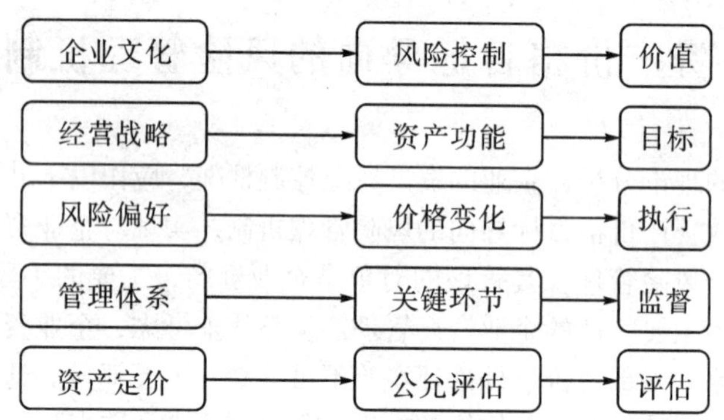


**图 3-4　企业资产风险控制能力构成示意图**

3.3.1.1　着力企业文化建设，在价值层面突出资产风险控制

资产的风险控制不仅仅是一个策略、制度，更需要的是一种企业组织文化。没有文化支撑的资产风险管理，缺乏执行的可以置信的内在动力。其原因，一方面是风险管理作为一种管理系统的全新性，并非为所有的组织成员所理解。而资产风险管理所涉及的内容和工具较为复杂，在执行过程中很可能会导致误解，如果不能在文化层面上让员工理解，那么其执行必然会受阻。另一方面，资产的风险管理，最终必然会对组织及其内部结构提出再造的要求。如果这种再造不能通过一个时期的文化影响，可能不能被管理层和员工所接受。这种影响，就纯粹的资产风险管理而言，并不存在。但就企业组织而言，如果存在组织平台与资产高

度融合的状态，这种影响就会非常突出。

企业的文化建设要服务于资产风险控制的目标，要考虑以下几个关键点。第一，提高对企业资产风险管理重要性的理解水平；第二，提高对企业资产风险管理战略的信任水平；第三，提高员工对企业资产风险管理活动的参与意识；第四，在组织自我认识中适度区分企业和资本。例如，对于公司法人治理结构的宣传和教育，在一定程度上所起到的就是这样的认识。绝不能在文化层面上，把企业和资产混为一谈，由此会给资产的风险管理造成不必要的成本和困难。以上四点是资产风险管理在企业组织内部形成和发展的组织文化条件。

#### 3.3.1.2 明确企业经营战略，在目标层面强调资产功能实现

资产对于企业而言，最为重要的是其功能的实现。不能实现功能的资产，持有是毫无意义的。资产在企业组织内部所执行的功能，一方面取决于治理结构在综合资产所有者意图的基础上提出的共识，另一方面也取决于企业的生产和经营。不当的治理及结构、对企业生产和经营的不当把握，均在一定程度上会对资产的合理使用造成威胁。因此，必须在企业的经营战略中，通过目标的界定和逻辑延伸，明确资产的功能及其实现路径。

目标层面的资产功能实现，主要考虑以下三个关键点。第一，经营目标与资产目标之间的权衡。如果功能发挥很好，但出现了资产减值的情况，应该以功能为评价的主要内容；资产价格的波动应该在一个更为长期的区间内，或者在一个价格波动的确定区间内加以衡量和评价。第二，资产功能设定的合理性。好的资产功能设定，是既能够服务于企业经营目标，又能够通过资产应用带动提高其他生产要素效率的功能设定。要更为深入地了解资产的属性及其可以发挥的功能的范围，过高或过低的目标均不利于资产功能的发挥。第三，资产本身作为企业经营阶段性的目标。资产的增值并不是在所有的企业发展阶段上，都可以成为经营目标的核心内容。在企业快速扩张的过程中，资产的增值作为经营目标是有必要的，但当企业的发展稳定下来，则有必要考虑包括资产结构、技术创新、社会责任等其他目标作为企业经营目标的必要性。利润是企业市场活动的首要目标。但企业发展的实践也表明，利润的活动既是纯粹的市场活动的结果，也是社会、文化、组织等多种因素共同作用的结果。不能因为利润目标的存在，就把资产增值作为资产风险管理的必然目标，这并不符合利润产生的市场规律。同时，利润在企业内部的存在，也并非必然以资产的增值作为唯一的表现形式，而是服从于企业管理层对企业发展战略的根本判断。

#### 3.3.1.3 坚持资产风险底线，在执行层面聚焦重大价格变化

企业资产风险管理的一个非常重要的内容，在于把握风险为企业组织的市场活动创造的机遇。这种机遇，一般情况下，会以资产价格的大幅波动作为标志。从风险管理的角度看，并不是要规避这种波动。从企业组织所处的市场环境而言，要规避也不现实。关键的问题在于判断、评估和应对这种风险，把握风险机遇、应对风险损失。

在这方面，企业的资产风险管理的能力建设，要注意以下几个方面。第一，

把握资产背后的技术变化规律，为提高判断资产重大变化事件提供科学的依据。第二，对资产的市场属性有清晰的认识。并不是所有的资产都会受到价格冲击的影响。但企业的资产离市场越远，市场流动性越低，对于企业应对风险的作用就越小。必须要认识到即使是优质的资产，如果缺乏必要的流动性，在风险事件发生需要处置时，可能最终实现的资产价格并不会高。因此，就资产的风险管理而言，必须对企业所属资产的市场属性，做出明确的判断和分层，以突出管理重点。第三，对于重大的资产价格变化，企业资产风险管理的权责划分要明确。无论是有效管理还是管理失控，都是决策层方面的问题。与企业风险管理的执行层关联不大。换言之，企业组织的决策层对极端性资产风险事件管理负有主要责任。第四，必须要形成组织内外协调、市场手段和组织手段配合的多元化、梯次风险应对策略。重大资产价格变化事件一旦发生，在较多的情况下，未必是企业依靠内部的力量就可以应对的。因此，必须在管理体制上形成较为开放的结构，为应对风险提供外部性力量注入的渠道和空间。同时，通过市场的手段实现资本形态的转换，或者通过组织结构的调整实现资本结构的变化，这些手段的配合，最终形成多元化、梯次应对的风险管理策略，进而提高企业对重大资产价格变化的抵抗力。

#### 3.3.1.4 构建规范管理体系，在监督层面增强关键环节管理

企业的资产风险管理，是一个科学的管理过程，必然有着规范的管理体系。一方面，企业资产风险管理是全面风险管理的必要构成部分。全面风险管理对于资产的风险管理也提出了规范的要求。另一方面，无论是企业文化层面还是制度层面上，要让资产的风险管理为管理层和员工所理解，都需要资产风险管理有一个具体的制度化空间和操作平台。因此，规范的管理体系对于资产的风险管理而言，是必然要重视并加以推进的内容。

在构建规范管理体系方面，必须在监督层面增强关键环节的管理能力。要注意以下几个方面的替代性。第一，以操作原则替代战略理念。资产风险管理的战略理念十分重要。但在具体的执行中，必须要将战略理念转化为具体的操作原则，只有这样，资产风险管理在企业内部的执行，才能实现制度层面的具体化。第二，以量化要求替代定性界定。应该大力促进企业资产风险管理的量化工作，特别是在资产风险管理的关键环节，更要突出量化的重要性。风险的量化未必在具体的执行中比风险的定性描述更好，但就操作而言，量化的风险直观性更强，也更容易被员工所理解和遵从。第三，以严谨工具替代主观臆测。必须要在资产关键环节的风险管理实施中，加大管理技术、工具和方法的推广应用，杜绝在这些环节上，个别风险管理人员以主观的方式来对数据和资料进行处理。第四，以动态管理替代定期管理。资产价格的快速波动，是企业资产风险管理必须要面对的现实问题。常规化的定期的风险管理模式并不足以跟上资产价格波动的节奏。因此，在关键环节上必须用动态管理替代定期管理，强化对资产价格的跟踪与研究。

#### 3.3.1.5 重视资产科学定价，在评估层面提高公允评估水平

资产的科学定价，是资产风险管理的前提，也是资产风险管理成效评估的重

要依据之一。在企业资产风险管理的过程中，必须要提高对资产价格的公允评估水平。所谓公允评估，就是资产价格的评估能够为企业组织内部和外部利益相关者共同接受、能够为市场所承认的公允价格的形成及其实现过程。这在资产管理层面上，实际上提出了两个问题，一是价格的形成。这里包括了形成的机制、主体、变动等环节。从机制上看，由于公允评估要考虑更为广泛的利益相关者的可接受度的问题，因此，由独立的机构来承担这一工作，是普遍的选择。但问题在于，独立的第三方所依据的评估定价基础，或者是市场同类资产的价格，或者是企业提供的资产历史定价，又或者是某种定价模型，按照会计准则的要求，独立的第三方实际上可操作的空间是比较大的。由此形成的价格，既不是上限，也不是下限，只能反映资产在某一时点上的可能价格。这一价格对于资产价格在市场中的实现，例如，出于经营或者某种特殊的目的而必须要进行的资产交易活动，具有参考意义，但绝不具有决定意义。因此，很难说这样的公允评估能够满足企业资产管理的要求。因此，在资产价格的定价方面，要有切实的机制，保障价格是可以实现的资产价格。二是价格的实现。一个不能在市场中实现的价格，并没有实际的意义。价格的实现，并不仅仅依靠资产价格的高或者低的状态判断，而是要有确定的交易平台和交易环境，可以在市场交易过程中实现资产的价格。对于公允评估而言，这是不可忽视的、必须要加以评估的另外一个方面。结合这些考虑，在资产科学定价方面，需要注意以下几个方面的关键内容。第一，资产科学定价的使用范围。企业预计要在哪些环节或者活动中使用资产定价，必须要加以明确，这是定价的前提。第二，公允评估的机制基础。企业内部是否存在对资产在企业内部布局、使用的过程全记录，是否有相应的因使用目的变化而进行的价格变动模拟测试，企业组织内部各个部门之间的资产配置调整，是否以市场化的方式进行了资产的价格处理等，这些都是公允评估应当具备的机制，有了这些相关的材料，独立的第三方才能对资产价格进行符合要求的评估。第三，资产的市场化管理机制。明确企业必须具备处置相应资产的能力，明确资产处置的可行渠道、交易方式，以及对交易结果变化趋势的可置信判断等。这三个方面，是企业资产管理在定价方面的能力建设的基本要求。

### 3.3.2 资产科学定价的市场化机制设计

企业资产的风险管理，绝不仅仅服务于一般意义上的资产折旧、更新、减值等资产管理活动，而是服务于企业经营目的的资产管理，服务于把握机遇、防控风险的企业资产运用。因此，动态把握企业资产的价格变化，就成为企业资产风险管理的核心问题。这一问题的分析及其应对，就构成了企业资产风险管理的主要内容。服务于资产风险管理的科学定价，必须要有企业组织内外部的市场化机制作为支撑。从内部看，企业组织内部的资产配置，必须实现市场化，从外部看，企业资产在市场中的实现，要有切实可行的渠道。因此，资产科学定价的市场化机制，成为企业资产风险管理首先要加以明确的问题。一个符合经营目的需要的市场化定价机制，包括了以下几个方面的内容（见图 3-5）。

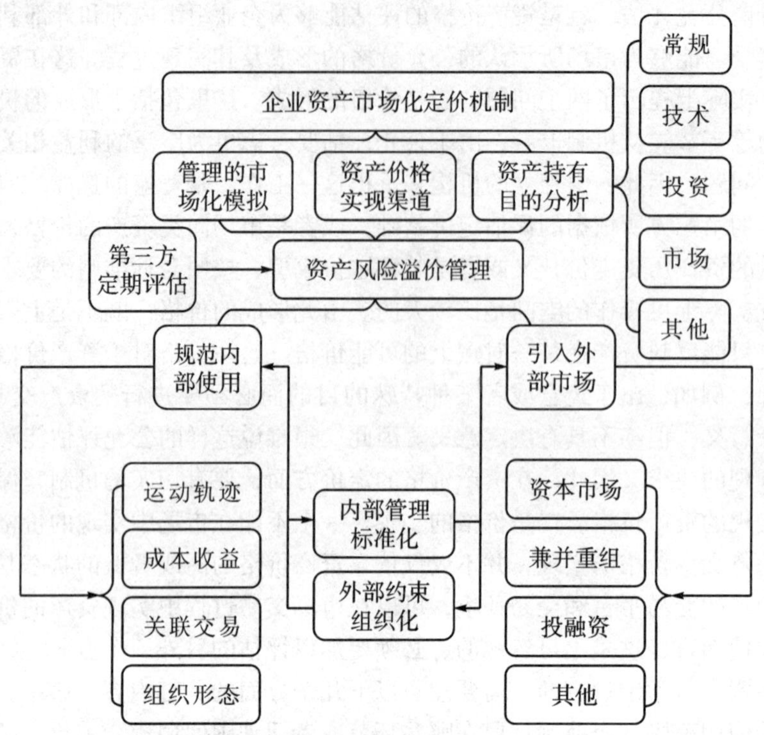


**图 3-5 企业资产市场化定价机制示意图**

3.3.2.1 企业资产风险溢价管理

企业资产定价是企业资产风险溢价管理的关键内容。企业资产的风险控制，就是要对资产的风险溢价形成可以置信的判断机制，帮助企业围绕经营目标，在资产风险控制的过程中提高资产的利用效率、降低资产的持有成本。

在传统的管理过程中，进入企业的资产，对于资产的管理，只是资产使用、维护和更新的常态化管理。在这种管理过程中，资产的价格变化并不重要，似乎是隐性的东西，重要的是资产的有用性和可用性。但一旦出现资产所有权或者使用权的转移时，资产的价格马上就变成交易关注的要点。这种对于同一对象思维重点的前后不一致，很难在管理中加以协调的表述。要实现资产的风险控制，就需要企业调整对资产的传统认识，把资产的价格放在资产的有用性之前，作为核心的目标加以管理。

对资产的风险溢价进行管理，并不是说要在资产价格中分割出一块风险溢价来。这种做法至少就目前而言，还不是经济模型或者管理模型可以解决的问题，而是要在企业的治理和管理层面上，形成风险导向的资产管理，把资产价格的变化作为管理的核心指标，把握资产价格变化的趋势，适时获得资产价格变动对企业带来的回报。因此，在企业资产管理过程中，落实资产风险溢价管理的思想，就必须遵循以下几条原则。

第一，资产优先原则。企业的资产风险管理，对象是资产，而不是企业。就资产的风险管理而言，资产是优先于企业的目标。特定的企业作为一个组织，在资产的风险管理过程中，是一个平台，但并不是不可或缺的平台。资产的风险控制可以在一个企业组织平台上实现，也可以在多个企业平台上同时实现。另外，从风险管理的角度看，企业组织本身也是风险控制的工具之一。因此，在企业资产风险溢价管理的实施过程中，必须坚持资产优先原则，绝不能拘泥于企业来谈资产的风险管理，这并不符合市场实践的现实情况。

第二，交易优先原则。资产的风险溢价之所以可以实现，就在于资产在交易过程中实现了风险的重新配置。没有交易的发生，资产的风险控制就没有基本的手段。因此，在企业的资产风险控制过程中，必须突出交易优先原则。就企业组织内部而言，在传统的管理模式下，并没有交易的必要性和可能性。因此，要落实资产风险管理，就必须重新认识和界定企业组织内部的资产配置行为，通过组织再造等多种方式，形成市场化交易的内部资产配置过程。交易优先原则对企业组织的变革提出了很高的要求。

第三，价格重于有用性原则。资产的风险溢价管理，就是要将资产在市场中的定价机制，延伸到企业组织内部，使得资产的价格成为管理的重点。换言之，在资产风险溢价管理的视角下，资产价格的重要性一定能高于资产的有用性。唯有如此，资产的管理才能在企业内外部协调起来，以资产价格作为标志，形成资产风险控制的基础性机制。同时，也才有可能在企业上下，形成对资产的统一认识，为资产的风险管理创造条件。

第四，可实现优于高定价原则。就资产风险溢价管理而言，并不过多关注资产价格的高低，而是关注资产价格的变动及其幅度。高低是静态的量，只关系资产的历史价格，而资产价格的波动是动态的变量，在一定程度上可以说，关系着资产价格未来的波动。一个很高的资产价格未必是一个可以实现的价格，自然也就未必能实现风险的重新配置。资产的风险溢价，就是要找到价格波动幅度与资产价格可实现程度之间的关联，为资产的风险控制提供基本的依据。

#### 3.3.2.2 资产持有目的分析

资产持有目的分析是企业资产市场化定价的起点。企业持有资产的目的，在不同的发展阶段、不同的产业环境和要素条件下，是有差异的。对大型企业而言，资产既是完成生产经营的必须前提，也是投资、市场战略执行的重要手段。在较多的情况下，仅仅是持有某种资产，就能对企业的市场活动形成足够的保障。例如，过多的生产能力建设投资所形成的过剩生产能力，对于大型企业保有其市场领先地位，有着十分重要的意义。因此，资产对于大型企业有较多的功能，很少有大型企业单一为生产经营的目的持有资产。而资产本身，也很少只有单一属性的资产。随着企业经营环境、资产的使用周期、环境的变化，资产会表现出不同的属性。要把握这些多变的属性，必须要明确资产的持有目的。

不同的资产持有目的，对应的资产定价应当有所不同。例如，单纯为生产的目的而持有和应用资产，那么资产价格的使用可能仅仅存在于资产购买、处置或者更新等时点上。对于这样性质的资产持有，就资产风险管理而言，可能需要考虑的仅仅是第三方定期评估。通过这样的方式形成的资产定价，就可以满足管理的需要。但是，如果企业的资产应用于包括技术创新、对外投资、市场拓展或者其他涉及企业经营性活动等领域时，资产定价会成为企业经营性活动甚至战略目的能否达到的关键。单纯的第三方评估就无法实现其定价的目的了。

如果资产的使用目的是服务于技术创新，那么资产价格的决定性因素就不能是资产的购买价格的终值，而是决定于对技术创新可能成果大小的预期判断。预期乐观，资产的价格会很高，以至于到了完全超越资产原初投入成本的水平；预期悲观，资产的原初投入就会成为沉没成本，对企业而言，这样的资产是将来的或有损失，价格可以为零。这样的资产定价，主要存在于风险投资的专门领域，其基本规则是，如果技术创新预期良好，企业获得资产的投入，如果预期持续实现，则投入持续，最终投入的资产获得良好的回报；反之，则成为完全的成本投入。对于这样的资产进行定价，并不是一次性的静态过程，而是在技术创新的发展变化过程中持续跟踪和逐步发现的。企业对这类资产的管理，必须对资产价格的变化有及时的更新和高度敏感的风险防控手段。同样地，如果资产的使用目的是服务于对外投资或者市场拓展等领域，那么决定资产价值的就是相应的投资回报和市场地位预期。资产定价的规则也会随之改变。

所有这些情况都说明，一个较为完整的资产市场化定价机制是企业资产实现市场化定价的关键所在。因此，在定价之前，对资产持有目的的分析就成为对企业资产的风险溢价进行管理的重要内容。对于大型企业而言，即使目前某种资产持有的目的是单一的，也要在风险管理落实的过程中，不断发现资产持有的其他潜在目的，进而明确资产风险管理的重点所在。

#### 3.3.2.3 企业资产管理的市场化模拟

企业资产市场化定价机制的第二个重要的内容，是企业组织内外部的企业资产市场化定价机制，即资产管理的市场化模拟。所谓市场化模拟，就是要在企业组织内部，尽可能为资产的市场定价创造信息基础和交易环境，使得资产在企业内部的配置，可以通过市场定价的方式加以恰当的体现和记录。要实现这一点，就需要对企业内部的资产管理，按照风险控制的要求，进行必要的更新设计。

第一，是通过资产配置的内部控制活动，使得资产在企业内进行配置的活动轨迹得到恰当的控制和记录。资产通过交易活动，从企业外的市场进入到企业内，在持有目的实现后，再从企业内通过交易活动回到市场。作为一个配置的运动过程，必须全部出于内部控制的监管之下。不仅如此，资产的配置，还要通过内部控制，在管理系统中得到常态化记录，使得所有的资产活动，都成为可以追踪的管理活动。之所以这样做，就是要从管理一端入手，实现资产的企业内外部的连接，规范的内部控制是资产市场化定价得以实现的组织环境条件。

第二，通过资产财务指标，正确及时反映资产未来使用的成本与效益。又必须在资产的风险控制活动中，经常性地使用成本收益分析，以判断资产持有的未来收益判断。这是决定资产价格的一个非常重要的信息。在传统资产管理的过程中，对于这一问题已有较多的分析和应对探讨，在此不做过多展开。

第三，资产在企业组织内部的调整，应尽可能以交易的方式开展。严格来说，不处于交易过程中的资产，不具备真实的市场价值。一方面，企业有必要在资产的总体层面，保持资产足够的流动性，以备不时之需。另一方面，企业也有必要在资产的内部管理中，贯彻市场化原则，使得资产在企业内部的配置与调整，可以通过市场化的方式展开。只有如此，资产的市场化定价才有足够的信息基础。

第四，企业要有恰当的组织形态，以实现资产配置的市场化模拟。例如，出于业务发展的需要，资产从一个部门划到另外一个部门，要有可行的方式在资产管理的记录中体现这种调整。资产交易价格是一个较好的选择。但部门并非一个实体，在资产的财务记录中没有办法体现部门的资产持有情况。因此，如果要在企业内部实现这种市场模拟，就需要采用母子公司的组织架构。在这样的组织架构下，显然子公司之间的关联交易就是实现资产配置市场化交易的最好渠道。

#### 3.3.2.4 企业资产价格的市场实现渠道

企业资产市场化定价机制的第三个重要的内容，是资产价格的市场实现渠道的判断、培育和维持。企业风险控制的决策，在于以下三个方面的权衡，即资产持有、资产交易和风险配置。如果持有资产的收益大于交易收益和风险损失，那么持有资产就是有意义的。反之，如果资产交易价格快速上升，那么中断持有过程，进行资产交易就是有充分理由的。交易与风险配置实质上联系在一起，不可分割。但资产的交易可能会因为风险的权衡而执行或中断，因此，必须要把风险配置作为一个单独的选项，作为决策的基本考虑之一。

资产的交易，是完全市场化的行为。企业对于资产交易的管理，在于交易的平台、渠道、方式的选择和维持。通过规范的资本市场实现资产交易，或者通过投融资活动进行资产交易，再或者通过战略联盟的形式实现资产使用权的转移，更广义地说应收应付款项，等等，均是可行的渠道。因此，从资产风险管理的要求来看，企业组织必须保持对市场的高参与度。不仅是产品市场，而且包括资本市场，劳动市场和技术市场。只有保持高市场参与度的企业，才能确保资产有确实的交易渠道，实现交易与风险的配置。

要保持高市场参与度，关键在于企业的组织形态与治理结构。一般而言，好的企业组织形态与治理结构有较为清晰的组织形态，完善治理结构的股份制公司，具备资本市场的高参与度。对于以兼并重组和投融资为主要手段实现资产交易的企业而言，应在这方面有较高的自我约束。有领先的行业地位、把握关键技术平台、治理结构具有明显风险投资特征的创新性企业，具备技术市场的高参与度。可以在相关的技术和产业领域中，通过资产的交易实现风险配置。通过企业组织形态的适应性调整和培育，通过治理结构的针对性构建，可以保持企业对于市场的高参与度。有较为明显的产业根植性、人力资本在治理结构中具有不可或缺地位的企业，具备劳动市场的高参与度。

资产管理的市场化模拟和资产价格的市场实现渠道两个部分，构成了对资产风险溢价进行管理的另外两个构成要件。没有前者，资产的市场化定价就没有实现的基础；没有后者，资产交易就没有实现的渠道。这两个方面是相互联系的，站在发展的角度看，企业资产管理的市场化模拟，如果运行成效突出，可能通过制度扩散的方式成为企业的组织建设规范，成为外部的指引性约束；反过来，资产价格的市场实现渠道，同样可以通过在企业组织制度中的延伸，成为企业治理得以实现的手段。

### 3.3.3 风险导向的企业资产管理：以股份制改造为例

#### 3.3.3.1 通过股份制改造研究风险导向的企业资产管理的可行性分析

以资产风险溢价为目标的企业资产风险管理，要求企业资产管理由传统管理转变为风险导向的企业资产管理。这一转变，既涉及资产管理理念的更新、资产内部控制的调整，也包含着组织形态的更替、治理结构完善和市场活动目标的调整。由于这一转变的复杂性，在实际的操作中，应该有一个恰当的变化过程，使得相应的调整与变化能够顺次发生。

在一个成熟的市场经济中，对于这一问题的回答，只能通过观察企业成长的生命周期，通过总结不同企业在各自的成长过程中的共同特征和环节来得出答案。但是，这种观察具有明显的缺陷。不同类型的企业、不同的发展过程、不同的市场环境中的企业成长过程，是高度状态依存（State-contingent）的，很难在这些非集中发生的事件中找到规律，只能在极端的事件观察中，例如，经济危机中大规模的企业破产，发现一些规律。

我国的市场经济改革以及与之相伴的国有企业改革，为观察这一过程提供了最好的观察窗口。大规模的企业组织形态变革、治理结构培育、产业布局调整，所形成的整体性特征，无疑为我们研究企业的资产风险管理提供了更多的参考信息。其中，最引人注意的改革，就是大型国有企业的股份制改造。这一变化过程，就是资产风险管理得以实现的重要制度变革过程。

将企业资产风险管理的理论讨论与我国企业的改革发展结合起来看，需要加以讨论的问题是，一个企业究竟在多大的范围内实现股份制，才能满足资产风险管理的要求？就目前的情况看，对于大型国有企业的股份制改革，已经从局部上市走向了整体上市，相当一部分中央企业已经实现了整体上市。股份制已经成为当前国有企业的一个基本特征，股份制改造作为国有企业改革的主要目标，在新一轮的改革战略中再次得到了强调。对于企业的风险管理而言，股份制的推行已经满足了资产交易的基本条件。

#### 3.3.3.2 企业的股份制与资产风险管理的相互关系分析

股份制应该在多大的程度上推进，在实践中不仅面临具体的困难，也面临理论上的难题。这里存在两个层次的理论问题。一是国有资产总体层面上应该有多大的比例存在于股份制企业内。这一问题属于监管层面，在这里不做展开。二是国有企业作为国有资产的承载平台，股份制改造究竟能够在多大的程度上满足资产风险控制的要求。这一实践问题的理论回答，就来源于企业资产风险管理的基本理论。

企业资产风险管理包括了资产持有目的、内部市场化模拟和外部资产交易等三个部分。从这三个方面的理论要求看，股份制提供了解决风险控制的基本制度框架。在资产持有目的方面，治理结构本身，就是掌控企业经营战略方向的最佳制度安排；在内部市场化模拟方面，上市公司的规范性要求对企业资产内部控制提出了很高的要求；在外部资产交易方面，股份公司权益资本的可流通特征，天然地为企业资产的市场化交易提供了渠道和手段。这些基本的特征，使得股份制企业的组织模式和治理结构，为企业资产风险管理的展开提供了基本的制度保障。这是股份制企业显而易见的优点。

但缺点也同样地明显。一是权益资本可流通，必然会对企业的资产结构乃至经营目的形成外在的强制，使得企业的经营被迫服从于权益资本价格波动的短期目标，进而影响企业资产的真正持有目的。二是股份制结构下的企业内部通过委托-代理形成的所有权与经营权分置的状态，在客观上创造了管理层出现道德风险的空间，管理层寻租成为企业治理层面必然要考虑的问题。对于企业资产风险控制而言，显然存在着治理和管理两个层面上的风险控制问题。这就使得风险控制活动的复杂程度进一步提高。三是资本市场的信息披露，在提高企业经营数据公信度的同时，客观上也降低了企业原来可以利用资本市场实现风险配置的能力。例如，在未上市的情况下，企业可以通过在子公司之间进行资产的关联交易，改变资产的风险结构以应对风险事件的产生。但在资本市场中，这样的关联交易有着较为严格的限制。由此，在股份制企业中，资产的风险管理，面临着交易渠道维持和交易发生成本提高之间的权衡。四是资产持有目的可能会因为股份结构或者治理结构的改变而经常发生变化，进而对依赖于资产持有目的的资产风险管理的持续进行造成实际的困难。

因此，企业资产的风险管理，尽管对企业组织向股份制公司制度转变提出了限制性要求，但股份制公司制度对于企业的风险管理也有着非常明显的限制。这两个方面的限制，在分析股份制改造对资产风险管理的影响时，都必须要考虑到。一个较为明确的结论是，并非实现了股份制改造就可以顺带实现资产风险管理，资产风险管理对企业的股份制提出了更高的要求。

#### 3.3.3.3 风险导向的资产管理视角下的股份制改造

第一，股份制改造应有效提高企业核心资产的交易能力。企业核心资产的风险控制，对于任何一家企业而言都是管理的重点。企业进行股份制改造，权益资本流通的实现，在整体上提高了企业资产的市场化交易能力，但如果从资产交易的外部渠道角度看，这种能力的提高，仅仅是资本市场一个方面的能力提高。其他的技术市场、产品市场和劳动市场，尽管也可以涉及，但不能说股份制改革一搞就全部解决了。即使就资本市场而言，如果企业的负债过高，影响到资产的整体估值，对于企业资产在资本市场中的交易，也是不利的。因此，在股份制的推进过程中，企业要考虑的变革，不仅仅是形式的变化，更为重要的是通过股份制改造，全面提升企业规范经营的能力和水平。这里有几个关键点。一是核心资产必须优先纳入股份制改造的范围。有了这一点，企业资产的风险才能尽快实现整体可控。二是必须评估和推进企业对技术市场、产品市场和劳动市场的市场参与，将其作为股份制改造的重要内容。具体来说，技术性资产的估值与交易渠道的构建、产品市场地位的评估与维系、人力资本的估值与劳动市场的参与度评估等内容，应该在股份制改造中得到同步的推进。三是核心资产的可行交易渠道，在股份制改造中应有具体的渠道和方式的预设。通过权益资本的交易或者负债的交换，再或者是直接的投资活动，等等。在股份制改造过程中，对于这一问题要有明确的方案。

第二，股份制改造推进的范围应与资产持有的目的的需求一致。企业资产持有目的不同，对企业资产风险控制的要求水平会有差异。股份制作为企业组织形态的根本性变化，所对应的是较高层次上的资产风险管理。因此，如果不考虑资产持有目的，对主要业务依然停留在生产领域内的企业实施整体上市，股份制所具有的资产风险管理的优势就不可能发挥出来。这样的管理现实反过来就会影响到资产风险管理乃至股份制在企业内部的实际推行。因此，在股份制进行中，必须对资产持有目的进行判断，以明确股份制改造的范围。如同本段所举的例子，生产型企业的核心资产存在于生产领域，企业的管理活动大部分是生产性的。对于这样的企业要实现股份制，就必须把核心资产放到股份制公司中。但实际上这样的股份化并无实际意义，因此，对于生产型的企业，最好的办法是不搞股份制。另外一种情况，如果企业的资产经营活动大部分是投资性的，资产持有的主要目的也在于投资和生产，那么这样的企业就适合股份制改造的要求。在这一类企业中推进资产的风险管理，也易于得到管理层和员工的共同支持。整体上市就是这一类企业的最优选择。对于技术创新型企业，由于其核心资产在于人力资源，人力资源的估值及其在股份结构中的反映，成为股份制改造的关键性内容。对于这一类企业的股份制推行范围，要根据具体的情况展开研究。

第三，股份制改造应有效解决治理与管理层面的资产风险控制责任划分。股份制公司制度设计中必然的委托代理关系所形成的权利分置为企业的资产风险管理形成了责权划分的问题。管理层毫无疑问应当是资产风险管理的实施者。但管理层资产风险管理效率的高低取决于企业对资产持有目的的恰当判断。这一判断从股份制的设计原则上看，应当由董事会来确定，通过治理结构的恰当设计来加以保障。但在实际中，董事会所做的资产持有目的判断，只可能是核心资产的判断，对于一般性的资产持有目的判断，应该由管理层来决定。这在客观上就形成了判断不一致的制度性漏洞。同样地，治理结构对于风险管理的支持，有赖于较为稳定的股份结构与有风险承担能力的利益相关者，而在资产持有目的判断主体分置的情况下，治理结构的有效支持也是存在较大疑问的。在股份制下，一个有效的风险管理权利划分，应当将管理权限集中于管理层，而将资产范围的确定权利保留在治理层面。也就是说，不能将所有的资产风险管理权限一次性地纳入企业资产风险管理体系中，必须在治理层面上保留一部分高度市场化的资产，既作为对企业资产风险管理绩效的比较与参考，也在客观上形成一种市场化的“保险”，当企业遇到难以覆盖的重大风险事件时，有足够的资产准备，可以覆盖风险损失或把握风险机遇。这是一种理论的设计，在具体的股份制改造中，有可能出现的形式是多样的，例如，一个资本运营平台下的几个股份制公司，也可以起到类似的效果。

第四，股份制改造应起到资产筛选的作用。企业在生产、经营、技术、市场活动中，会因为活动开展的目的的需要，形成各种各样的资产。这些资产形式不同、流通性不同、价格变化规律差异明显、使用不同，要通过历史交易价格的简单加总来获得资产的总价格，尽管在形式上可以做到，但在实质上并不能反映企业资产运用的实际情况。股份制之所以对于资产风险管理具有基础性的支撑作用，就在于它提供了一种可操作的渠道，使得多样化的企业资产，可以通过企业组织形式的规范性设计，获得能够被市场接受的价格。这样一种价格，反过来会对企业的资产形成新的要求，即难以在股份制下形成合理市场定价的资产，一定就是不能被纳入企业资产风险管理框架下的资产，也就是在股份制改造中需要加以处置的资产。从这一意义上讲，企业的整体上市，应当是指企业组织形态整体向股份制变化。企业的资产在股份制实现的过程中，一部分随着企业组织一起，进入以股份制的企业组织平台上，成为资产风险管理的对象；另一部分则必须提高市场流动性，成为股份制企业风险管理的准备性资产，最后一部分，则因其不符合股份制的要求，在股份制实现过程中必须要加以处置，排除到企业组织之外。对于企业资产而言，股份制改造应当发挥上述资产筛选作用。

## 3.4 本部分的简要结论

本部分对企业资产风险管理框架展开了理论和实证的分析，以此构建了研究的理论基础。在对企业风险管理的操作性框架进行介绍之后，对企业资产风险进行了一般性描述，在此基础上，对资产价格目标导向的风险管理机制设计的理论基础进行了研究，构建了资产风险管理理论的政治经济学基础。本部分的主要观点包括以下内容。

第一，企业风险管理是一个由董事会、管理层和其他企业人员共同参与，贯穿企业上下、经营活动全过程的、为企业实现其经营目标提供可信保障的动态过程。通过风险管理，提高企业的六种能力，即协调组织的风险偏好与应对战略、规范风险应对决策、降低操作中的非预期事件及其损失、全方位识别和管理多重风险、主动把握机遇、优化资产的动态配置。

第二，风险管理主要在风险治理、控制集成和风险约束等三个维度上展开。其中，风险治理是组织维度，风险控制集成是行动维度，风险约束则是结果维度。

第三，在根本的意义上，企业组织的风险控制，是资源付出与风险控制技术的权衡，没有风险控制技术，只要资源可以覆盖，风险问题一样可以应对。但是这样的以资源付出为唯一手段的风险应对，在很大的程度上是以企业组织的存续为代价的。

第四，从风险管理和外部市场的情况看，企业可以加以利用的风险控制策略大致可以分为三个类别。一是市场参与度，二是组织规模与形态，三是利益相关者共同参与。

第五，资产的风险管理，针对的是资产的物理性风险和价值性风险。物理性风险，即资产的物理性实体的存续性障碍和功能性障碍，是企业常规管理覆盖的范围。价值性风险，即资产因根据其权属而形成的价值诉求的实现障碍，则是企业风险管理的重点内容。从这一意义上讲，资产风险管理的重点，不在于风险的来源，而在于风险可能发生的资产上面，即哪些资产、哪些资产形态之间的转换是风险源所在。换言之，资产权益的完整性，是企业资产风险管理的重要关注点。

第六，企业资产风险管理的关注重点，主要包括以下几个方面。一是资产权益的原初状态是否明确，二是资产结构是否清晰，三是资产有无市场定价基础，四是资产管理是否存在管理层不当控制，五是是否有足够的准备金覆盖风险。以上五个方面的关注重点，构成了企业风险管理的五个风险来源，也是五个管理重点。

第六，交易及风险溢价是资产风险管理的理论基础。这一理论的政治经济学基础在于劳动价值论。从市场竞争的主要信号——价格出发，运用现代化的市场分析工具，从价格波动的规律去观察劳动价值，一是强调价值的市场实现程度，二是注重阶段性，三是突出表现形式。区分劳动创造的价值和劳动分配的价值之间的差异。

第七，一个基于交易风险溢价的企业资产风险控制理论，必然包含三个层次的理论建构，一是企业组织的资产风险控制能力与策略理论，这是对企业作为市场组织，风险控制活动的系统研究。二是市场的风险控制制度理论，其核心是资产的风险定价机制。三是市场制度层面的资产风险监控机制，这是在政府层面上，对资产风险控制的制度性引导和相机干预。这三个方面的制度设计与工具选择，将构成完整的企业资产风险控制框架。

第八，企业资产风险管理，其管理的对象是企业资产，主要的手段是风险控制，是以风险控制为主要特征的企业资产管理。要构建能力与目的相适应、策略与能力相匹配的资产风险控制框架，必须着力建设企业文化，在价值层面突出资产风险控制；必须明确企业经营战略，在目标层面强调资产功能实现；必须坚持资产风险底线，在执行层面聚焦重大价格变化；必须构建规范的管理体系，在监督层面增强关键环节管理，重视资产科学定价，在评估层面提高公允评估水平。

第九，以资产风险溢价为目标的企业资产风险管理，要求企业资产管理由传统管理转变为风险导向的企业资产管理。这一转变，既涉及资产管理理念的更新、资产内部控制的调整，也包含着组织形态的更替、治理结构完善和市场活动目标的调整。由于这一转变的复杂性，在实际的操作中，应该有一个恰当的变化过程，使得相应的调整与变化能够顺次发生。当前，突进股份制改造对于实现企业资产风险管理具有重要意义。

# 4. 国有大型企业资产构成及风险因素分析

在对企业资产风险管理进行理论基础建构之后，对于国有大型企业资产风险管理进行研究就具备了基本的理论参照。在本部分，要结合当前国有大型企业资产构成及其变化，对资产属性以及由此形成的企业资产持有目的展开分析，并在此基础上，对当前国有大型企业资产所面临的风险因素也展开分析，从而形成国有大型企业资产风险管理运行机制的研究基础。

## 4.1 国有大型企业资产的规模与构成

可以从以下几个方面来勾勒当前国有大型企业资产的基本情况。一是资产的规模，包括资产的总体规模及相关指标。二是资产的结构，包括资产的总体结构与在企业内部的存在状态。三是资产的变化态势，包括资产的整体变化趋势、分行业、领域和重要类别的变化趋势。这是从数据和案例层面，对国有大型企业资产状况的描述①。通过这些描述，归纳出当前国有大型企业资产的共同特征，为下文的研究奠定数据基础。

### 4.1.1 国有大型企业资产的总体规模

国有大型企业的资产研究，有两种研究思路，一是从国有资产监管的角度切入，在监管层面上谈企业国有资产的监管问题。二是从国有企业自身出发，探讨资产管理的细节问题。前者的研究具有国民经济研究的性质，后者的研究则是管理层面的研究。本研究对于国有大型企业资产风险管理的研究，既涉及监管层面的内容，也与企业资产管理的微观活动直接相关。因此，尽管国有大型企业是研究的重点，还是需要站在监管层面，对国有资产的总体状况进行描述。这一描述是极为重要的内容，它不仅是探讨国有大型企业资产结构特征的起点，而且对于国有大型企业持有国有资产目的研究来说，也是非常必要的前置条件。

---

① 本章数据来源主要包括以下内容：①中国财政统计年鉴（2015），②中国统计年鉴（2015），③国有大型企业财务报告，特别是上市公司的年度财务报告。④财政部、国资委年度报告和相关分析材料。涉及的具体数据来源将会在下文中对应指出。

首先，我们利用财政部和国资委的相关数据，对国有大型企业资产的总体规模进行描述。财政部与国资委的年度数据，基本上反映了我国国有大型企业的经营状况。尽管在口径上与我们研究的国有大型企业有一定的差异，但对于我们探讨国有大型企业的资产总体规模而言，是可以置信的总体数据，能够满足研究的需要。从整体情况看，我国国有企业的资产变化显著，从可以获得的数据上看，主要有以下几个方面的特征。

4.1.1.1　资产总体规模扩张较快

要把握大型国有企业资产规模的整体情况，需要注意两个方面的数据，观察两个特征。一是国有资产规模的年度报告数据。按照财政部的年度数据（见图4-1），2005年，全国国有企业资产总计为242 560.1亿元，2014年年底，达到1 184 715亿元；2016年8月，按照财政部的月报，全国国有企业资产达到1 278 941.7亿元，是2005年的5.27倍。从图4-1可以看出，我国国有企业的资产是在2009年开始，保持每年以10万亿元的大致速度快速增长。持续了6年之久。一个合理的解释是，作为应对2008年金融危机所采取的调控措施的重要落实渠道，国有企业进行了大规模的投资活动，形成了资产规模快速增长的最大推动因素。之所以这样解释，是由于2008年以后，国有企业的重要经营性指标的增速都处于总体下降的状态中。在图4-2中，我们可以发现无论是营业收入、利润总额，还是应交或已交税金，在2008年以后，增速都是逐年下滑的。因此，在经营性活动经济效益下降的过程中，国有企业资产的增长不可能是出于经营效益预期提高导致的市场扩张行为，只能是企业的非内部的因素导致的结果。由外生性因素导致的企业国有资产快速增加，这是国有资产扩张的第一个特征。如何去把握这种外生性的资产扩张，是国有企业资产风险管理需要重点深入探讨的内容。在随后的研究中，将对这一问题进行分析。

二是资本市场的企业资产数据。按照证监会公布的月度报告，2005年我国证券市场股票总值为32 430.28亿元，2015年年底达到531 304.2亿元；2016年6月为466 558.33亿元，是2005年的14.37倍。以2014年9月为例，上市公司总市值达到293 548.1亿元。共有国有控股上市公司1 007家，总市值为16.2万亿元①，占比达到54.5%。而2014年9月国有企业的所有者权益为34.5万亿，上市的总市值占国有企业所有者权益的比例为47%。也就是说，在国有企业资产大规模扩张的过程中，尽管进入资本市场的国有企业资产在增加，但增加的速度远不如资本市场的扩张速度。大量的国有资产还在资本市场之外运行。这是当前从规模上看，国有资产具备的第二个特征。从当前的情况看，即使我们全力加快国有企业的股份制改造，也不可能在十年时间内实现国有企业资产的全面上市，这不仅在手段上是不可能实现的，也是资本市场多样性所无法允许的。从现实的

① 庄心一在2014CCTV中国上市公司峰会上透露，“作为国有企业改革的排头兵，截至2014年9月底，境内共有国有控股上市公司1 007家，占上市公司总数的39%，总股本2.6万亿元，占上市公司总股本的71%，总市值16.2万亿元，占上市公司总市值的55%。”数据来源：庄心一.国有控股上市公司总市值16万亿［N］.经济参考报.2014-11-03.

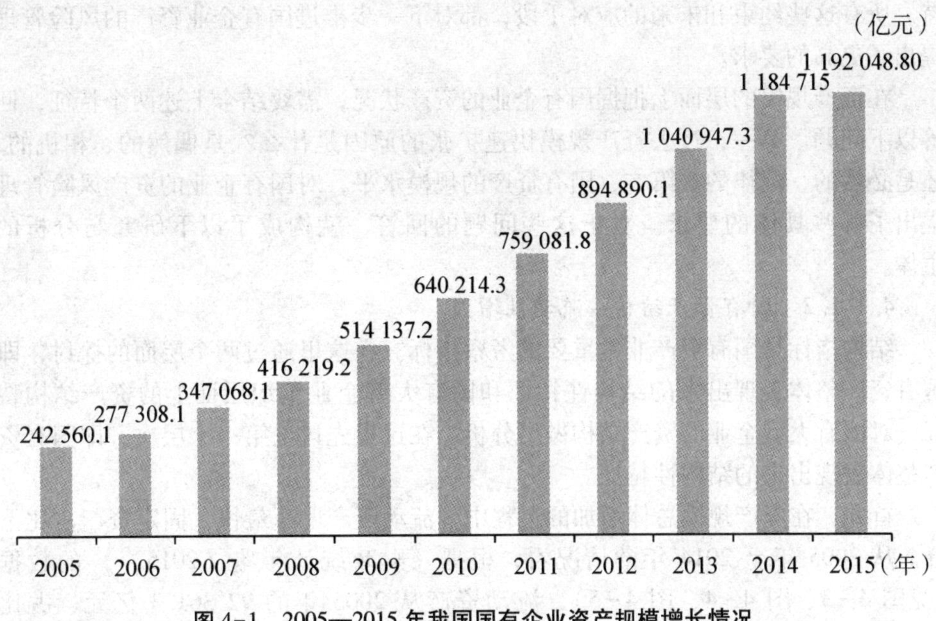


**图 4-1　2005—2015 年我国国有企业资产规模增长情况**

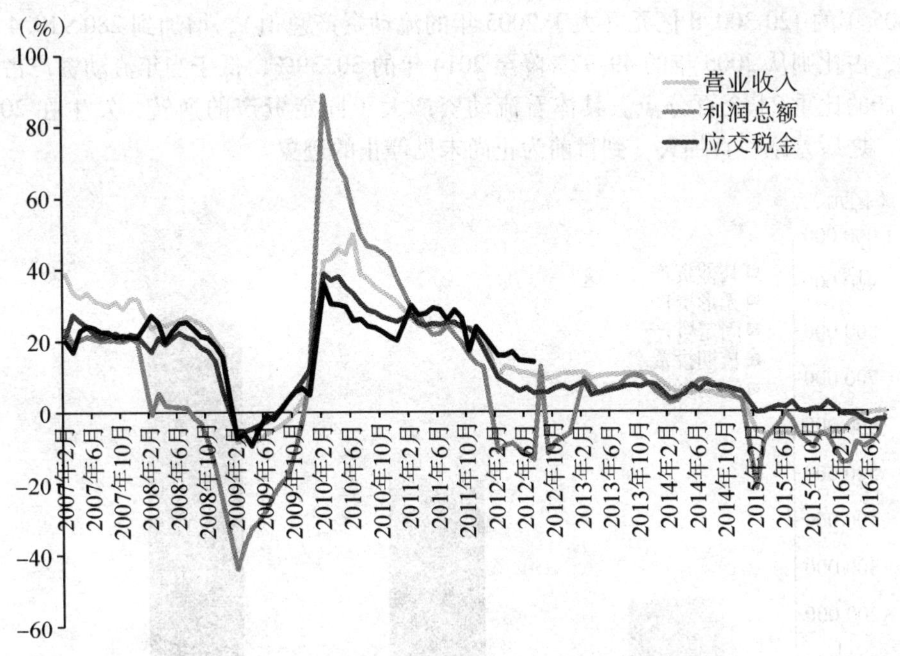


**图 4-2　国有企业四项重要指标变动趋势**

情况看，民营上市公司近年来市值占比的不断提升，速度明显快于国有上市公司市值增长速度，2015 年的占比已经超过了中央企业的市值占比，反过来也说明了完全彻底的国有企业上市，在短期内是难以实现的。因此，一个较为可行的办法在于，通过提高杠杆率水平或者其他的间接控制手段，扩大股份公司的资产控制水平，使得资本市场能够在更为宽泛的范围内实现对国有资产风险管理的支持。所有这些约束和未来的应对手段，都对下一步推进国有企业资产的风险管理提出了更高的要求。

在资产规模的层面上把握国有企业的资产状况，需要结合上述两个特征，回答以下问题。第一，过去资产规模快速扩张的原因是什么？是偶然的、相机的、还是必然的、规律的？第二，国有资产的规模水平，对国有企业的资产风险管理提出了哪些具体的要求。对于这些问题的回答，就构成了以下研究与分析的主体。

4.1.1.2　国有资产结构：流动性增强

结构指标是国有资产非常重要的考察指标。在这里通过两个层面的探讨，即国有资产整体表现出来的结构性特征和国有大型企业组织层面上的资产结构特征，对国有大型企业的资产结构做出分析。在这里先讨论第一个层次，即国有资产整体表现出来的结构性特征。

首先，在资产规模总体增加的过程中，流动资产增速最快，固定资产占比下降。从 2005 年至 2014 年的情况看，根据《财政统计年鉴（2015）》的数据（见图 4-3、图 4-4、图 4-5），流动资产从 2005 年的 92 361.3 亿元、占比 38.33%，提高到 2014 年的 503 142.6 亿元、占比为 54.44%，固定资产总量则从 2005 年的 120 300.8 亿元（大于 2005 年的流动资产总值），增加到 280 910.4 亿元，占比则从 2005 年的 49.92%降至 2014 年的 30.39%，低于当年流动资产占总资产的比重 24 个百分点。具体看流动资产大于固定资产的逆转，发生在 2007 年，之后差距一直加大，到目前为止尚未见停止的迹象。

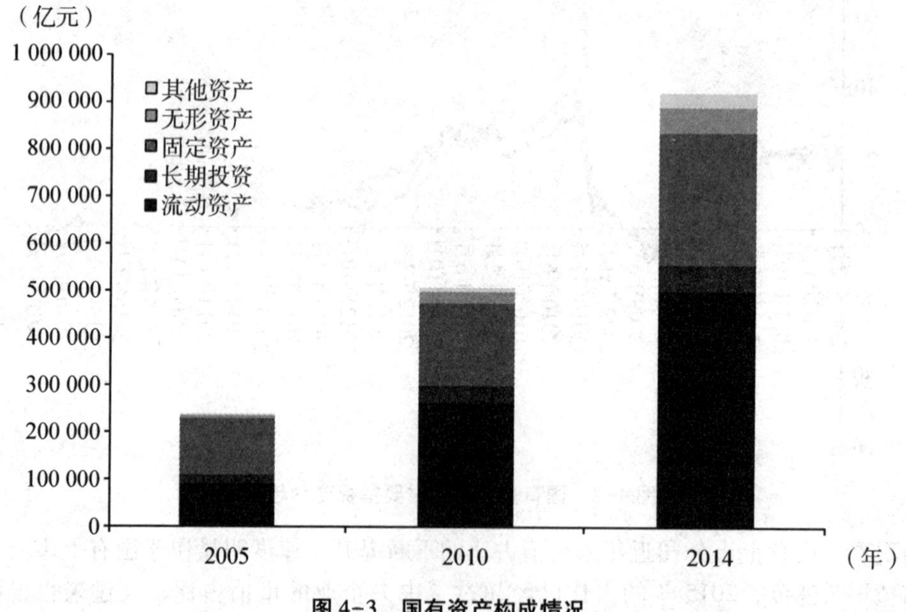


**图 4-3　国有资产构成情况**

从中央和地方国有企业资产的情况看（见图 4-6、图 4-7、图 4-8），流动资产大于固定资产的情况，在中央管理企业中并不存在，固定资产大于流动资产且

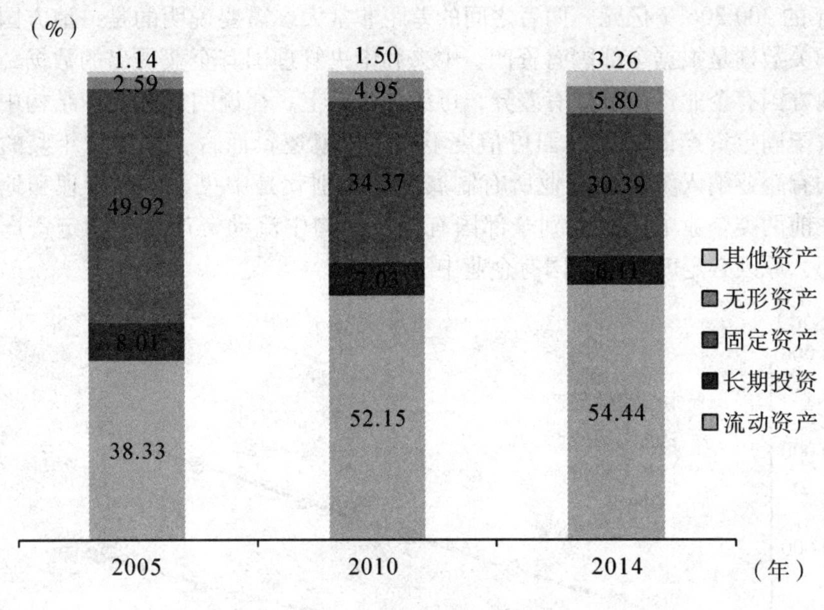


图 4-4　国有资产构成情况

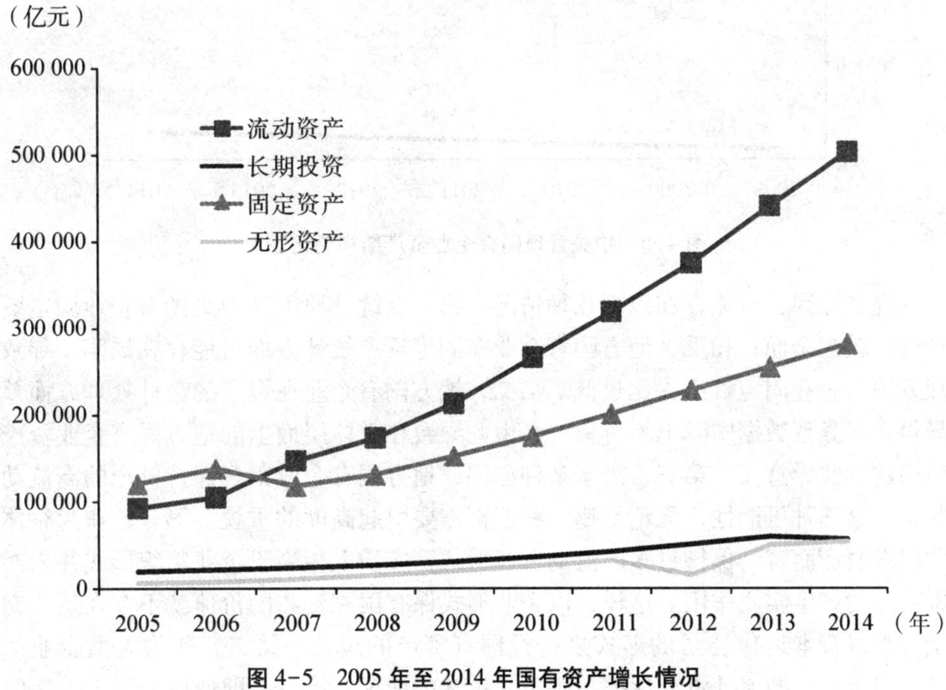


图 4-5　2005 年至 2014 年国有资产增长情况

保持一个相对稳定的差距。中央部门管理的国有企业，尽管有流动资产大于固定资产的情况，但两者之间差距较小。就全国的国有资产结构来看，流动资产大于固定资产的情况，主要是由地方国有企业的差距造成的（见图 4-8），地方国有企业在 2008 年至 2014 年，固定资产的总量未见明显的增长，2008 年为5 352.2 亿元，2014 年为 10 574.2 亿元，流动资产则从 2008 年的 90 819.8 亿元增加到

2014 年的 300 306.7 亿元，两者之间的差距非常大。需要说明的是，地方国有企业的相关数据是根据全部国有资产、中央和中央管理国有企业得出的数据，与具体的地方国有企业资产数据有差异，可能在数据上、在说明国有资产结构中流动资产大于固定资产的情况方面可信度不高。但就逻辑而言，从统计年鉴的分类看，国有企业纳入统计的企业所有制属性的类别就是中央、中央管理和地方三类。在前两类企业中没有找到全部国有资产结构中流动资产大于固定资产的原因，那么原因必定就在地方国有企业中。

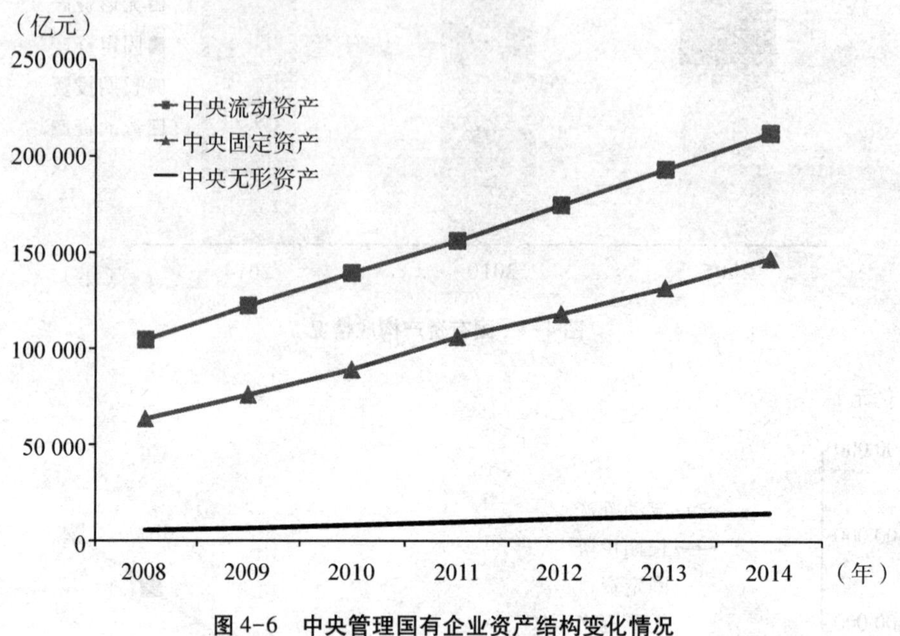


图 4-6　中央管理国有企业资产结构变化情况

究其原因，可能存在以下几种情况。第一，统计原因。中央国有企业固定资产统计较为全面；相反，地方国有企业在固定资产统计方面可能存在缺陷，导致地方国有企业固定资产占比过低。第二，地方国有企业在资产的会计处理方面差异很大，导致数据实际上不可累计，由此导致在整体层面上的地方国有企业资产结构数据并无意义。第三，出于某种原因，地方国有企业刻意保持资产的高流动状态。这三种可能性，无论是哪一种，都需要引起高度的重视。第一，作为整体的国有资产而言，保持过多的流动资产形式，实质上相当于企业组织形式并未对资产运营产生实质作用。这样，以企业形式保有国有资产的价值就不存在了。完全可以以资本运作公司的形式来进行国有资产的运营。第二，作为大型企业而言，保持过高的流动资产比率，并不是正常的情况。第三，即使以上两个方面的理由不存在，那么由于统计的原因，大量的地方国有企业资产存在漏报，实质上说明了地方国有资产监管存在高于重要水平以上的监管漏洞，必须加以弥补。

4.1.1.3　总资产与国有资产：分化发展

以地方国有企业为例，地方国有企业的总资产和国有资产便显出分化发展的态势。从国有资产和总资产的比例关系上看（见表 4-1），在发达地区，这一指

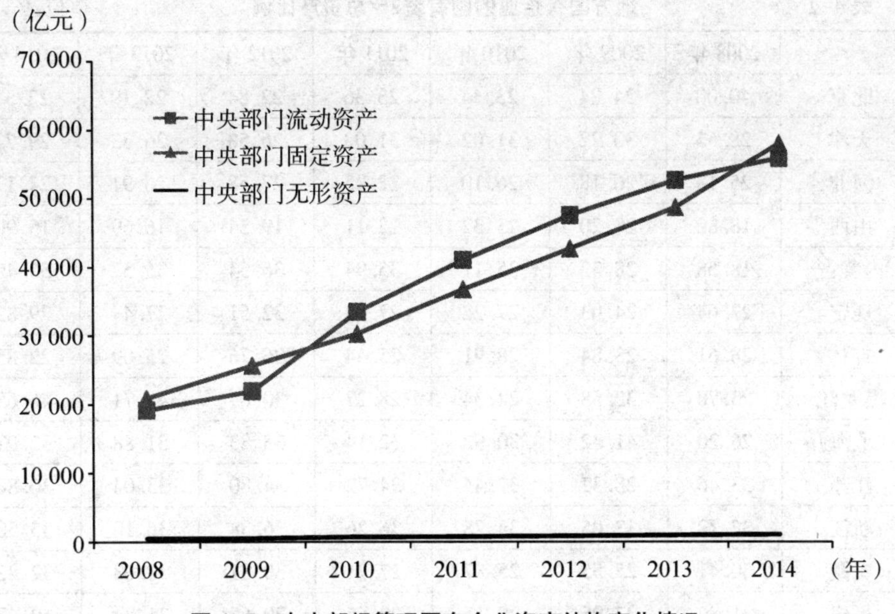


图 4-7　中央部门管理国有企业资产结构变化情况

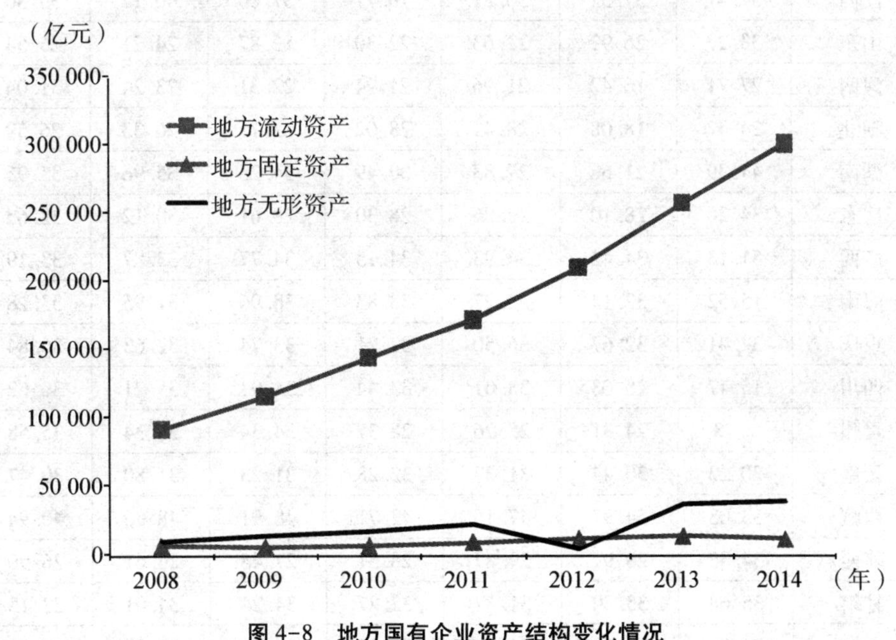


图 4-8　地方国有企业资产结构变化情况

标保持稳定（例如，上海）、缓慢但明确的上升（例如，浙江）或者下降（例如，北京）态势，在中西部和东北地区，比例上升（例如，西部大部分地区）或者波动幅度很大。这背后的原因较为复杂，既有可能是投资、产业类型等经济因素，也有可能是统计因素造成。

表 4-1　　地方国有企业的国有资产/总资产比例　　单位:%

| | 2008 年 | 2009 年 | 2010 年 | 2011 年 | 2012 年 | 2013 年 | 2014 年 |
|---|---|---|---|---|---|---|---|
| 北京 | 40.00 | 24.84 | 23.34 | 23.36 | 22.84 | 22.19 | 22.37 |
| 天津 | 28.53 | 30.72 | 31.02 | 31.02 | 26.58 | 26.73 | 29.72 |
| 河北 | 25.18 | 26.18 | 26.10 | 22.95 | 27.58 | 26.91 | 24.17 |
| 山西 | 18.80 | 20.20 | 23.32 | 22.11 | 19.34 | 16.69 | 15.90 |
| 内蒙古 | 18.58 | 28.32 | 35.11 | 35.94 | 36.54 | 35.52 | 55.40 |
| 辽宁 | 22.64 | 24.03 | 27.22 | 27.68 | 32.51 | 27.44 | 29.82 |
| 吉林 | 28.61 | 23.84 | 28.91 | 25.44 | 26.76 | 25.09 | 22.85 |
| 黑龙江 | 23.78 | 32.58 | 24.34 | 28.27 | 30.09 | 48.71 | 46.65 |
| 上海 | 26.20 | 41.32 | 30.92 | 32.14 | 35.83 | 31.88 | 32.93 |
| 江苏 | 33.46 | 28.37 | 37.44 | 34.72 | 34.80 | 33.04 | 30.88 |
| 浙江 | 32.72 | 32.05 | 34.28 | 36.26 | 36.38 | 36.10 | 35.58 |
| 安徽 | 30.41 | 25.55 | 25.87 | 27.71 | 30.81 | 32.03 | 32.82 |
| 福建 | 31.86 | 27.95 | 29.15 | 29.45 | 30.65 | 31.84 | 30.77 |
| 江西 | 37.41 | 37.52 | 30.81 | 79.77 | 37.00 | 40.17 | 39.30 |
| 山东 | 33.27 | 26.92 | 22.63 | 22.30 | 12.87 | 24.21 | 25.54 |
| 河南 | 27.71 | 16.42 | 21.96 | 21.94 | 22.31 | 23.24 | 31.04 |
| 湖北 | 24.47 | 18.08 | 28.42 | 28.02 | 25.71 | 26.33 | 26.59 |
| 湖南 | 44.39 | 21.66 | 27.83 | 30.49 | 34.28 | 35.96 | 35.95 |
| 广东 | 34.26 | 28.10 | 29.86 | 28.30 | 28.61 | 30.12 | 32.63 |
| 广西 | 51.13 | 34.42 | 34.93 | 34.15 | 34.77 | 33.87 | 33.19 |
| 海南 | 15.52 | 32.14 | 33.27 | 33.83 | 38.96 | 31.95 | 33.28 |
| 重庆 | 32.41 | 32.67 | 36.50 | 32.21 | 33.74 | 32.63 | 30.84 |
| 四川 | 15.47 | 28.08 | 33.01 | 33.44 | 34.93 | 35.21 | 36.62 |
| 贵州 | 7.78 | 24.31 | 25.26 | 28.37 | 34.34 | 35.34 | 35.58 |
| 云南 | 20.23 | 30.44 | 31.33 | 32.28 | 31.23 | 31.80 | 30.47 |
| 西藏 | 53.03 | 54.97 | 47.16 | 42.71 | 48.91 | 48.80 | 40.94 |
| 陕西 | 34.32 | 28.91 | 29.87 | 28.51 | 27.48 | 26.61 | 26.90 |
| 甘肃 | 35.68 | 35.30 | 31.37 | 32.27 | 34.24 | 34.01 | 22.13 |
| 青海 | 24.99 | 25.12 | 24.80 | 25.36 | 34.90 | 39.03 | 32.21 |
| 宁夏 | 21.78 | 28.36 | 30.97 | 30.52 | 29.82 | 38.71 | 47.39 |
| 新疆 | 41.51 | 32.94 | 36.67 | 41.04 | 41.99 | 40.01 | 37.25 |

在国有企业的平均资产（见表 4-2）和平均国有资产方面（见表 4-3），平均资产都呈现上升态势，而平均国有资产方面，总的来说，东部发达地区国有企业的平均国有资产规模增长速度，不如中西部欠发达地区的国有企业平均国有资

产规模增长速度快。这与国家在中西部地区加大投资显然有正相关关系。一个明显例子是东北地区，其国有企业资产规模和国有企业的国有资产规模增长速度均不如中西部地区快。

表 4-2　　地方国有企业平均资产规模　　单位：亿元

| | 2008 年 | 2009 年 | 2010 年 | 2011 年 | 2012 年 | 2013 年 | 2014 年 |
|---|---|---|---|---|---|---|---|
| 北京 | 3.11 | 3.66 | 4.43 | 4.32 | 4.63 | 4.99 | 5.54 |
| 天津 | 3.10 | 4.39 | 5.19 | 5.67 | 6.45 | 7.71 | 8.63 |
| 河北 | 2.01 | 2.59 | 3.41 | 3.85 | 4.60 | 5.42 | 5.49 |
| 山西 | 1.90 | 2.41 | 2.73 | 3.14 | 3.36 | 3.78 | 4.12 |
| 内蒙古 | 2.99 | 3.96 | 5.04 | 5.42 | 7.21 | 8.20 | 8.85 |
| 辽宁 | 2.26 | 2.68 | 3.05 | 3.08 | 3.48 | 3.84 | 4.05 |
| 吉林 | 2.00 | 2.93 | 2.58 | 2.72 | 3.66 | 3.80 | 4.73 |
| 黑龙江 | 0.78 | 0.90 | 1.06 | 1.22 | 1.44 | 3.17 | 3.25 |
| 上海 | 2.50 | 2.98 | 3.61 | 3.87 | 4.27 | 4.68 | 5.23 |
| 江苏 | 3.81 | 5.26 | 6.29 | 6.86 | 9.28 | 10.73 | 12.73 |
| 浙江 | 2.77 | 3.48 | 3.87 | 4.11 | 4.17 | 4.69 | 5.40 |
| 安徽 | 3.22 | 4.05 | 5.65 | 5.42 | 6.40 | 7.40 | 8.22 |
| 福建 | 1.78 | 2.28 | 2.76 | 2.88 | 3.27 | 3.83 | 4.23 |
| 江西 | 1.38 | 1.55 | 2.20 | 2.55 | 3.82 | 5.03 | 5.71 |
| 山东 | 3.08 | 3.54 | 4.04 | 4.21 | 5.02 | 5.75 | 6.06 |
| 河南 | 1.89 | 2.20 | 2.57 | 2.65 | 3.16 | 3.67 | 4.17 |
| 湖北 | 1.85 | 2.65 | 3.21 | 4.20 | 4.96 | 5.64 | 7.13 |
| 湖南 | 2.02 | 2.65 | 3.30 | 4.03 | 4.70 | 4.89 | 5.68 |
| 广东 | 2.32 | 2.84 | 3.12 | 3.38 | 3.73 | 4.14 | 5.00 |
| 广西 | 1.16 | 1.61 | 2.05 | 2.61 | 3.28 | 17.68 | 4.51 |
| 海南 | 1.31 | 1.77 | 2.36 | 2.54 | 3.16 | 0.79 | 3.71 |
| 重庆 | 4.01 | 5.33 | 6.54 | 9.20 | 10.78 | 14.06 | 13.10 |
| 四川 | 2.60 | 3.50 | 4.11 | 4.57 | 5.51 | 5.92 | 6.99 |
| 贵州 | 1.54 | 2.45 | 3.04 | 3.83 | 4.58 | 5.04 | 7.25 |
| 云南 | 2.56 | 3.70 | 4.32 | 4.92 | 5.46 | 5.77 | 6.41 |
| 西藏 | 0.67 | 0.74 | 0.52 | 0.74 | 0.80 | 0.16 | 1.81 |
| 陕西 | 1.77 | 2.53 | 3.10 | 3.98 | 4.81 | 11.27 | 5.81 |
| 甘肃 | 1.77 | 2.20 | 2.50 | 3.95 | 4.73 | 15.68 | 5.59 |
| 青海 | 2.26 | 2.59 | 2.99 | 3.32 | 5.14 | 9.81 | 7.52 |
| 宁夏 | 1.18 | 1.25 | 1.80 | 1.94 | 1.98 | 2.37 | 3.13 |
| 新疆 | 0.91 | 1.24 | 1.55 | 1.98 | 2.84 | 3.44 | 4.00 |

表 4-3　　地方国有企业平均国有资产规模　　单位：亿元

| | 2008 年 | 2009 年 | 2010 年 | 2011 年 | 2012 年 | 2013 年 | 2014 年 |
|---|---|---|---|---|---|---|---|
| 北京 | 1.24 | 0.91 | 1.03 | 1.01 | 1.06 | 1.11 | 1.24 |
| 天津 | 0.89 | 1.35 | 1.61 | 1.76 | 1.71 | 2.06 | 2.57 |
| 河北 | 0.51 | 0.68 | 0.89 | 0.88 | 1.27 | 1.46 | 1.33 |
| 山西 | 0.36 | 0.49 | 0.64 | 0.69 | 0.65 | 0.63 | 0.65 |
| 内蒙古 | 0.56 | 1.12 | 1.77 | 1.95 | 2.63 | 2.91 | 4.90 |
| 辽宁 | 0.51 | 0.64 | 0.83 | 0.85 | 1.13 | 1.05 | 1.21 |
| 吉林 | 0.57 | 0.70 | 0.75 | 0.69 | 0.98 | 0.95 | 1.08 |
| 黑龙江 | 0.19 | 0.29 | 0.26 | 0.35 | 0.43 | 1.54 | 1.52 |
| 上海 | 0.65 | 1.23 | 1.11 | 1.24 | 1.53 | 1.49 | 1.72 |
| 江苏 | 1.27 | 1.49 | 2.36 | 2.38 | 3.23 | 3.54 | 3.93 |
| 浙江 | 0.91 | 1.12 | 1.33 | 1.49 | 1.52 | 1.69 | 1.92 |
| 安徽 | 0.98 | 1.04 | 1.46 | 1.50 | 1.97 | 2.37 | 2.70 |
| 福建 | 0.57 | 0.64 | 0.81 | 0.85 | 1.00 | 1.22 | 1.30 |
| 江西 | 0.52 | 0.58 | 0.68 | 2.03 | 1.41 | 2.02 | 2.24 |
| 山东 | 1.03 | 0.95 | 0.91 | 0.94 | 0.65 | 1.39 | 1.55 |
| 河南 | 0.52 | 0.36 | 0.57 | 0.58 | 0.71 | 0.85 | 1.29 |
| 湖北 | 0.45 | 0.48 | 0.91 | 1.18 | 1.27 | 1.49 | 1.89 |
| 湖南 | 0.90 | 0.57 | 0.92 | 1.23 | 1.61 | 1.76 | 2.04 |
| 广东 | 0.79 | 0.80 | 0.93 | 0.96 | 1.07 | 1.25 | 1.63 |
| 广西 | 0.60 | 0.56 | 0.72 | 0.89 | 1.14 | 5.99 | 1.50 |
| 海南 | 0.20 | 0.57 | 0.79 | 0.86 | 1.23 | 0.25 | 1.23 |
| 重庆 | 1.30 | 1.74 | 2.39 | 2.96 | 3.64 | 4.59 | 4.04 |
| 四川 | 0.40 | 0.98 | 1.36 | 1.53 | 1.92 | 2.08 | 2.56 |
| 贵州 | 0.12 | 0.60 | 0.77 | 1.09 | 1.57 | 1.78 | 2.58 |
| 云南 | 0.52 | 1.13 | 1.35 | 1.59 | 1.70 | 1.83 | 1.95 |
| 西藏 | 0.35 | 0.41 | 0.24 | 0.32 | 0.39 | 0.08 | 0.74 |
| 陕西 | 0.61 | 0.73 | 0.92 | 1.13 | 1.32 | 3.00 | 1.56 |
| 甘肃 | 0.63 | 0.77 | 0.78 | 1.27 | 1.62 | 5.33 | 1.24 |
| 青海 | 0.56 | 0.65 | 0.74 | 0.84 | 1.79 | 3.83 | 2.42 |
| 宁夏 | 0.26 | 0.36 | 0.56 | 0.59 | 0.59 | 0.92 | 1.48 |
| 新疆 | 0.38 | 0.41 | 0.57 | 0.81 | 1.19 | 1.38 | 1.49 |

从地方国有企业的资产规模结构看（见图 4-9），2008 年，排前 5 位的地区分别是上海、广东、北京、江苏和浙江，2014 年，排前 5 位的地区则分别是江苏、上海、广东、北京和浙江。这一位次的调整背后，是国有经济在市场带动下

发展能力的差异。从地方国有企业的国有资产规模结构看（见图 4-10），2008 年，排前 5 位的地区分别是上海、北京、广东、江苏和浙江，2014 年，排前 5 位的地区则分别是江苏、上海、广东、浙江和北京。这一位次的调整背后，是国有资产布局的政策性调整。

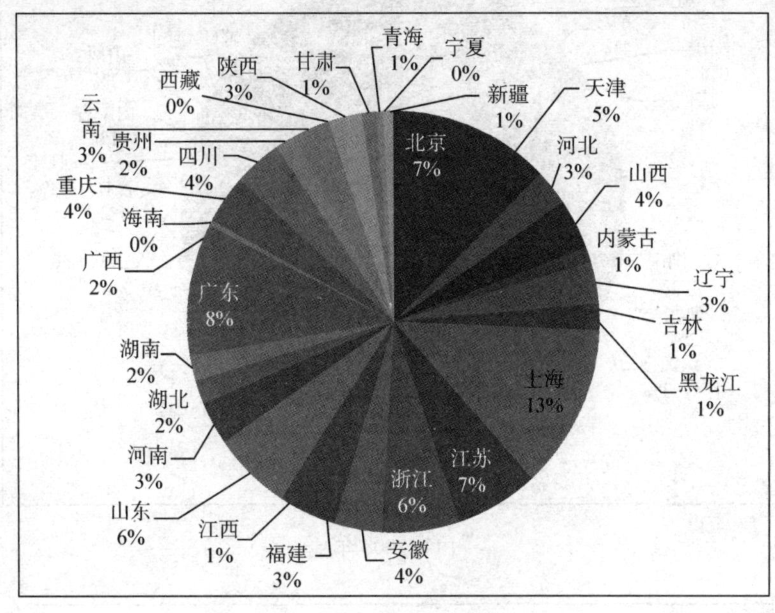


（1）2008 年

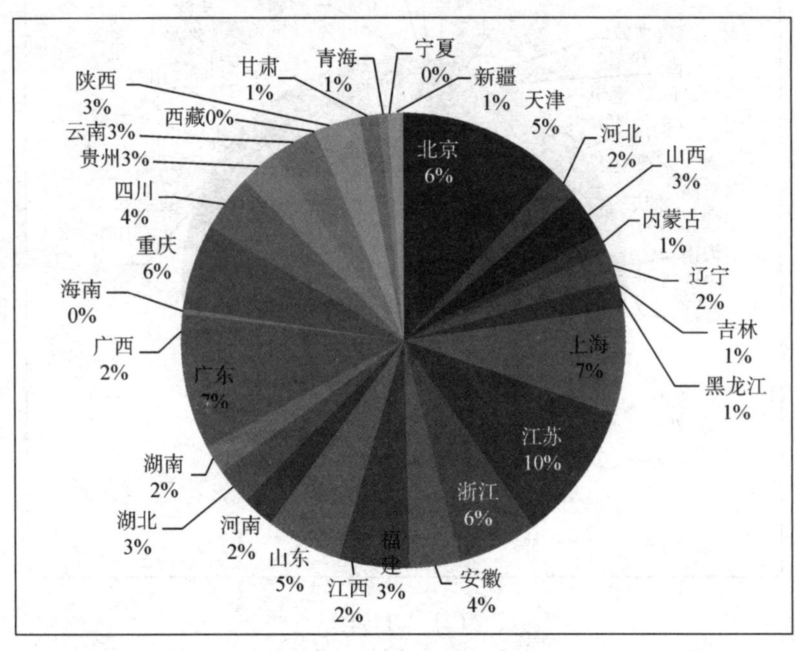


（2）2014 年

**图 4-9　地方国有企业 2008 年、2014 年总资产规模变化**

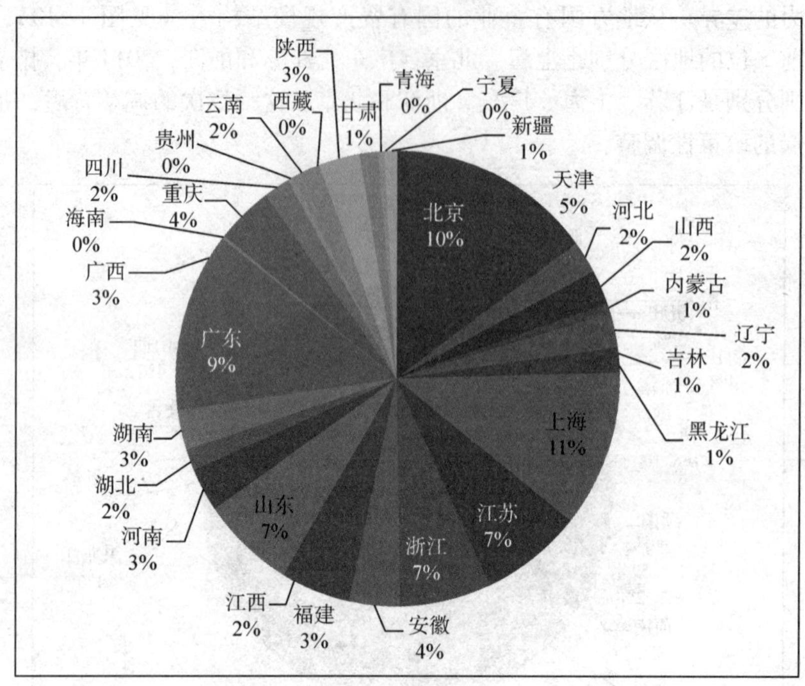


（1）2008 年

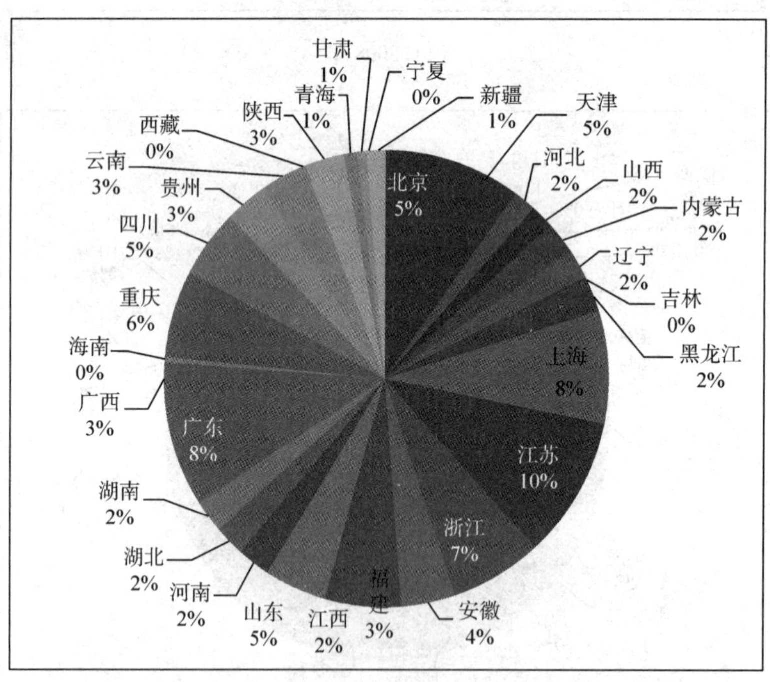


（2）2014 年

**图 4-10　地方国有企业 2008 年、2014 年国有资产规模变化**

### 4.1.2 国有大型企业的资产结构特征："排序悖论"

本文对国有大型企业的资产结构，主要在整体资产数据的基础上采用案例式研究开展。在此对于整体数据的描述，采用 2014 年规模以上国有工业企业的数据，同时选取一至两家大型国有企业，对其资产结构进行描述，并在此基础上总结其资产的结构特征。对于案例的选取，主要按照以下几点考虑进行。第一，资产规模的代表性。第二，资产结构的代表性。第三，企业所有权行使方的代表性。第四，在本研究中的可重复利用性，为下文对国有大型企业的组织形态和资产持有目的探讨提供数据和案例基础。基于以上原则，研究选取了一家中央企业（以下简称 A 企业）和一家地方企业（以下简称 B 企业），作为研究对象。

#### 4.1.2.1 国有大型企业资产结构的概要性说明：国有资产的"排序悖论"

从大型国有工业企业的资产总体状况上看，主要有以下几个特点。第一，2008 年金融危机后，资产负债率逐年上升，国有企业整体资产规模不断扩大，但流动资产与非流动资产的比例未见大幅调整（见图 4-11）。1998 年流动资产与非流动资产之比为 39：61，2008 年为 35：65，2014 年为 36：64。资产负债率则从 2008 年的 58.99%上升至 2014 年的 61.98%。一个显著的趋势是，自 2008 年以后尽管国有工业企业的资产保持增长，但增长的速度下降速度很快（见图 4-12），2008 年为 19.36%，而 2014 年仅为 7.94%。同期，非流动资产的增长速度也由 19.5%下降至 9.12%。流动资产增长速度则在 2010 年达到最高值 22.53%后，迅速回落到 5.86% 的水平上。可以非常明显地看出，2008 年以后国有工业企业的资产增长可以分为两个阶段，第一个阶段 2009 年至 2011 年，非流动性资产增速放缓是导致总资产增速放缓的主要原因，这一时期的流动性资产，保持快速增长的态势。第二个阶段则是 2011 年以后至今，流动性资产的快速下降对国有工业企业总资产的下降影响更为突出，而非流动性资产的增长尽管也放缓，但放缓的步伐并不快。

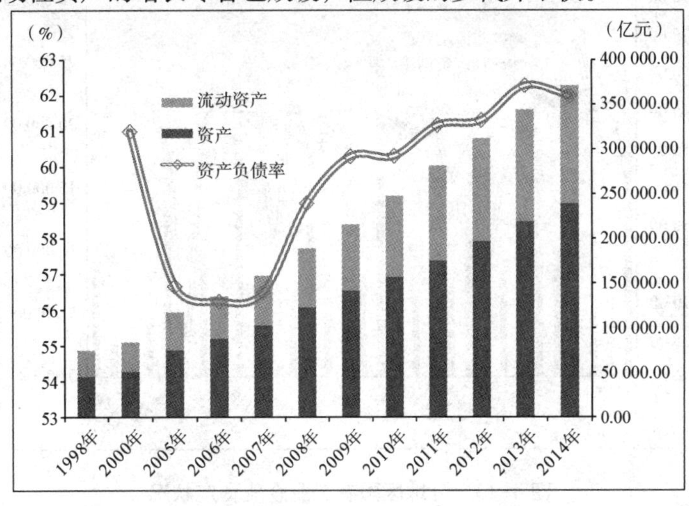


图 4-11 国有工业企业资产整体状况

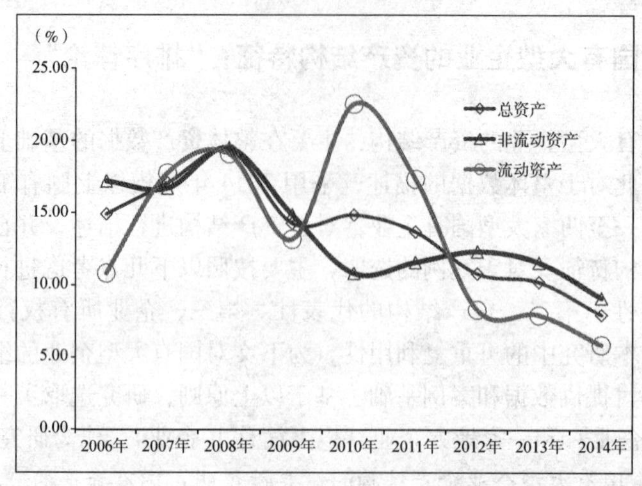


**图 4-12　国有工业企业资产变动趋势**

第二，从地区的情况看（见图 4-13），国有资产中流动资产与非流动资产的比例差异很大。主要的国有工业企业资产集中在山东、北京、广东、四川、陕西、山西、江苏、上海等地，资产负债率普遍在 65%上下。流动资产与非流动资产的比例，最高的省份是海南，达到 20∶80，宁夏、青海、新疆、福建、内蒙古非流动资产占比均在 70%以上，最低的是江西、上海、吉林、辽宁、天津，非流动资产占比在 60%以下。从地区上看，非流动资产占比较高，与这些地区国有工业企业的经营领域偏重于重化工业有关。非流动资产占比较低的原因则较为复杂，既有市场化影响下的发达地区的国有工业企业经营多元化的影响，也有改革和投入战略布局的影响。较大的区域差异，使得国有工业企业资产的管理也面对一个较为复杂的管理局面。

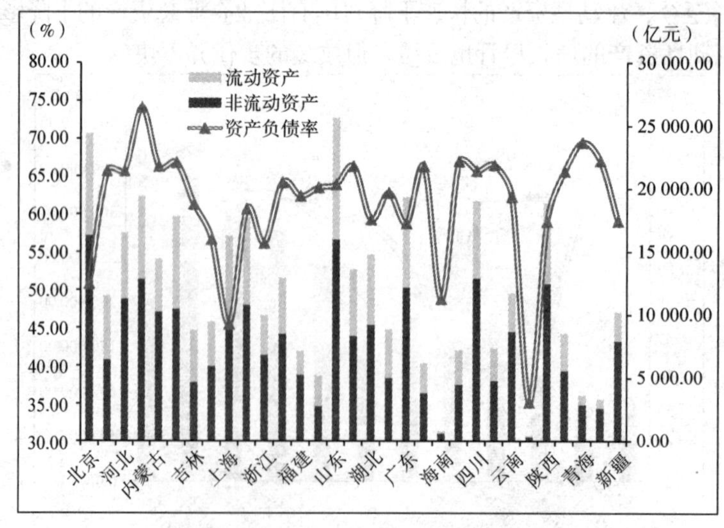


**图 4-13　分地区国有工业企业资产状况**

第三，从行业上看，国有工业企业的资产表现出显著的相对集中态势（见图4-14）。资产负债率相对一致，大体集中在60%上下，即使资产规模很大的行业，资产负债率也没有出现太大的偏离。主要的国有企业资产集中在电力、煤炭、金属矿冶、汽车、石油、化工中，同时在烟草、铁路船舶航空航天制造业、计算机通信制造业、电气机械制造业和烟草行业中，也有较为显著的集中。制造行业的流动资产比例显著较高，而其他的产业，非流动性资产比例较高。例如，在电力和石油行业，非流动资产的比例分别高达87.11%和86.57%，而在烟草制造业和汽车制造业，流动资产的比例分别高达68.64%和56.7%。这里非常明显地反映出两个特点，第一是在工业领域，国有企业的资产主要集中的电力行业，比例高达27%，第二是煤炭，比例为10%，第三为黑色金属冶炼与加工，比例为9%，第四为汽车制造业，比例为7%，第五为化工，比例为5%，第六为石化，比例为5%。前六位的产业拥有的国有工业企业资产为总资产的63%。

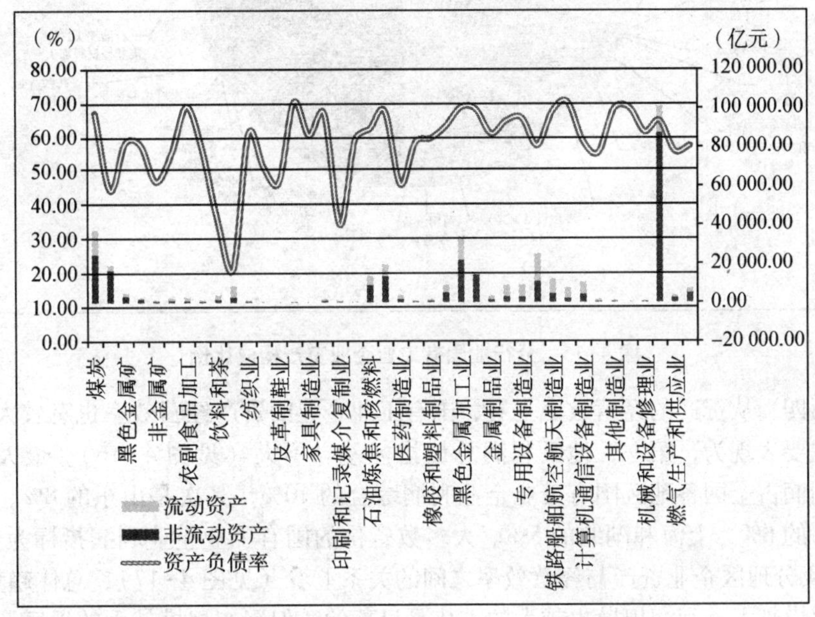


图4-14 分行业国有工业企业资产状况

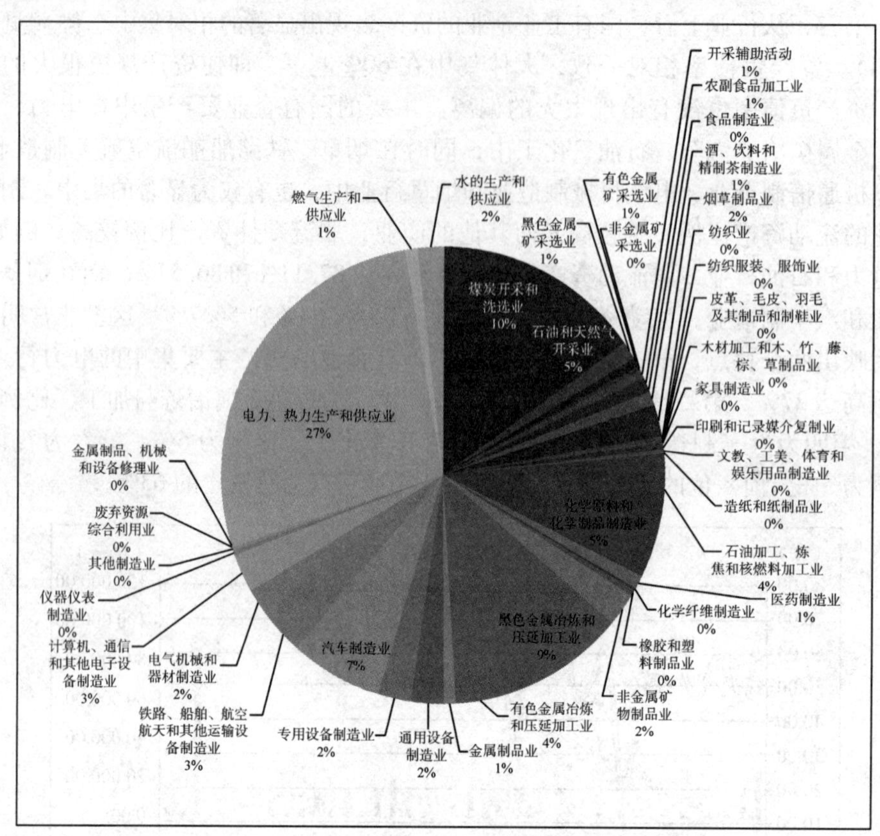


**图 4-15　分行业国有工业企业资产构成比例**

第四，从资产的经营效率上看，国有工业企业的资产经营效率也有较大的差异。主要表现为，第一，地区利润总量指标差异不大（见图 4-16）。最大的广东，利润占全国各地区国有工业企业利润综合的 10%，其次是山东的 8%、江苏与陕西的 6%、上海和湖北的 5%。大多数省份的国有工业企业利润指标为 2%~4%。从分地区企业资产与经营效率之间的关系上看（见图 4-17），总体趋势上，资产规模越大，利润规模也越大的态势是显著的，但资产规模越大的地区，国有工业企业的利润向下波动的幅度也越大，存在资产规模与利润波动幅度之间的负相关关系。

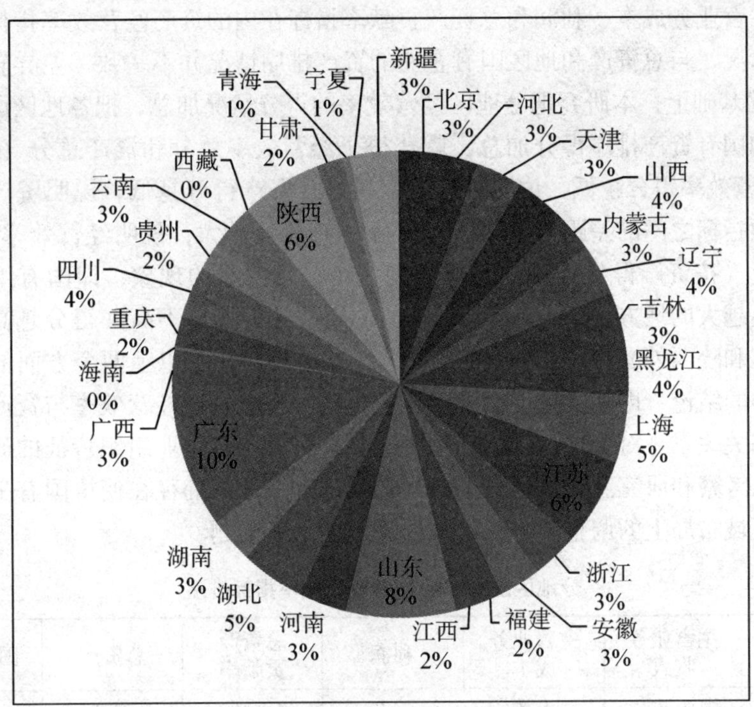


**图 4-16　分地区国有工业企业利润占比**

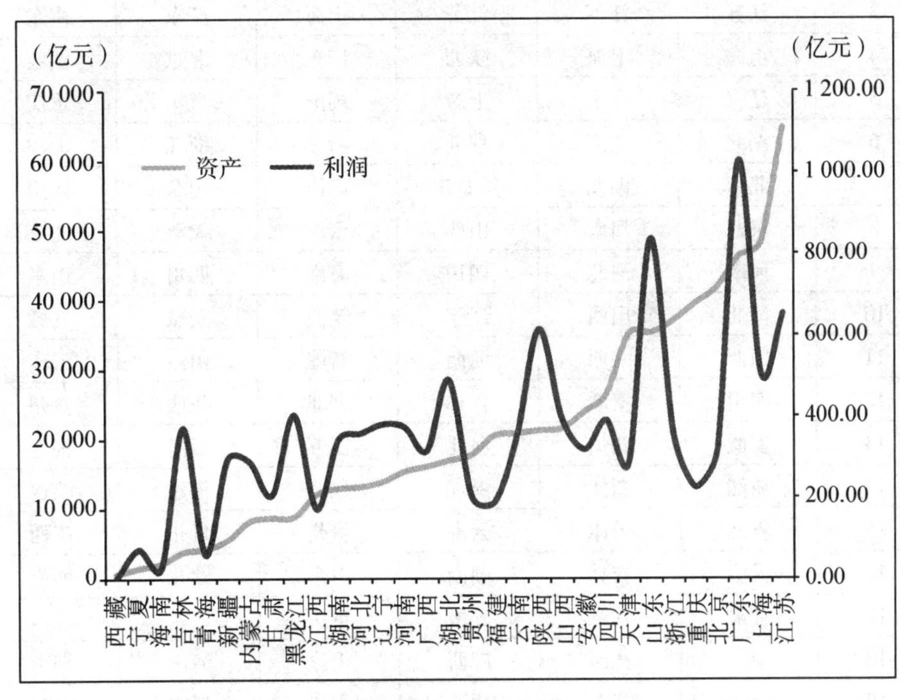


**图 4-17　分地区国有工业企业的总资产与利润的关系分析**

第五，各地区之间资产经营效率整体差异较大（见表 4-4）。包括主营业务收入、主营业务成本、利润和总资产贡献率指标在内的资产经营效率指标的分地区排序情况，与总资产和地区国有企业的资产排序情况并不一致，差异较大。在表4-4的基础上，本研究把分地区经营效率的得分情况加总，把各地区国有企业总资产和国有资产排序得分加总，就获得了经营效率总分和资产总分（见图4-18）。经营效率得分越低，说明经营效率越好，资产得分越低，说明资产规模越大；两项指标之间的差距与参照值（见虚线）相比越大，说明经营效率越不好。从结果上（按资产得分排序）可以发现一个非常明显的现象，即国有工业企业资产规模越大的地方（得分越低），资产的经营效率普遍不高（得分越高，除山东、广东和陕西外），反之也成立，见纵线左右的对比。以上两个方面的分析均得出同样的结论，即在区域层面上，国有资产存在着资产经营效率与资产规模之间的负相关关系。对于这一现象的原因，将结合对国有企业组织特征的研究，在后文加以考察和研究。在这里需要指出的是，这一现象的存在使得国有工业企业资产在区域布局上的调整，成为必须要加以思考的问题。

表4-4　分地区国有工业企业经营效率指标排序

| 排序 | 主营业务收入 | 主营业务成本 | 利润 | 总资产贡献率 | 总资产 | 国有资产 |
|---|---|---|---|---|---|---|
| 1 | 山东 | 山东 | 广东 | 吉林 | 江苏 | 江苏 |
| 2 | 广东 | 广东 | 山东 | 黑龙江 | 上海 | 上海 |
| 3 | 江苏 | 江苏 | 江苏 | 上海 | 广东 | 广东 |
| 4 | 上海 | 上海 | 陕西 | 广东 | 北京 | 浙江 |
| 5 | 辽宁 | 辽宁 | 上海 | 湖南 | 重庆 | 重庆 |
| 6 | 湖北 | 北京 | 湖北 | 浙江 | 浙江 | 天津 |
| 7 | 北京 | 湖北 | 黑龙江 | 广西 | 山东 | 四川 |
| 8 | 陕西 | 河南 | 山西 | 云南 | 天津 | 北京 |
| 9 | 河南 | 河北 | 四川 | 海南 | 四川 | 山东 |
| 10 | 河北 | 山西 | 辽宁 | 陕西 | 安徽 | 安徽 |
| 11 | 山西 | 陕西 | 河南 | 新疆 | 山西 | 云南 |
| 12 | 四川 | 安徽 | 吉林 | 湖北 | 陕西 | 贵州 |
| 13 | 安徽 | 四川 | 河北 | 江苏 | 云南 | 福建 |
| 14 | 浙江 | 浙江 | 浙江 | 江西 | 福建 | 陕西 |
| 15 | 吉林 | 天津 | 云南 | 贵州 | 贵州 | 广西 |
| 16 | 天津 | 吉林 | 湖南 | 山东 | 湖北 | 河南 |
| 17 | 甘肃 | 甘肃 | 安徽 | 重庆 | 广西 | 江西 |
| 18 | 湖南 | 江西 | 广西 | 天津 | 河南 | 湖南 |
| 19 | 黑龙江 | 湖南 | 北京 | 福建 | 辽宁 | 内蒙古 |
| 20 | 江西 | 内蒙古 | 新疆 | 甘肃 | 河北 | 湖北 |
| 21 | 内蒙古 | 黑龙江 | 内蒙古 | 河南 | 湖南 | 辽宁 |

表4-4(续)

| 排序 | 主营业务收入 | 主营业务成本 | 利润 | 总资产贡献率 | 总资产 | 国有资产 |
|---|---|---|---|---|---|---|
| 22 | 新疆 | 广西 | 天津 | 安徽 | 江西 | 黑龙江 |
| 23 | 云南 | 新疆 | 重庆 | 四川 | 黑龙江 | 山西 |
| 24 | 广西 | 云南 | 甘肃 | 宁夏 | 甘肃 | 河北 |
| 25 | 重庆 | 重庆 | 贵州 | 辽宁 | 内蒙古 | 新疆 |
| 26 | 福建 | 福建 | 福建 | 青海 | 新疆 | 甘肃 |
| 27 | 贵州 | 贵州 | 江西 | 北京 | 青海 | 青海 |
| 28 | 宁夏 | 宁夏 | 宁夏 | 河北 | 吉林 | 吉林 |
| 29 | 青海 | 青海 | 青海 | 内蒙古 | 海南 | 海南 |
| 30 | 海南 | 海南 | 海南 | 山西 | 宁夏 | 宁夏 |
| 31 | 西藏 | 西藏 | 西藏 | 西藏 | 西藏 | 西藏 |

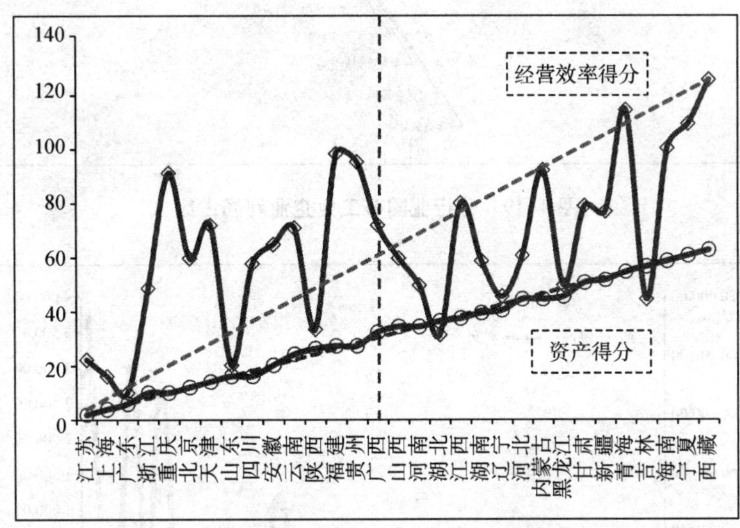


图 4-18　分地区国有工业企业资产经营效率分析

第三，从行业的情况看，国有工业企业分行业的利润差异较大（见图4-19）。第一位的电力、热力生产和供应业，产生的利润达到总利润的25%，第二位是汽车制造业，达到21%，第三、四、五位分别是石油18%和天然气、烟草制造业8%、酒饮料和茶产业3%。这五个产业的利润占到总量的50%。剩余的35个行业贡献的利润总和为剩余的50%，差异巨大。从行业的国有资产规模与利润之间的关系看（见图4-20），显然也存在着整体上的正相关关系，但规模越大的产业，利润波动的幅度越大。

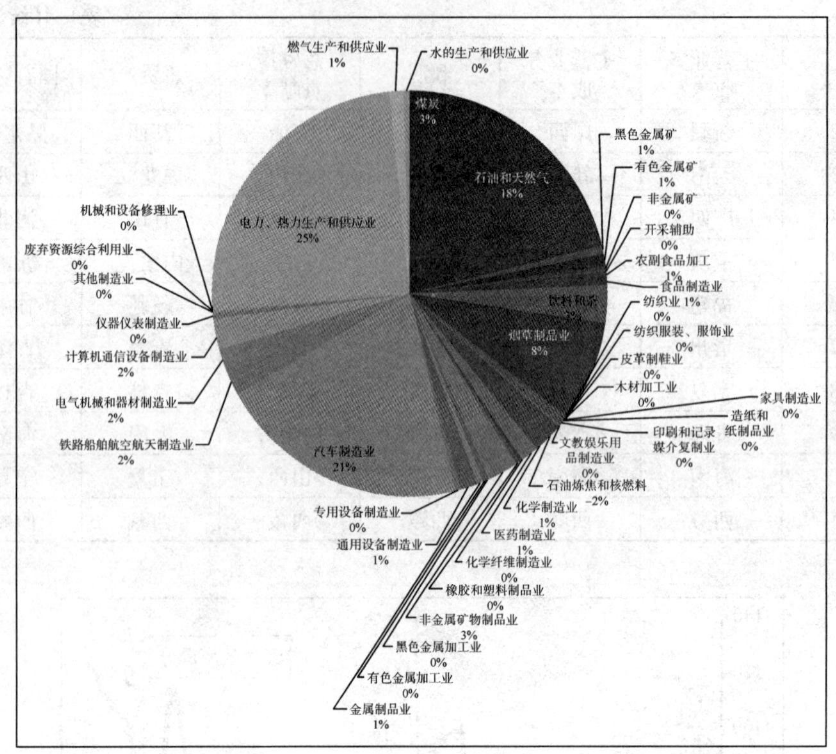


**图 4-19　分行业国有工业企业利润占比**

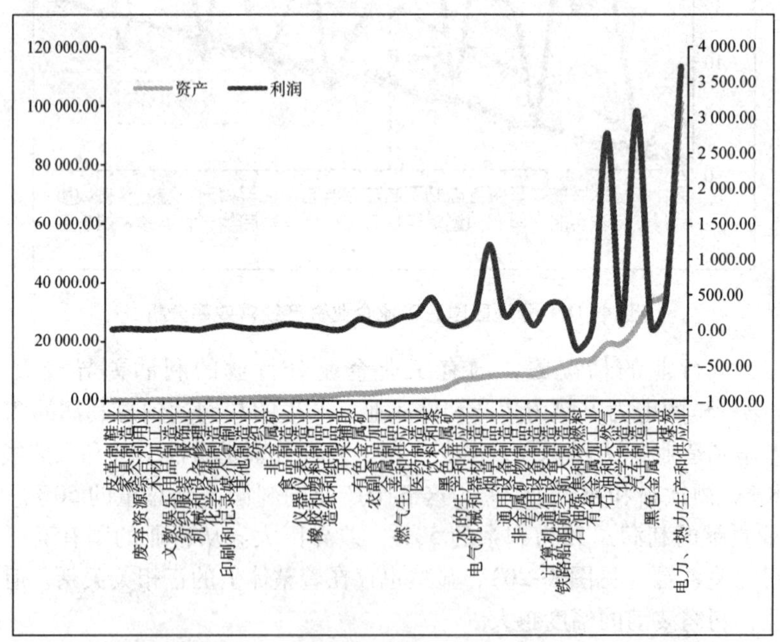


**图 4-20　分行业国有工业企业资产规模与利润的关系分析（单位：亿元）**

第四，从行业的情况看，资产经营效率与规模之间也存在类似与地区国有工业企业资产分析的现象（见表4-5，图4-21）。即分行业的国有工业企业的资产经营效率与资产规模之间，资产规模越大的产业，经营效率的得分向上偏移的情况越突出（汽车制造业和烟草业除外）；反之，资产规模越小的产业，经营效率的得分向下偏移的情况较为普遍（造纸、其他制造业、机械和设备修理业除外）。

表4-5　　分行业国有企业资产经营效率排序

| 排序 | 主营业务收入 | 主营业务成本 | 利润 | 总资产贡献率 | 总资产 |
|---|---|---|---|---|---|
| 1 | 电力、热力生产和供应业 | 电力、热力生产和供应业 | 电力、热力生产和供应业 | 烟草制品业 | 电力、热力生产和供应业 |
| 2 | 汽车制造业 | 汽车制造业 | 汽车制造业 | 石油炼焦和核燃料 | 煤炭 |
| 3 | 石油炼焦和核燃料 | 石油炼焦和核燃料 | 石油和天然气 | 石油和天然气 | 黑色金属加工业 |
| 4 | 黑色金属加工业 | 黑色金属加工业 | 烟草制品业 | 汽车制造业 | 汽车制造业 |
| 5 | 煤炭 | 有色金属加工业 | 饮料和茶 | 饮料和茶 | 化学制造业 |
| 6 | 有色金属加工业 | 煤炭 | 煤炭 | 家具制造业 | 石油和天然气 |
| 7 | 化学制造业 | 化学制造业 | 非金属矿物制品业 | 文教娱乐用品制造业 | 有色金属加工业 |
| 8 | 石油和天然气 | 铁路船舶航空航天制造业 | 计算机通信设备制造业 | 皮革制鞋业 | 石油炼焦和核燃料 |
| 9 | 烟草制品业 | 计算机通信设备制造业 | 铁路船舶航空航天制造业 | 印刷和记录媒介复制业 | 铁路船舶航空航天制造业 |
| 10 | 计算机通信设备制造业 | 石油和天然气 | 电气机械和器材制造业 | 食品制造业 | 计算机通信设备制造业 |
| 11 | 铁路船舶航空航天制造业 | 电气机械和器材制造业 | 医药制造业 | 有色金属矿 | 专用设备制造业 |
| 12 | 电气机械和器材制造业 | 专用设备制造业 | 通用设备制造业 | 医药制造业 | 非金属矿物制品业 |
| 13 | 非金属矿物制品业 | 通用设备制造业 | 燃气生产和供应业 | 化学纤维制造业 | 通用设备制造业 |
| 14 | 通用设备制造业 | 非金属矿物制品业 | 有色金属矿 | 废弃资源综合利用业 | 烟草制品业 |
| 15 | 专用设备制造业 | 农副食品加工 | 黑色金属矿 | 纺织服装、服饰业 | 电气机械和器材制造业 |
| 16 | 农副食品加工 | 烟草制品业 | 化学制造业 | 非金属矿 | 水的生产和供应业 |
| 17 | 饮料和茶 | 燃气生产和供应业 | 农副食品加工 | 非金属矿物制品业 | 黑色金属矿 |

表4-5(续)

| 排序 | 主营业务收入 | 主营业务成本 | 利润 | 总资产贡献率 | 总资产 |
|---|---|---|---|---|---|
| 18 | 燃气生产和供应业 | 金属制品业 | 食品制造业 | 木材加工业 | 饮料和茶 |
| 19 | 医药制造业 | 开采辅助 | 金属制品业 | 电力、热力生产和供应业 | 医药制造业 |
| 20 | 金属制品业 | 饮料和茶 | 水的生产和供应业 | 仪器仪表制造业 | 燃气生产和供应业 |
| 21 | 有色金属矿 | 医药制造业 | 仪器仪表制造业 | 燃气生产和供应业 | 金属制品业 |
| 22 | 开采辅助 | 有色金属矿 | 专用设备制造业 | 农副食品加工 | 农副食品加工 |
| 23 | 黑色金属矿 | 黑色金属矿 | 印刷和记录媒介复制业 | 计算机通信设备制造业 | 有色金属矿 |
| 24 | 橡胶和塑料制品业 | 橡胶和塑料制品业 | 橡胶和塑料制品业 | 电气机械和器材制造业 | 开采辅助 |
| 25 | 食品制造业 | 食品制造业 | 化学纤维制造业 | 橡胶和塑料制品业 | 造纸和纸制品业 |
| 26 | 水的生产和供应业 | 水的生产和供应业 | 非金属矿 | 煤炭 | 橡胶和塑料制品业 |
| 27 | 纺织业 | 纺织业 | 黑色金属加工业 | 开采辅助 | 仪器仪表制造业 |
| 28 | 仪器仪表制造业 | 仪器仪表制造业 | 有色金属加工业 | 黑色金属矿 | 食品制造业 |
| 29 | 造纸和纸制品业 | 造纸和纸制品业 | 其他制造业 | 金属制品业 | 非金属矿 |
| 30 | 非金属矿 | 文教娱乐用品制造业 | 文教娱乐用品制造业 | 通用设备制造业 | 纺织业 |
| 31 | 印刷和记录媒介复制业 | 化学纤维制造业 | 家具制造业 | 纺织业 | 其他制造业 |
| 32 | 文教娱乐用品制造业 | 非金属矿 | 纺织业 | 铁路船舶航空航天制造业 | 印刷和记录媒介复制业 |
| 33 | 化学纤维制造业 | 印刷和记录媒介复制业 | 开采辅助 | 化学制造业 | 化学纤维制造业 |
| 34 | 其他制造业 | 其他制造业 | 纺织服装、服饰业 | 其他制造业 | 机械和设备修理业 |
| 35 | 机械和设备修理业 | 机械和设备修理业 | 木材加工业 | 有色金属加工业 | 纺织服装、服饰业 |
| 36 | 木材加工业 | 木材加工业 | 废弃资源综合利用业 | 造纸和纸制品业 | 文教娱乐用品制造业 |

表4-5(续)

| 排序 | 主营业务收入 | 主营业务成本 | 利润 | 总资产贡献率 | 总资产 |
|---|---|---|---|---|---|
| 37 | 废弃资源综合利用业 | 废弃资源综合利用业 | 皮革制鞋业 | 专用设备制造业 | 木材加工业 |
| 38 | 纺织服装、服饰业 | 纺织服装、服饰业 | 造纸和纸制品业 | 黑色金属加工业 | 废弃资源综合利用业 |
| 39 | 皮革制鞋业 | 皮革制鞋业 | 机械和设备修理业 | 水的生产和供应业 | 家具制造业 |
| 40 | 家具制造业 | 家具制造业 | 石油炼焦和核燃料 | 机械和设备修理业 | 皮革制鞋业 |

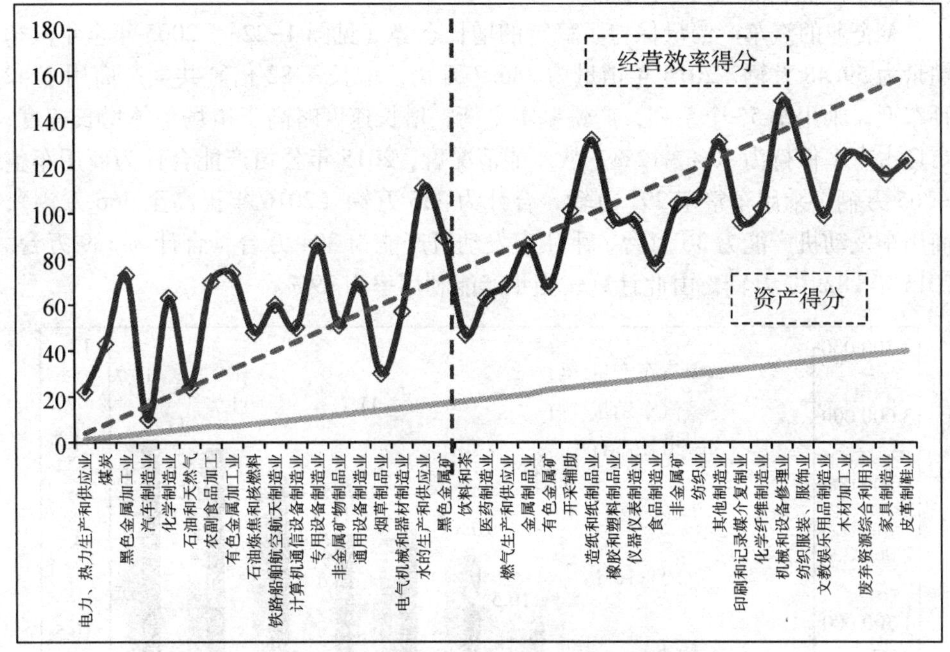


**图 4-21　分行业国有工业企业资产经营效率分析**

因此，从以上的分析可以看出，国有企业在整个资产的宏观结构上表现出来的这些特征，既有市场竞争的因素，也有资产布局的因素，还有企业经营管理制度在起作用。资产规模和经营效率之间在地区层面和行业层面存在的负相关关系，在此可以将其称为国有资产的“排序悖论”，实际上已经为在宏观层面上实现国有资产布局和规模的调整提供了直接的证据支持。同时，从研究的角度看，在宏观层面上把握这些特征，才有可能研究这些特征背后可能包含的风险性因素，也才能为进一步在微观企业层面研究资产管理创造条件。在本部分以下的内容中，将对具体国有企业的资产结构进行特征性描绘。

4.1.2.2　A 企业的资产结构及其特征

A 企业为在香港上市的汽车股份有限公司。拥有 20 家附属公司，形成了 A

汽车集团，主要从事商用车、乘用车、发动机、汽车零部件的生产和销售业务，兼营装备制造、金融、保险、二手车等业务。2015 年，A 企业在国内汽车市场占有率为 11.7%。以下的分析是根据 A 企业在 2005 年至 2015 年公布的年报资料与数据展开的。

（1）市场环境及运营情况

2005—2015 年中国经济由高速增长转向中高速增长，经济整体进入调速、提质、转型的发展新常态阶段。中国的汽车市场规模也由 2005 年的年销量 575.8 万辆上升至 2015 年的 2 459.76 万辆，增长 4.27 倍，行业销量增速由同比增长 13.5%下降至 4.7%，需求结构出现明显变化，中小排量的乘用车销量快速增加，而商用车销量开始显著下降。调结构、去产能、降库存、降成本、防风险，成为当前汽车产业重点应对的问题。

A 企业的汽车产销量保持了稳定的增长态势（见图 4-22）。2005 年全年汽车销量为 59.48 万辆，2015 年销量为 286.7 万辆，增长 4.82 倍。共生产商用车 42 种车型，乘用车 55 个系列，产销基本平衡，增长速度略高于市场整体增长速度，市场占有率保持为 10%~12%。从产能情况看，2015 年公司产能合计为商用车整车 65 万辆、乘用车整车 291 万辆，合计为 356 万辆（2016 年提高至 366 万辆），商用车发动机产能为 36 万台、乘用车发动机产能为 304 万台，合计为 339 万台。2015 年 282.17 万辆，由此计算，当年产能利用率为 79%。

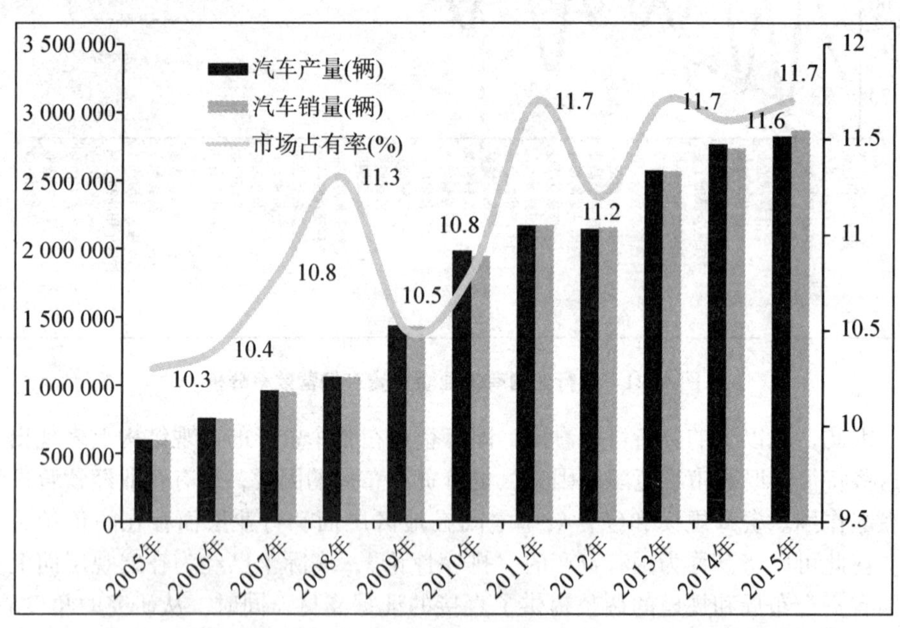


图 4-22　2005—2015 年 A 企业汽车产销量年度情况与市场占有率情况

从经营收入角度看，A 企业在十年间的销售收入保持了较为稳定的增长（见图 4-23）。销售收入从 2005 年的 417.35 亿元增长到 2014 年的 1 952.11 亿元峰值之后开始下降，2015 年为 1 265.66 亿元，大体相当于 2012 年的水平。销售成本的变化与销售收入类似，也是在 2014 年达到峰值，在 2015 年下降。企业缴纳的所得税变化较大，2005 年为 4.74 亿元，2015 年为 50.25 亿元，增长了 10.56 倍。

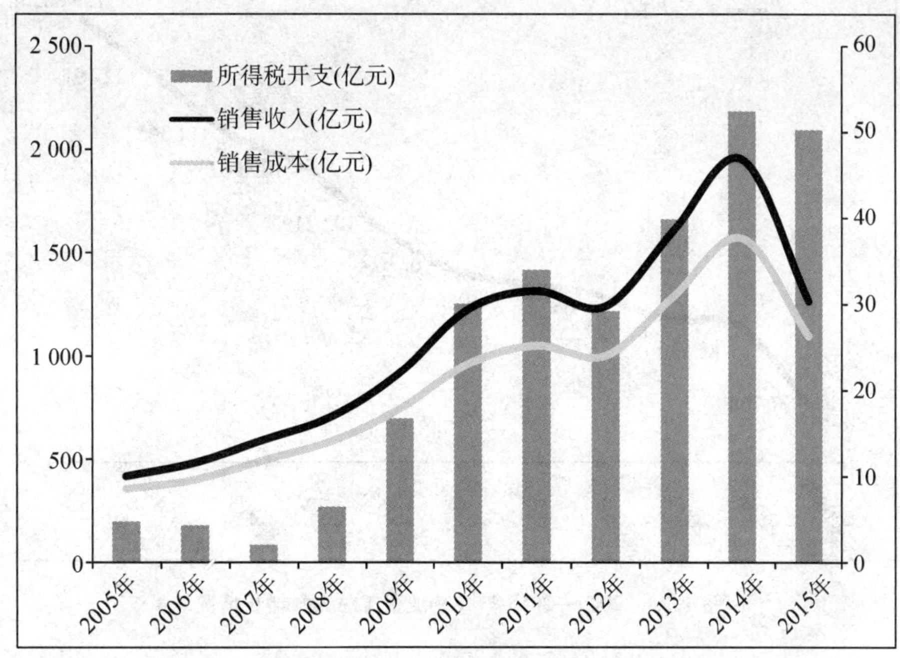


图 4-22　2005—2015 年 A 企业销售收入、所得税缴纳情况

随着企业生产经营规模的扩大，A 公司的附属公司由 2005 年的 13 家增加到 2015 年的 20 家。职工规模也由 2005 年的 77 708 人增加至 2015 年的 129 885 人，为原来的 1.67 倍（见图 4-24）。员工结构方面（见图 4-24），一线的制造工人总人数由 49 481 人增加至 82 737 人，占比基本保持不变，为 63.7%；工程技术人员总人数由 8 704 人增加至 19 094 人，占比增加了 3.5 个百分点；管理岗位人员总人数由 14 018 人增加至 26 496 人，占比增加 2.36 个百分点；服务人员占比降低了 5.88 个百分点。由此可以发现，在员工总规模随着生产规模扩张的过程中，员工结构的变化主要是通过工程技术人员的增加、组织机构增加导致的管理人员增加而形成的。

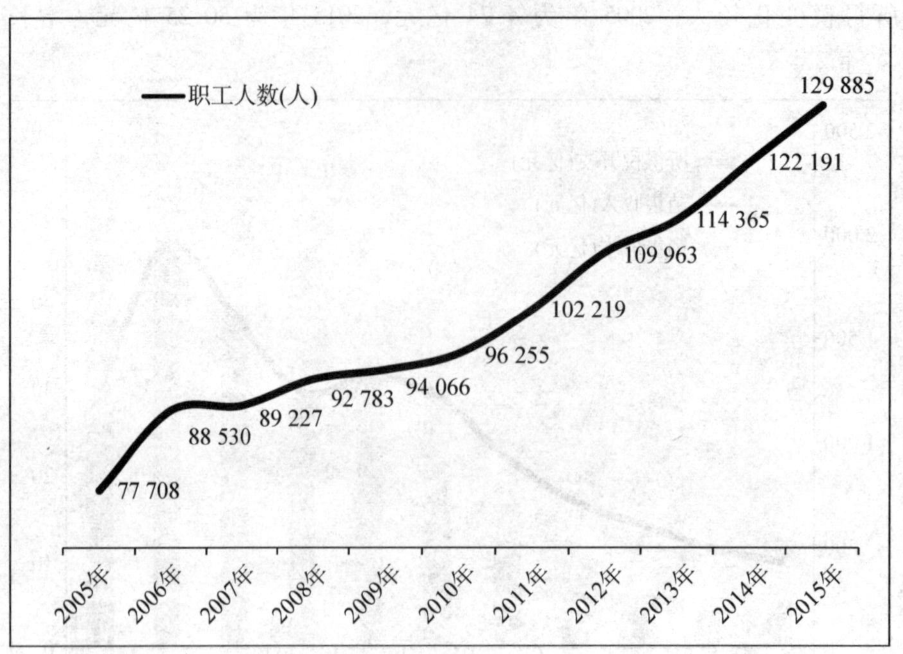


图 4-24　2005—2015 年 A 企业员工总人数增长情况

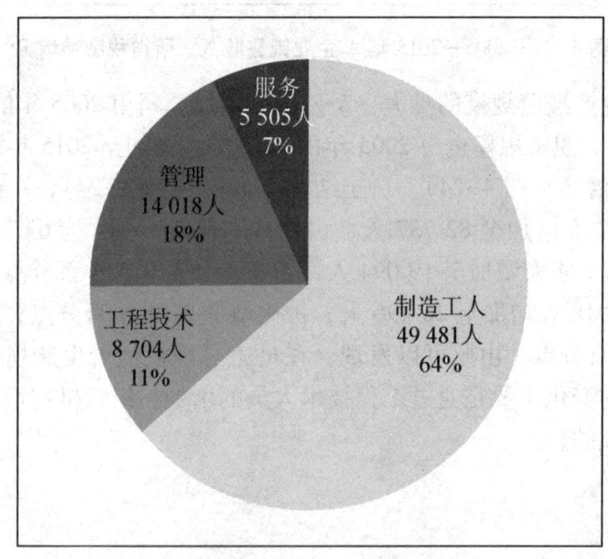


(1) 2005 年

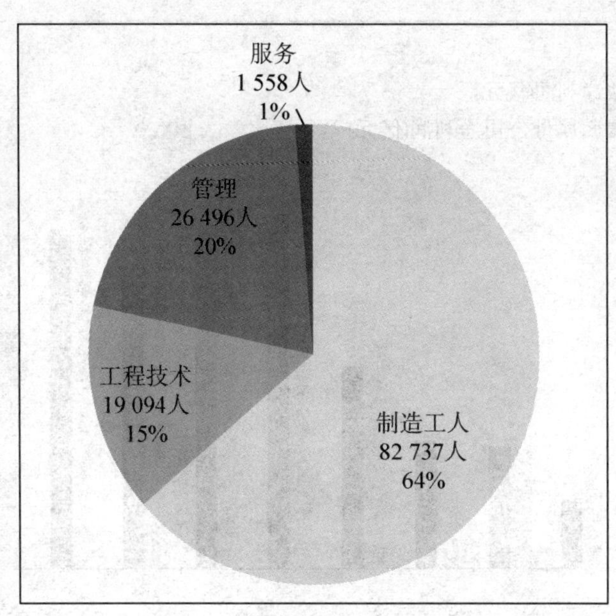


（2）2015 年

**图 4-25　2005 年、2015 年 A 企业员工结构比较**

从利润方面看（见图 4-26），A 企业的经营利润保持了稳步上升的势头。2005 年利润总额为 17.47 亿元，2015 年为 134.58 亿元，增长了 7.7 倍。从走势上看，2010 年和 2013 年是两个拐点，由此形成了 2010 年（115.77 亿元）和 2014 年（139.6 亿元）两个利润峰值。与产销量情况对照起来看，可以发现，2010 年产能的增长能够与需求的增长相匹配。而 2015 年同样的产能增长并没有相应的需求匹配，出现供求失衡，所以造成了 2013 年以后利润下滑的局面。

（2）资产结构

从资产结构上看（见图 4-27），A 企业的资产保持了较快的增长，2005 年总资产规模为 379.8 亿元，2015 年增长至 1 607.86 亿元，增长 4.23 倍；负债由 236.46 亿元增长至 693.02 亿元，增长 2.93 倍；所有者权益由 143.34 亿元增长至 914.84 亿元，增长 6.38 倍；归属母公司的所有者权益由 122.07 亿元增长至 846.5 亿元，增长 6.93 倍。资产负债率持续下降（见图 4-28），2010 年最高时峰值为 64.34%，至 2015 年，已降至 43.1%。

从资产经营效率上看（见图 4-29），以资产收益率作为考察指标，自 2005 年至 2015 年，经历了一个倒 U 形的变化过程。开始逐渐升高，至 2010 年达到峰值 28.01%（净资产收益率为 10.47%）之后逐渐下降，至 2015 年为 14.71%。这样的变化与需求变化周期、投资变化周期有关。需求变化导致销量增加、利润上升，进而导致扩大产能的投资行为，而投资行为缺乏进一步的需求加速增长的支持，由此造成资产负债率下降的情况。

从资产结构来看（见图 4-30、图 4-31），A 企业的流动资产在 2011 年之前有一个较大幅度的跃升，2013 年走低，2015 年又重新提高。2013 年以前，A 企

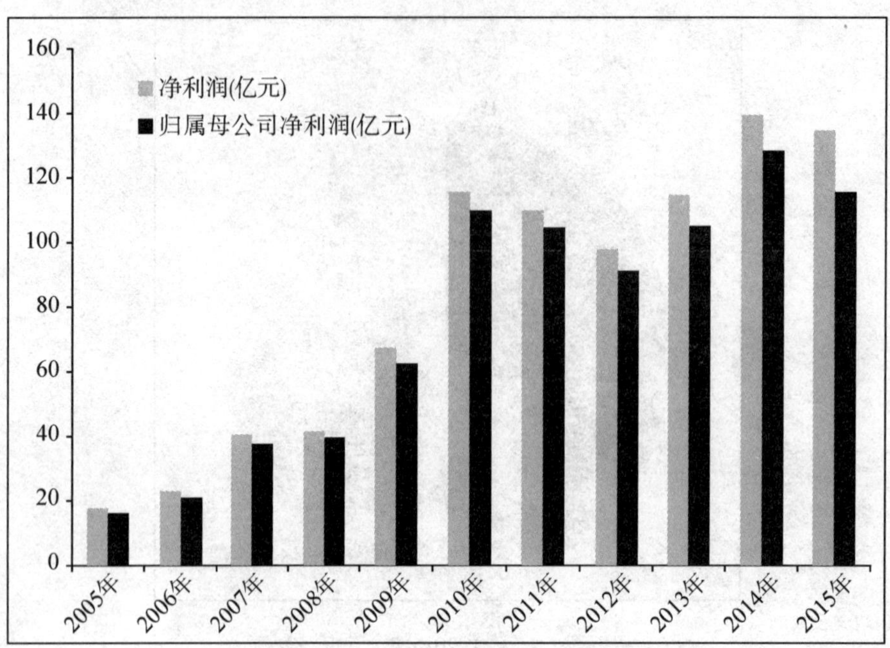


**图 4-26　2005—2015 年 A 企业利润变化情况**

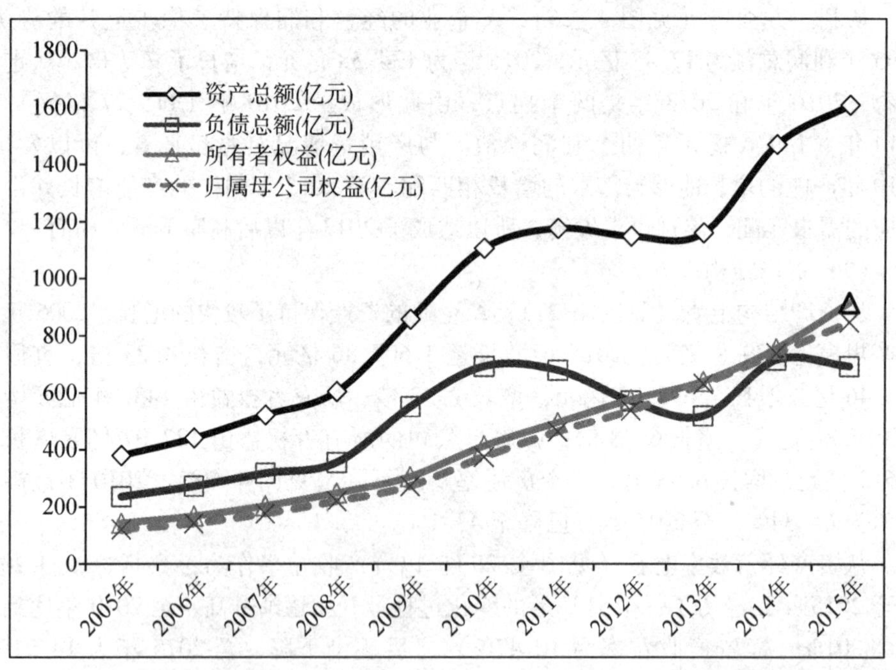


**图 4-27　2005—2015 年 A 企业资产、负债和所有者权益变化情况**

业的流动资产总量都是大于非流动资产的。在 2013 年以后，才出现了非流动资产大于流动资产的情况。在非流动资产中，对其他企业的投资占比高达 63%，在流动资产中，现金和银行存款合计占比超过 44%。由此可以看出，A 企业是具备

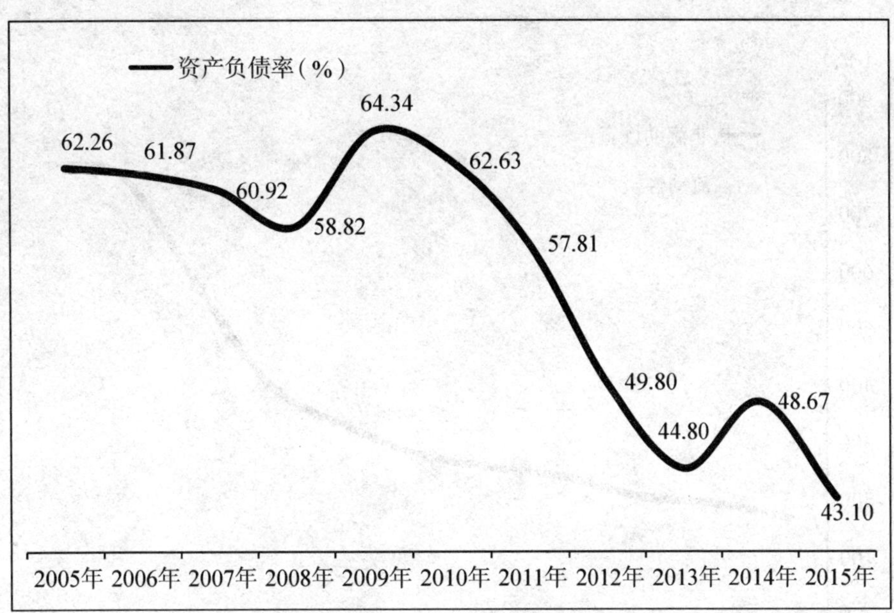


图 4-28　2005—2015 年 A 企业资产负债率变化情况

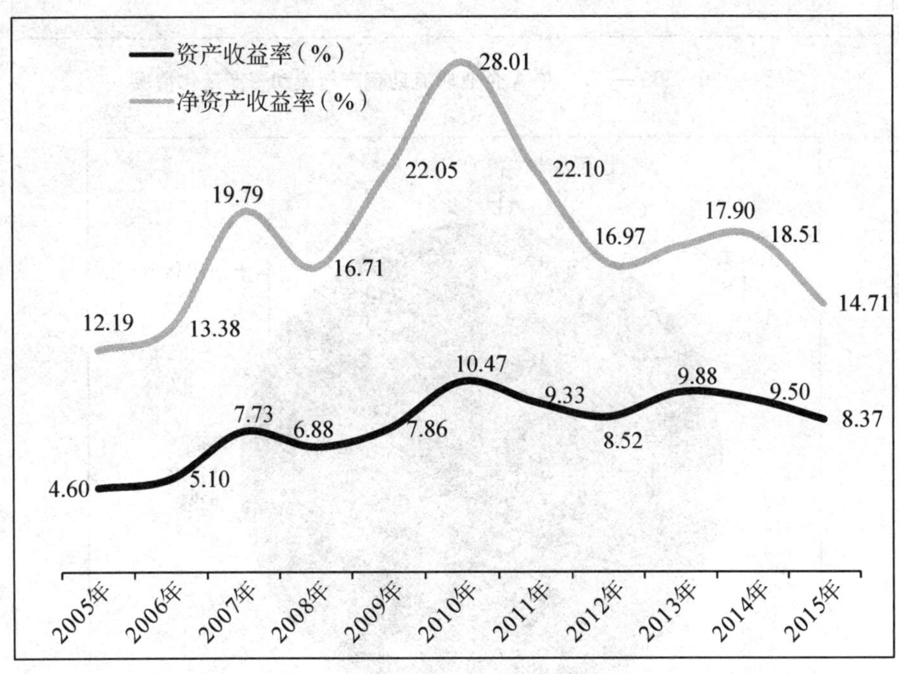


图 4-29　2005—2015 年 A 企业资产收益率变化情况

非常明显的资本运营特征的汽车制造企业，大量的生产经营活动在合营、联营的企业组织平台上展开。利用 2005 年与 2012 年 A 企业的非流动资产构成比较（图 4-32），可以发现，从生产的角度看，A 企业资产的重点放在厂房和设备上。从 2005 年到 2012 年的非流动资产增加，主要是厂房和设备的增加导致的。

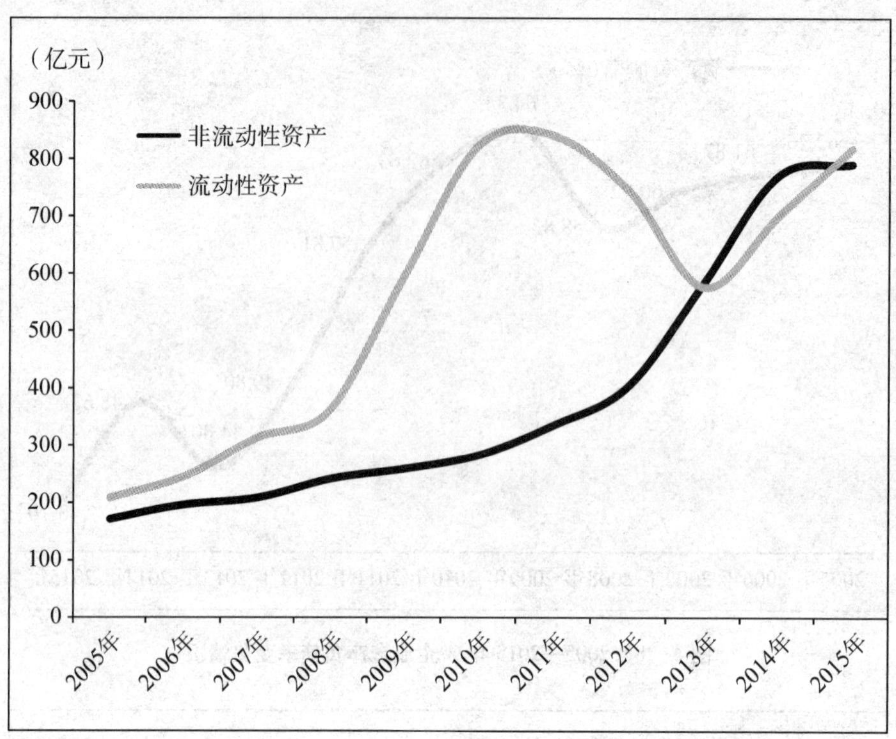


图 4-30　2005—2015 年 A 企业非流动资产与流动资产变化情况

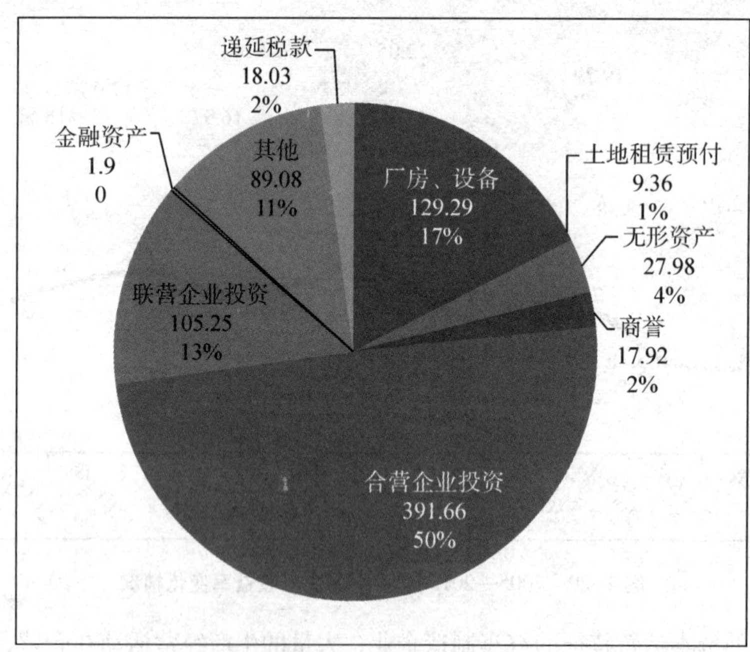


（1）非流动资产

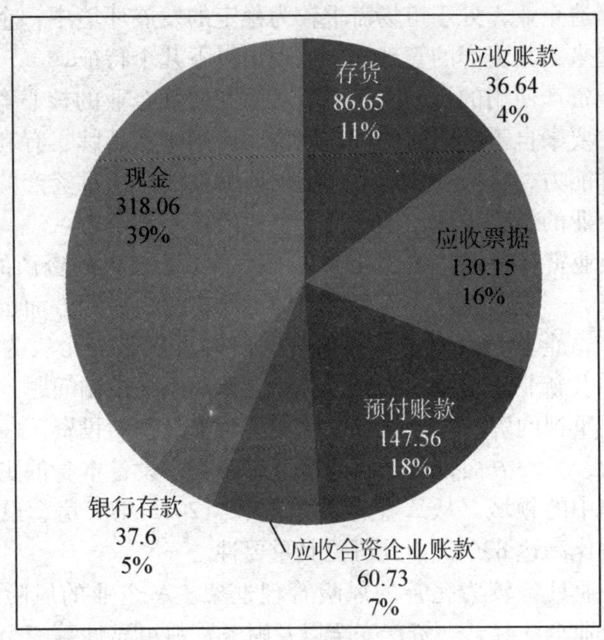


(2) 流动资产

**图 4-31　2015 年 A 企业非流动资产与流动资产结构情况**

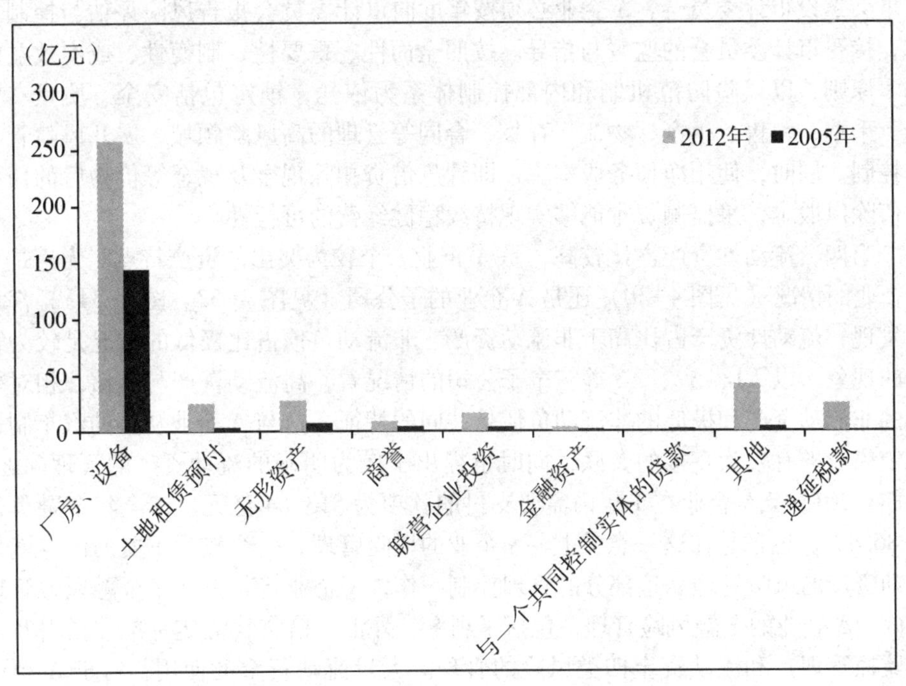


**图 4-32　2005 年、2012 年 A 企业非流动资产变化情况比较**

(3) 主要特点

从以上对 A 企业资产情况的分析中可以看出，A 企业是一个具有较为复杂组织结构的汽车制造企业，处于市场需求较为稳定的发展环境中，企业生产经营状况较好。归纳起来，其资产的管理主要表现出以下几个特征。

第一，企业资产使用的目的在于不断巩固和增强企业的核心竞争力。A 企业的核心竞争力主要来自于其靠前的行业地位、商用车、品牌、有利于持续发展的产业布局、管理能力、合资企业以及自主创新等方面。通过资产的组合与配置优化，不断强化企业的优势领域，不断提升企业的核心竞争力。

第二，A 企业资产管理的主要任务在于提高不断扩大的资产的使用效率。A 企业的资产扩张，一方面表现为资产规模的不断扩大，另一方面也表现为资产负债率的不断下降，企业自有资金持续增加。前者可能是一个较为简单的管理问题，而后者则涉及新业务领域的拓展，必然会涉及风险控制问题。对于 A 企业而言，一个必须要重视的资产风险领域，就在于对于设备的投资。一方面厂房设备的投资规模较大，另一方面，对于制造型企业而言，设备本身的更新换代，本身也是风险较为集中的领域。从 A 企业的情况看，2015 年厂房、设备方面的资产构成中，设备占比高达 83%。由此可见其重要性。

第三，A 企业具备较为完善的风险管理框架。A 企业的风险管理与内部控制，旨在围绕企业合法经营、资产安全以及财务资料可靠性等三个目标，从财务业务监控、企业运营监控和合规性监控三个方面展开，注重制度设计和流程规划，强化风险管理体系建设，形成了一整套常态化的风险管理与内部控制机制。董事会下设审计委员会，A 企业必须按年度向审计委员会报告风险评估与控制工作，接受审计委员会的监督与指导。按照全面性、重要性、制衡性、成本效益的基本原则，以风险防范机制和内部控制体系为依托，锁定包括安全、质量、资金、采购、销售、生产、物流、存货、合同等管理的高风险领域，展开风险管理与控制。同时，使用净债务股本率，即计息借贷扣除现金及现金等价物后的债务净值除以股本，来监测资本能够实现持续稳健经营的可行性。

第四，流动性资产占比较高，是 A 企业一个较为突出的资产特点。无论是从 A 企业的情况（见图 4-30）还是 A 企业的子公司（见图 4-33、图 4-34），都可以发现，流动性资产占比高于非流动资产、非流动负债占比极低的情况是较为普遍的现象。以 A1、A2、A3 等三个子公司的情况看，高流动资产与负债，相对较低的非流动资产和极低的非流动负债是共同的特征。这与 A 企业从事的汽车制造和销售业务有较为直接的关联，同时也提出了较为明确的流动资产的管理问题。例如，2015 年 A 企业在 1 年内需要支付的款项为 513.64 亿元，占全年金融负债的 86.4%。也正是在这一意义上，A 企业的风险管理，一个较为重要的内容就是流动资产的风险管理。这部分的管理控制工作，A 企业将其放在了金融风险管理之内。A 企业的金融风险管理，包括了利率、外汇、信贷（界定标准、指引及程式监控管理）和流动资金四类风险的管理。大量流动资金的使用，对于 A 企业而言，是要通过使用计息银行及其他借贷等融资方式来实现企业融资的可持续性和灵活性的权衡。

#### 4.1.2.3 B 企业的资产结构及其特征

B 企业是以大型水电开发与运营为主的清洁能源企业。主要的业务包括水电

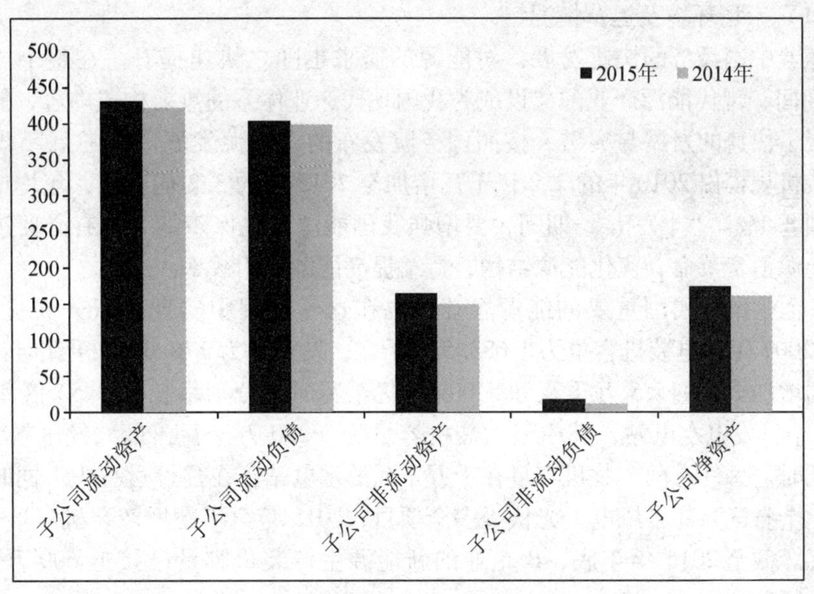


**图 4-33　2015 年、2014 年 A 企业子公司资产结构情况比较**

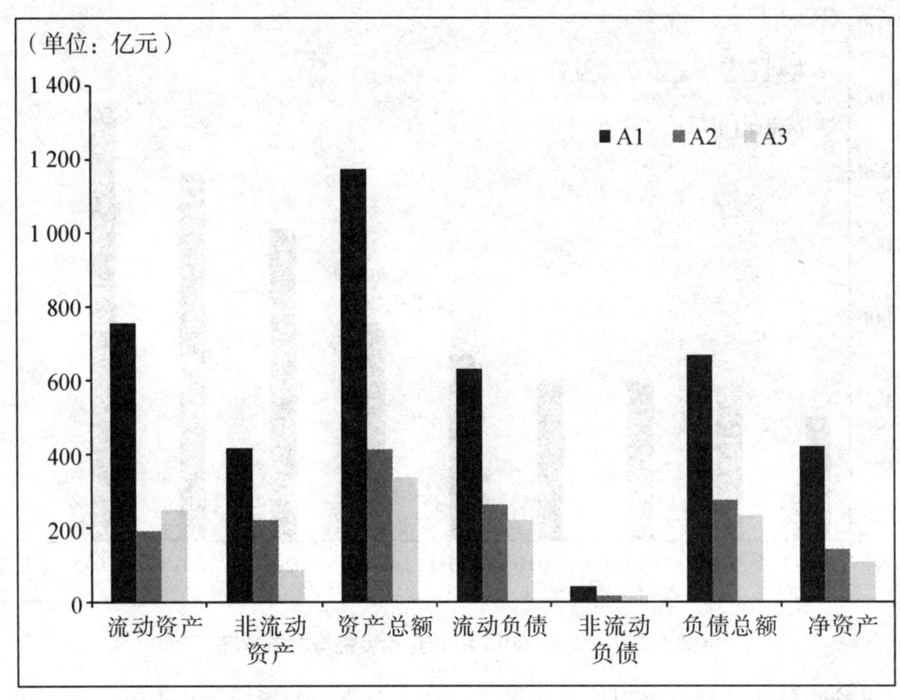


**图 4-34　A 企业 A1、A2、A3 等三个子公司资产结构情况比较**

风电太阳能等清洁能源开发、电力生产与服务、水资源综合开发利用、海外工程等。以下对 B 企业的资产分析，主要是依据 2007 年至 2015 年 B 企业的年报展开的。

(1) 市场环境及运营情况

随着中国经济的快速发展，对能源的需求也随之快速提升。在整个“十二五”期间，现代能源产业的建设成为我国现代产业体系的重要构成内容，能源产业实现了快速的发展与突破，按照国务院发布的《能源发展“十三五”规划》，水电装机规模由2010年的2.2亿千瓦增加至2015年的3.2亿千瓦，年均增长速度达到8.1%。“十三五”期间，要增强我国能源自主保障能力，有必要进一步推进能源消费革命，优化能源结构，持续提高能源使用效率。

B企业作为我国重要的能源企业，也在这一过程中实现了跃升（见图4-35）。2007年水电装机容量为1 683.5万千瓦，发电量为770.66亿千瓦时；2015年分别增加至5 945.5万千瓦和2 009.8亿千瓦时，分别增长了3.53倍和2.61倍。7个已发电水电站，其中最大装机容量为2 250万千瓦，最大发电量为870亿千瓦时。另外有两个装机容量在千万千瓦的水电站正在建设过程中。同时，在全国十个省区兴建了风电、光伏等多个项目，2015年全年新增产装机容量203.5万千瓦。截至2015年年底，B企业的新能源生产装机容量已接近600万千瓦，位居全国前列。

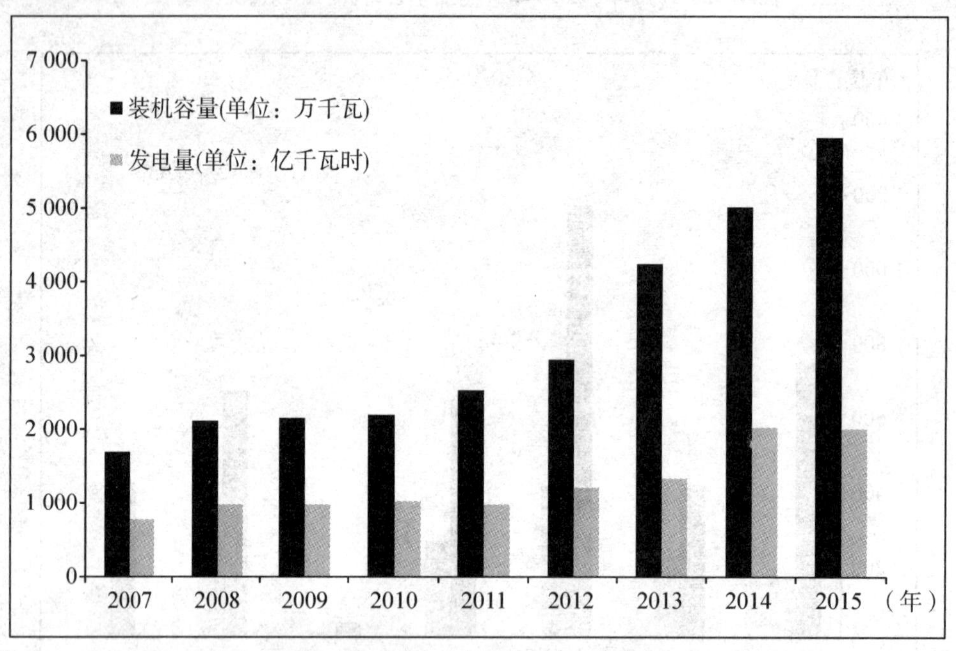


图4-35　2007—2015年B企业装机与发电情况

从企业的生产经营情况看（见图4-36），企业经营指标稳步上升。营业收入方面，从2007年的167.07亿元增长至2015年的635.2亿元；税后净利润方面，从2007年的96.42亿元增长至2015年的288.2亿元；纳税方面，从2007年的65.64亿元增长至2015年的174.9亿元。整体指标反映较为稳定。

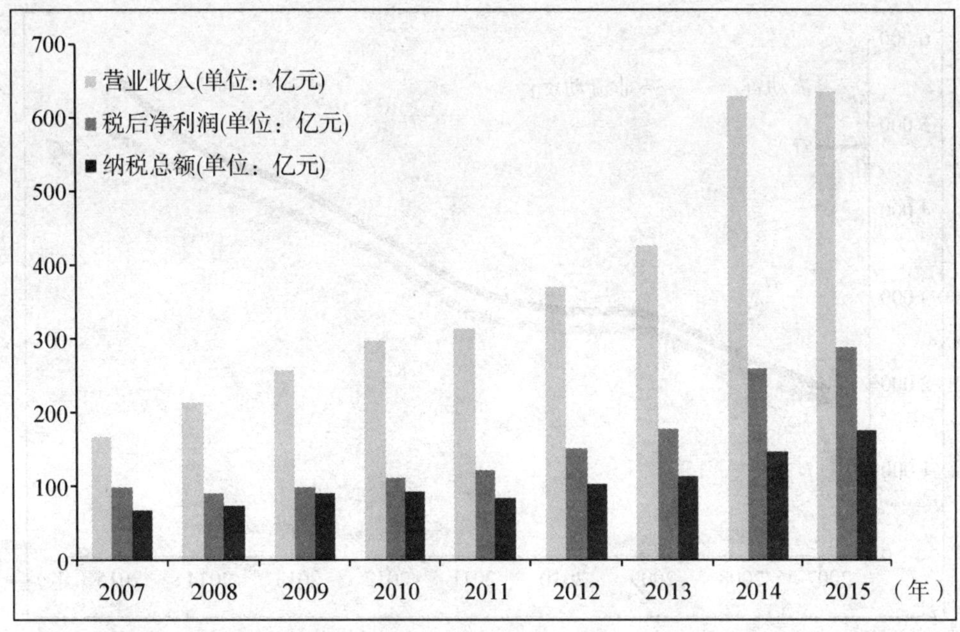


**图 4-36　2007—2015 年 B 企业生产经营情况**

（2）资产结构

在资产结构方面，B 企业具有较多的非流动资产（见图 4-37）。在总资产不断上升的同时，非流动资产保持了大体一致的增长过程，而流动性资产则保持在一个相对稳定的水平上。非流动资产的快速扩张使得 B 企业一方面要应对非流动资产扩张带来的管理问题，另一方面也要面对投资非流动资产所造成的融资压力。从资产的相关指标上看（见图 4-38），货币资金/流动资产较高，说明货币资金在流动资产中占据较大的比例。同样地，非流动资产中，固定资产净额、在建工程和可供出售金融资产三项占比较高，按照 2015 年的计算，三项合计占非流动资产总额的 84. 74%。从 2007 年至今，三项指标合计值一直在下降，2007 年合计值高达 94. 46%。

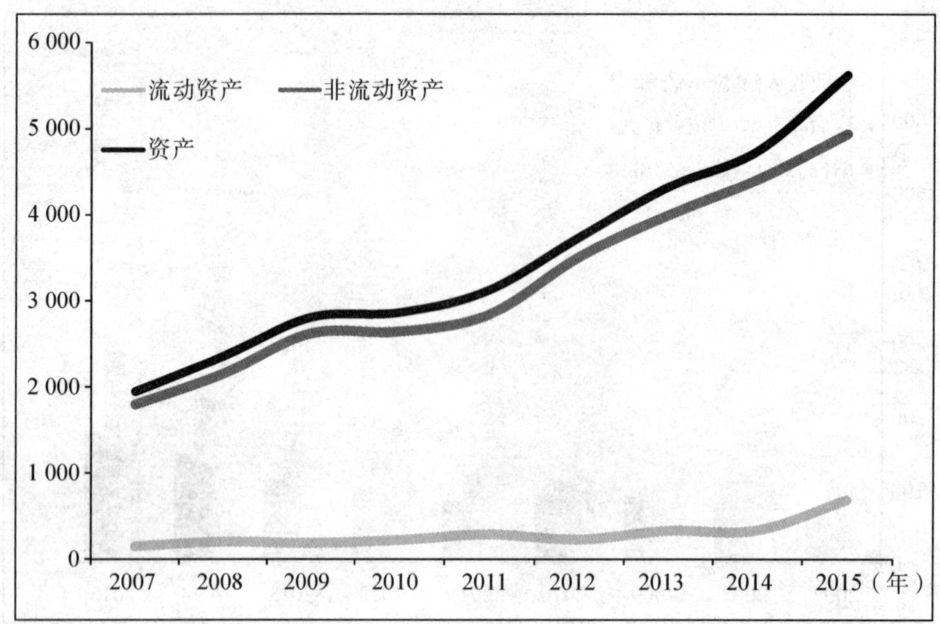


**图 4-37　2007—2015 年 B 企业资产变化情况（单位：亿元）**

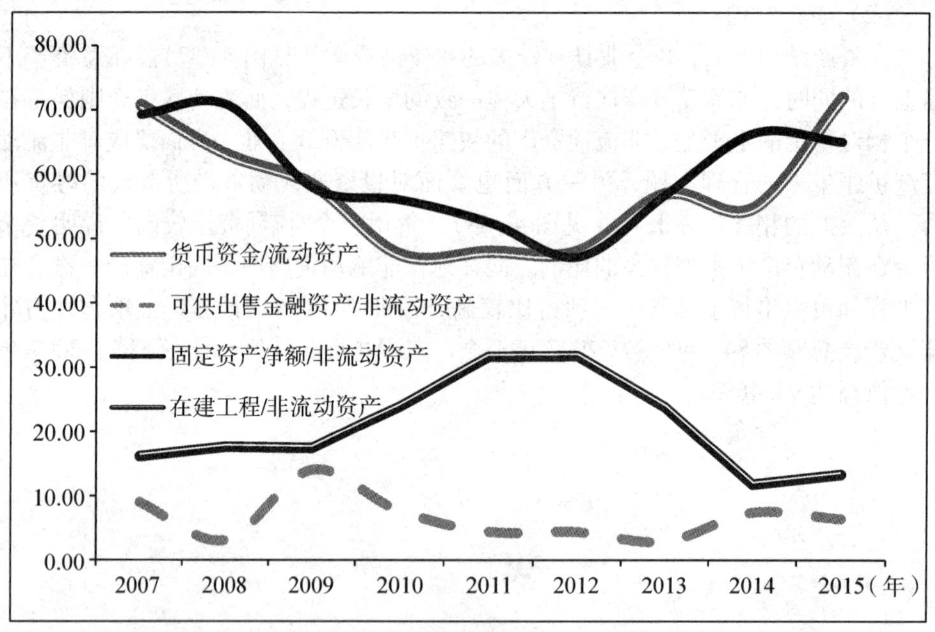


**图 4-38　2007—2015 年 B 企业资产变化的几个重要指标（单位:%）**

从负债的角度看（见图 4-39），整个负债规模表现出较快的上涨规模，2007 年为 586. 55 亿元，2015 年为 2 539. 68 亿元。非流动负债规模比流动负债规模更大，但两者在近五年的上涨速度大体一致。从资产负债率的情况（见图 4-40）也可以看出，尽管总资产在增加，但显然负债增加的速度更快，使得 B 企业的资产负债率从 2007 年的 30.08%上升至 2015 年的 45.1%。

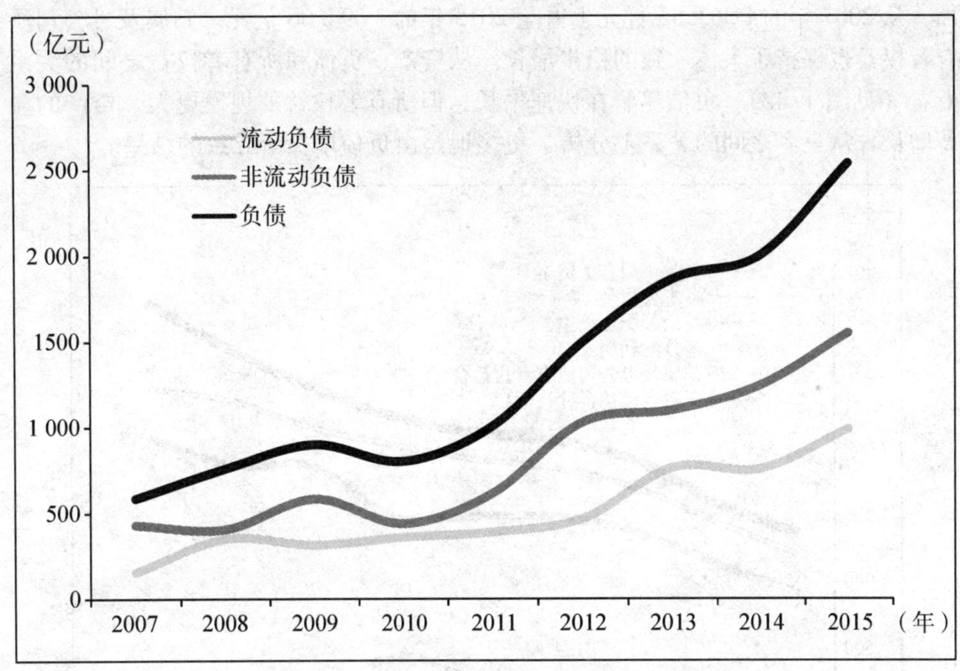


图 4-39　2007—2015 年 B 企业负债变化情况

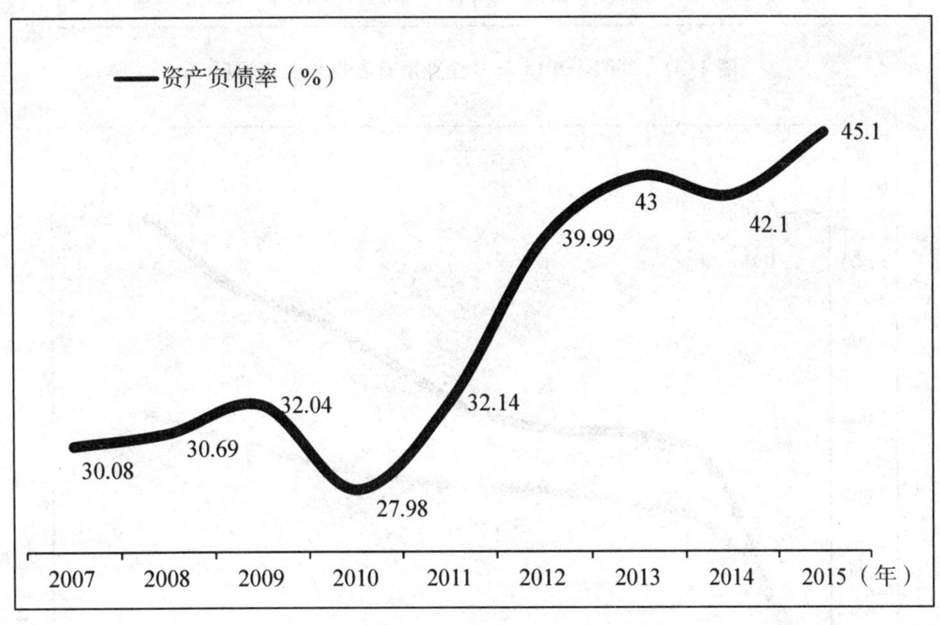


图 4-40　2007—2015 年 B 企业资产负债率变化情况

从所有者权益的角度看（见图 4-41），B 企业的所有者权益保持了稳步增加，从 2007 年的 1 363. 35 亿元上升至 2015 年的 3 094. 06 亿元。归属及母公司所有者权益也保持了大体一致的稳步增长。从资产、负债和所有者权益之间的关系上看（见图 4-42），负债尽管在快速增长，但所有者权益的规模更大，资产的显著增长，从三者之间的关系上分析，更多地是由负债增长所导致的结果。

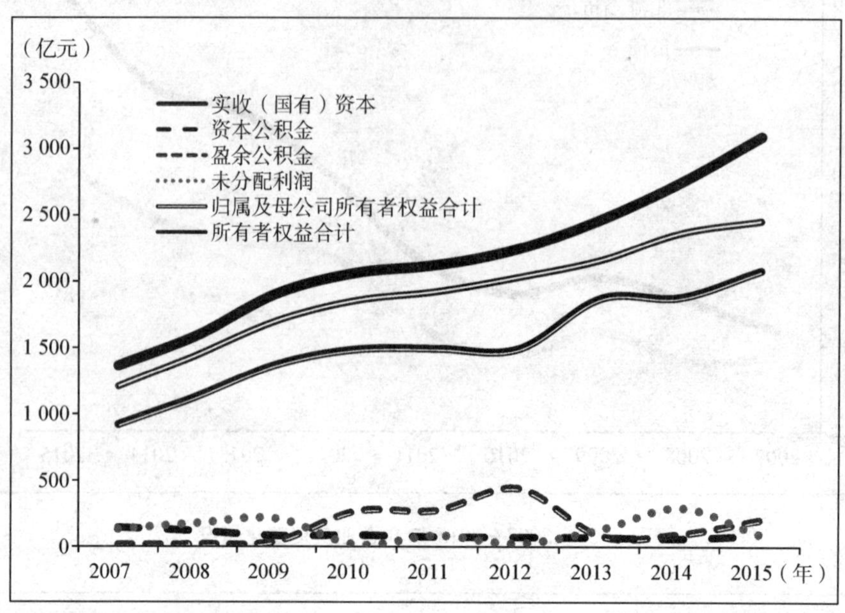


图 4-41　2007—2015 年 B 企业所有者权益变化情况

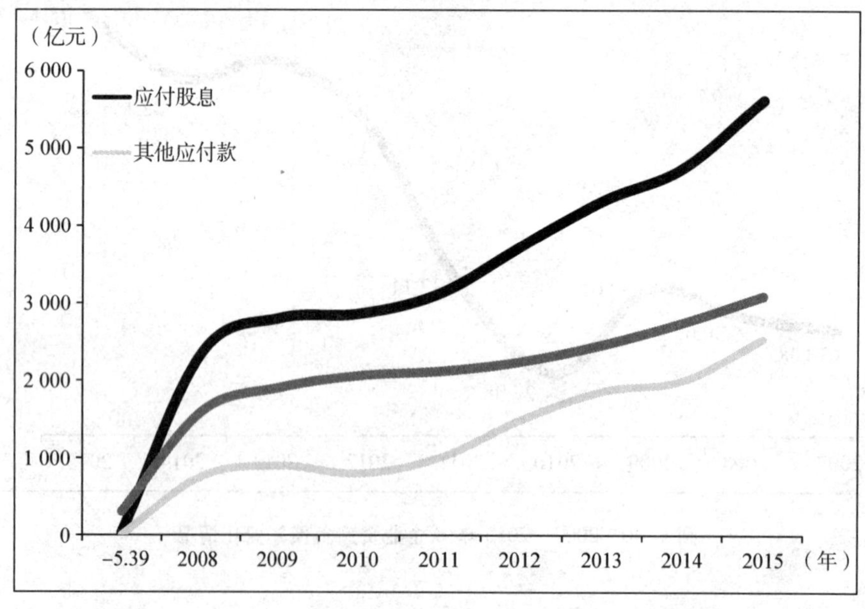


图 4-42　2007—2015 年 B 企业资产、负债和所有者权益变化情况

（3）主要特点

第一，重固定资产是B企业资产的首要特征。B企业受所在行业运营特点影响，在生产经营过程中，保持了大规模的固定资产。同时，由于大规模的项目投资建设，也使得B企业在资产持有方面，表现出较多地依靠长期投资的态势。由此形成的融资模式，也更多地倾向于长期融资。从目前的情况看，B企业的整体运营态势良好，EBITDA（税息折旧及摊销前利润）利息倍数在考察期内都保持在5倍以上，带息总债务/EBITDA尽管在上升，但整体上涨幅并不大（见图4-43）。

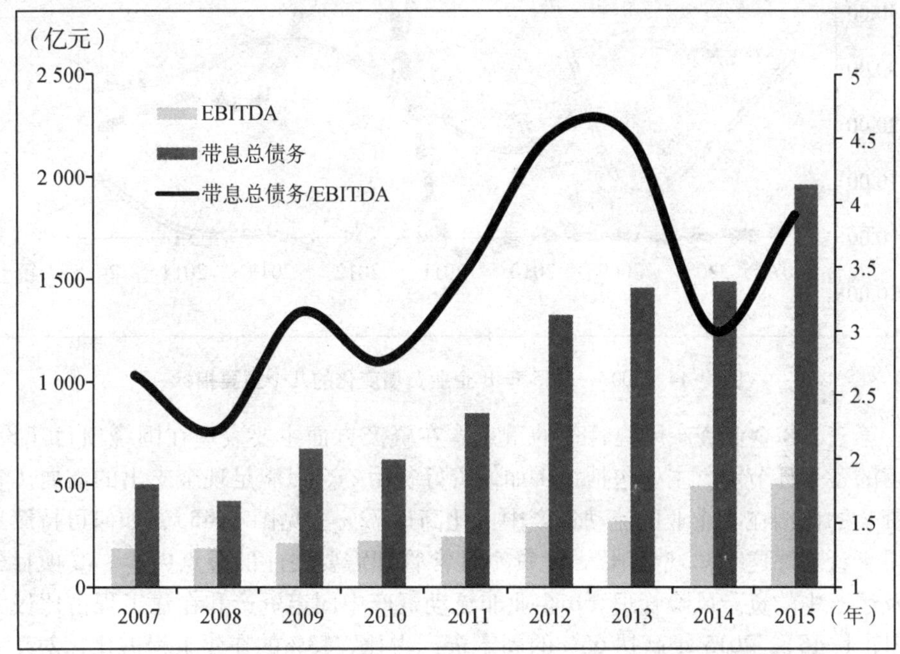


**图4-43　2007—2015年B企业EBITDA与带息总债务变化情况**

第二，流动负债中短期借款较为显著，非流动负债中债券融资较为突出。从考察期的数据看（见图4-44），短期借款在流动负债中所占的比例在2011年前较高，表明短期负债曾经是B企业流动负债的首要方式。这一特征在2011年以后迅速消失，取而代之的是其他应付款。在非流动负债方面，应付债券占比一直较高，2015年占比为58.85%，最高的2010年为76.50%，表明这是B企业的主要融资方式之一。

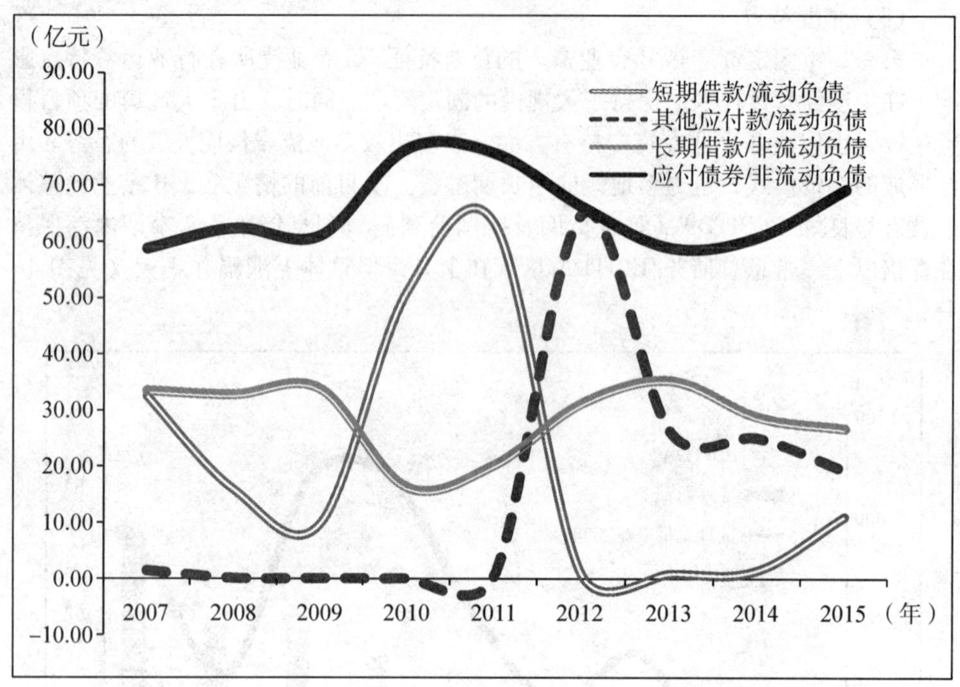


**图 4-44　2007—2015 年 B 企业负债变化的几个重要指标**

第三，B 企业资产风险管理的重点，在资产方面主要表现在围绕项目建设、运营的各个环节上。主要包括：①如何管好货币资金以满足现金支出的需要。货币资金的比例在 B 企业的流动资产中占比高达 72%（见图 4-45），如何可持续地获得、管理好这一"现金池"，是资产日常管理需要关注的重点内容。②项目建设及运营中的资产风险管理。B 企业非流动资产中固定资产和在建工程占比极大（见图 4-46），2015 年高达 65%的固定资产占比，13%的在建工程占比，对于 B 企业而言，这部分资产的管理必然具有较强的战略意义。是延续项目建设运营的模式，以项目为单位进行资产管理，还是脱离项目层面，在企业层面实现资产的集成管理，是资产风险管理面对的战略性选择。

第四，B 企业资产风险管理的重点，在负债方面主要集中于以下两个方面。①流动负债方式的稳定。B 企业流动负债（见图 4-47）从形式上看较为多样化，但稳定性不够，在一段时期，某种债务融资方式所占的比例出现较大幅度的提高，可能会造成无法覆盖的风险敞口。同时，尽管流动负债在 B 企业的负债中所占的比例不高，但并不意味着这一类别的负债不会形成较大的风险集中，需要高度重视。②非流动负债方式的多样化问题。B 企业债务融资规模的快速扩大，提出了一个债务融资成本问题。如何有效控制债务融资成本，是用好财务杠杆的关键所在。就目前的情况（见图 4-47），高度依赖于债券和长期借款的非流动负债结构，可能由政策或者其他方面的非经济因素在发生作用，但利用多样化的融资方式来降低融资成本，是企业资产管理的应有之策，需要加以考虑。

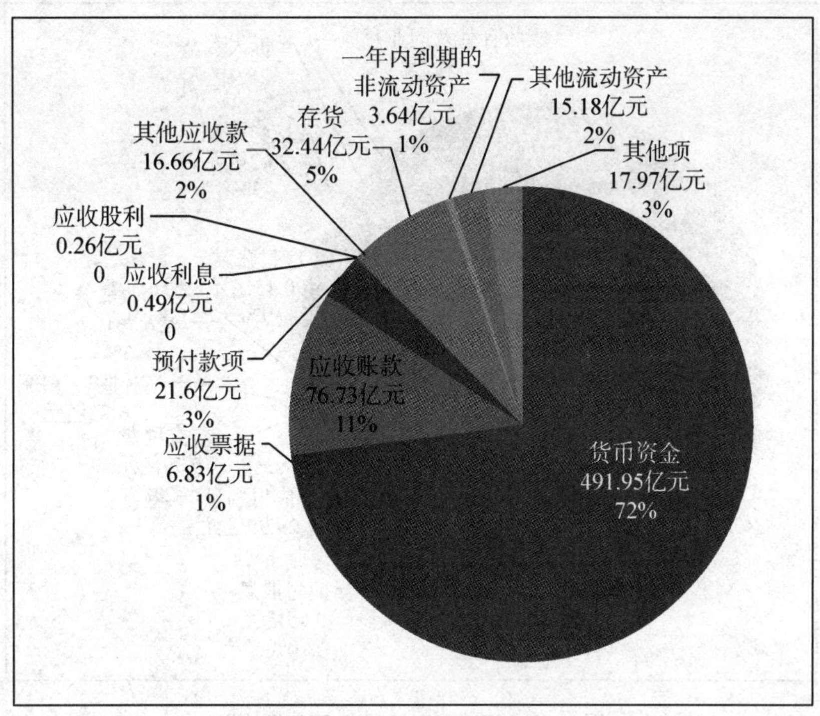


图 4-45　2015 年 B 企业流动资产结构

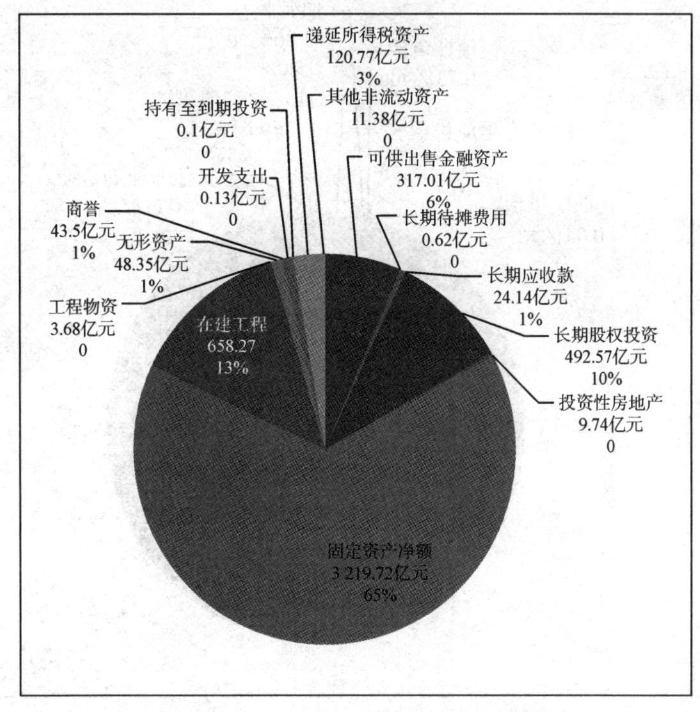


图 4-46　2015 年 B 企业非流动资产结构

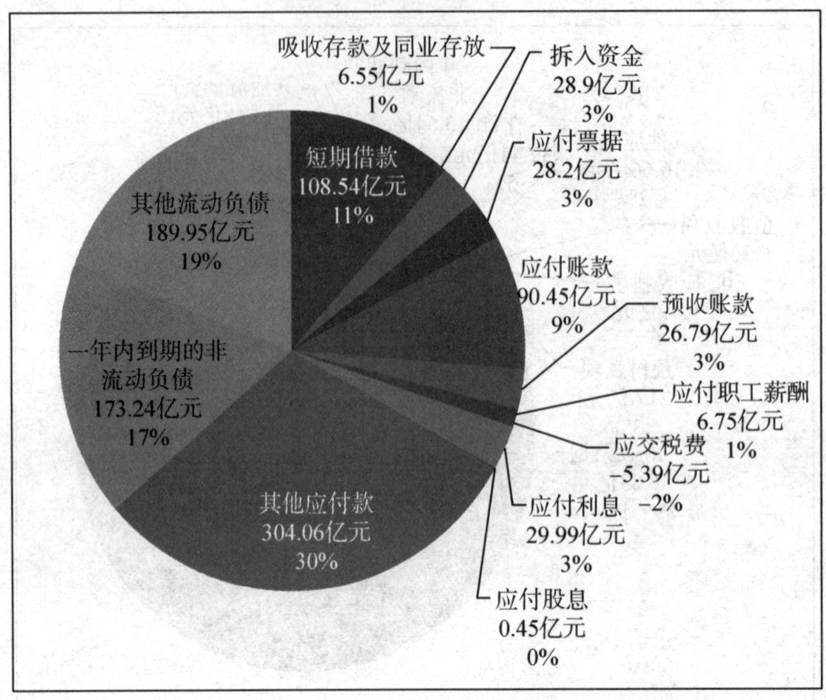


图 4-47　2015 年 B 企业流动负债结构

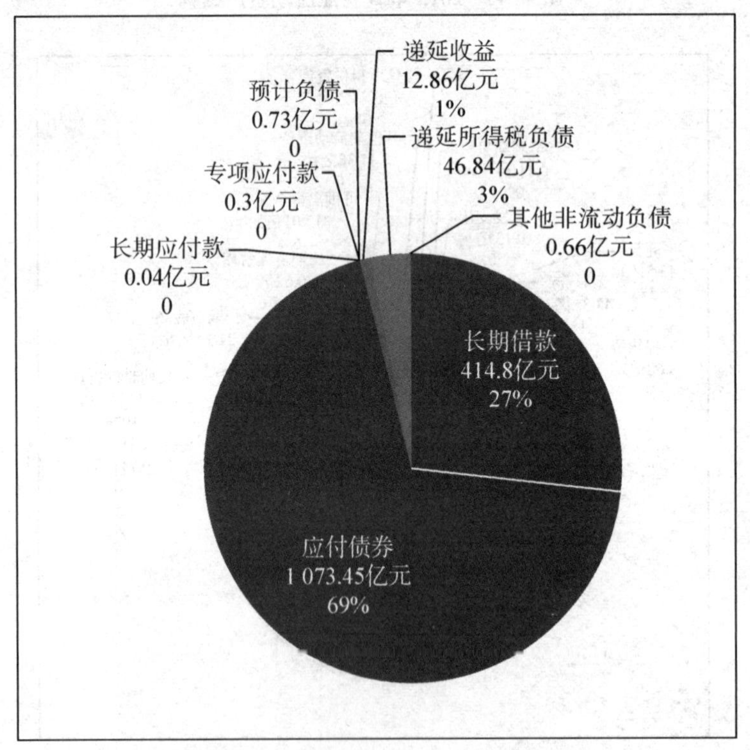


图 4-48　2015 年 B 企业非流动负债结构

### 4.1.3 国有大型企业资产的变化态势

从宏观层面上看，国有大型企业资产正在稳步增加，在 2015 年下半年之后，这一增长态势还在加快（见图 4-49）。在整体稳步增长的态势下，是分化的生产经营状态以及对于国有企业资产未来走向的差异化认识。对于以下几个重要的资产变化特征，在国有企业资产风险管理中要加以重视。

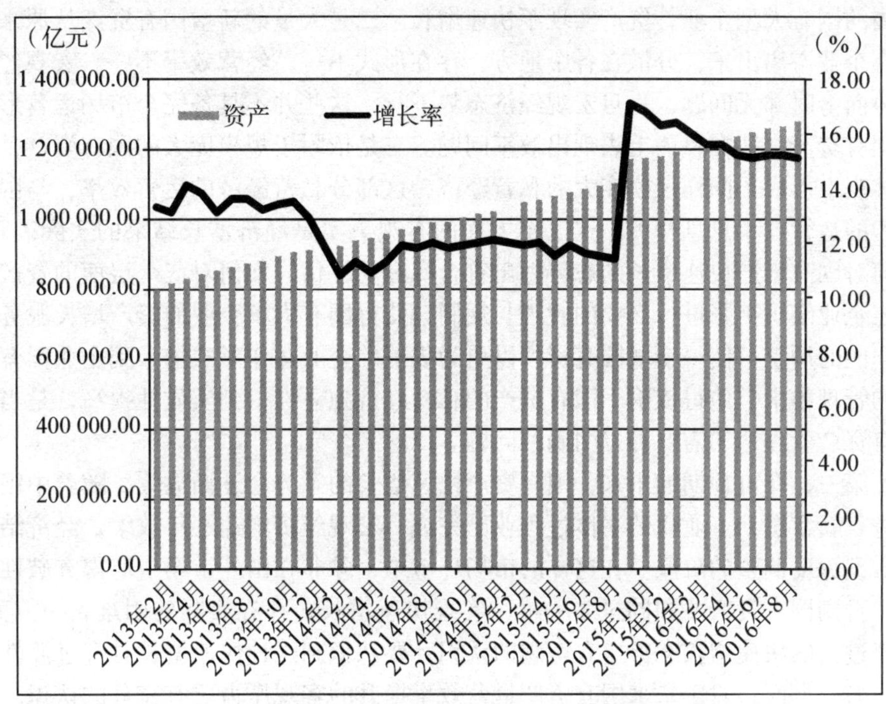


图 4-49　我国国有企业资产月度变动情况

第一，“排序悖论”反映的是以企业形式存在的国有资产管理需要更为有效的管理机制创新。国有企业资产较多的区域、行业所表现出来的管理效率下降，有以下几个方面的可能原因。其一，统计口径原因。效率较高的国有大型企业、中央企业与效率较低的中小型企业、地方企业合并统计，效率较低企业群体的指标拉低了整体指标，国有资产越多的区域和行业，这种态势越明显。其二，效率递减原因。如果按照区域、行业的划分依据，把不同区域、行业的国有资产管理视为一个组织内部的管理行为，那么规模越大的国有资产反映出来的管理效率越低，就是一个管理效率递减问题。其三，区域或行业差异原因。例如，区域（见图 4-18），得分偏差较大的地区包括重庆、天津、福建、云南等；再例如，行业（见图 4-21），得分偏差较大的行业包括黑色金属加工业、化学制造业、农副产品加工业、有色金属加工业、传统设备制造业、水的生产和供应业等。不同的区域、行业面对的实际问题有较大差异，可能是发展阶段不同、投入机制不同，或者市场环境不同，由此导致得分的偏差。应该说，以上三个方面的原因都在一定程度上存在，因此在具体问题的分析过程中都必须加以考虑。在整体层面上，以下几个问题必须要有明确的回答。第一，以企业组织作为载体的国有资产运营模式，在多大的规模水平上是管理有效的？第二，针对当前存在的“排序悖论”，在国有资产管理机制创新方面，应该有哪些关键性的战略决策？对于这两个问题的回答，有必要认真总结国有大型企业过去十年的管理与改革经验。

第二，以企业形式存在的国有资产在过去十年保持了快速的增长态势。这种增长导致了三个层面的客观事实。一是国有大型企业，特别是一些在适当行业领域内的国有大型企业，资产实现了快速增长。二是大量的新增国有资产从原来的国有企业游离出来，分散在各个地方，存在形式不一，经营效率不一。宏观经济态势向上时并无问题，一旦宏观经济态势下行，这些并不具备完全市场运营形式的国有资产立即在整体上表现出效率问题。三是依附于规模庞大的国有资产，也在客观上形成了同样规模庞大的私营经济，这部分私营经济的运营效率，与国有资产的运营效率息息相关。这三个方面的客观事实是经济增长结果的实际表现。如何对国有资产快速增长的态势做出符合实际的评估，如何对三个层面的资产增长与企业组织扩张进行必要的管理与规制，使得国有大型企业的资产增长服务于其职能的调整，使得新增国有资产以更为规范的企业运作形式纳入到企业国有资产的管理中来，使得依附于国有资产的私营经济独立性得到实质性提高，是当前国有资产管理迫切需要加以明确的问题。

第三，在可预期的未来，国有资产快速增长的态势会逐渐放缓。随着中国经济进入新常态，工业化的主体过程业已完成，宏观经济增速逐年放缓，经济结构进入到深度调整的阶段。在这样的市场环境中，除非在国外市场中取得突破性进展，否则国有资产要如同过去一样，实现快速增长，存在实际的困难。一方面，对于过去的快速增长态势要有客观的认识，要认识到这种快速增长具有过渡性特征。另一方面，对于未来国有资产运营效率提升的客观压力要有充分的认识。更为重要地，在快速增长阶段结束之后，国有资产运营的目的也必然会有更为明确的界定，对于这些变化，要有足够的认识和预先的制度性安排。要适应放缓的发展态势，有必要建立起更为有效的企业国有资产管理体系，从企业层次一直到国有资产整体层面上，实现管理与监督的有机结合、效率与职能的共存共容。

第四，资产的风险管理在国有大型企业管理中的重要性日益凸显。以企业形式存在的国有资产，在规模扩张放缓的态势下，资产的安全应以更为规范的形式加以保障。这是新的发展阶段提出的新要求。在前文的案例中我们已经看到，无论是作为处于市场前沿的 A 企业还是处于上游的 B 企业，都针对自身企业资产运营的特点与规律，形成了各具特色的资产风险管理机制，且其在资产管理中的重要性日益提高。这些微观的企业案例已经表明了资产风险管理日益凸显的重要性。在国有资产监管的宏观层面上，整体发展阶段的变化提出了国有企业运营目标的调整以及在运营目标调整下必然会出现的新的国有企业改革，都对国有企业资产风险管理提出了新的要求。在快速增长态势下形成的资产管理，以资产规模和质量作为主要的评价指标，主要手段是围绕资产规模扩张的投融资。在快速增长阶段结束之后，应对资产管理和管理评价体系进行必要的调整。在评价体系方面，应以资产质量指标为核心，建立资产规模指标与风险指标挂钩的评价体系，对企业形式存在的国有资产进行评价；在管理体系方面，应以资产的风险管理为主要的手段，建立风险导向的企业国有资产管理体系。

## 4.2 国有大型企业的组织形态与资产持有目的分析

要对国有大型企业的资产风险因素进行分析，在概要性勾勒国有大型企业资产变化的基本情况之后，有必要对国有大型企业的组织形态进行研究。之所以如此推进研究，在于组织形态的变化既是国有企业改革的重要内容，也是资产风险管理的重要平台和手段。资产风险管理的策略选择与企业组织形态之间存在高度依存的关系。只有明确了国有大型企业的组织形态，才能对企业持有国有资产的目的进行分析。

### 4.2.1 国有大型企业的一般性组织形态：从国有资产的属性切入

#### 4.2.1.1 企业组织形态的概念

国有大型企业的组织形态，就是企业作为一个实体，其外在表现形式和内部结构的综合。企业的组织形态从外延上看，主要包括两个层面的内容。第一，企业作为法人实体，在法律制度层面上的组织界定。这里又有两方面的组织界定。首先是法律，例如，《公司法》以及税收法律体系对企业组织形式的界定，其次是企业组织的章程，对企业作为一个组织运行的内部规则的展示与说明。第二，企业作为市场活动的主体，在市场活动的进行中，对企业组织形态进行调整所形成的适应性结构。这一适应性的结构首先是满足内外部制度规范要求的，其次才是根据市场竞争需要的具体调整。例如，一个法律意义上的有限责任公司，在具体的市场运作中，究竟是采用子公司还是分公司来实现业务的拓展，就是一个市场竞争活动影响的决策结果。第一个层次的企业组织形态具有相对的稳定性和一致性，第二个企业组织形态则是高度状态依存的。

以上是一般意义上的企业组织形态。就资产的风险管理而言，企业组织形态的变化具有十分重要的意义。企业组织作为承载资产的平台，其容纳力的大小、与市场的融合程度、治理水平的高低、资产经营能力的强弱，都会对资产的风险管理形成重大的影响。因此，有必要站在资产风险管理的角度，对企业组织形态进行再认识。

第一，企业组织形态及其变化是资产风险管理的必要手段。企业资产风险管理的一个重要内容，就是资产在企业组织内部的不同构成部门之间进行配置，进而实现风险分散、规避、自担等目的。不同形式的组织，例如，按照业务类别进行划分的工业事业部，或者按照流程划分的工业职能部门，再或者相对独立的分公司或者子公司，对于资产风险管理而言有着不同的价值。部门之间的资产配置承载的是资产风险管理的具体策略和操作，而分公司、子公司之间的资产配置则首先是资产风险管理权责的划分。因此，要在企业内部落实风险管理的要求，就有必要先研究企业组织，在必要的情况下，按照资产风险管理的要求，对企业组织形态进行必要的调整。同样，从资产运营的角度看，在重大的风险事件应对过程中，也会形成企业组织形态的根本性调整，以满足风险控制的要求。所有这些都使得资产的风险管理，必须要将企业组织形态的变化视为一个可以控制的变量。

第二，资产与组织形态之间相互影响。资产可以离开企业存在，但这样的资产显然就形式而言，必然不如其在企业内部丰富。反过来，企业也可以把资产的要求设置为最低水平，但缺乏资产的企业由于在经营活动中必然会面临资产的种种限制性要求，实质上形成了对资产风险管理的更高的要求。例如，以负债的形式获得资产来实现市场交易，对于企业而言就形成了偿债的现实风险。为了实现借债和偿债的要求，企业组织必然会形成相应的变化。因此，必须要认识资产和企业之间的高度关联性。一方面，企业组织形态的既有状态决定了企业资产风险控制的能力大小。一个简单的业务部门构成的企业组织和一个高度复杂的企业组织，显然后者的资产风险控制能力更强。另一方面，资产的属性是决定企业组织形态的重要变量。例如，金融机构，其资产的高度流动性，使得企业的组织形态也与其他类型的企业存在重大的差异。把握好资产和企业组织的关系，是企业资产风险管理的基本原则。

第三，治理结构下的企业组织形态的选择与调整，是资产风险管理的必然要求。资产风险管理视角下的企业组织，需要以治理机制来保障组织形态的变化符合组织的要求。企业组织的存续有其特有的目的，这一目标的设定决定了企业资产的持有目的。因此，在企业资产风险管理的过程中，必须要保障企业组织的存续目的与企业资产持有目的的一致性。这种一致性，必然也只能来源于企业治理结构。通过治理结构的有效运转，让企业的利益相关者之间差异化的诉求在治理层面得到统一，成为企业组织能够遵循的现实要求，成为资产持有目的的首要和直接的来源，成为企业组织形态调整的基本要求，进而保证企业资产风险管理的实施。

第四，组织的边界与资产风险管理的边界存在差异。企业组织的边界未必是企业资产风险管理的边界，后者的范围在很多情况下都大于前者。例如，可以在市场中进行的资产风险管理的操作，本身就不可能在企业内部实施。但离开企业组织边界的界定，资产风险管理就缺乏特定的组织意图的植入，进而沦为一般意义上的资产运营。换言之，任何在市场中进行的资产交易活动，都承载着交易主体的特殊目的。只不过在大多数情况下，交易的目的更多地在于获得利润。这种情况的存在使得真正意义上的交易目的反而在研究中没有得到足够的重视。从资产风险管理的角度看，应该说资产在市场中基于风险控制目的而进行的交易，在客观上扩大了企业组织的边界，使得企业组织超越了组织实体的局限，成为真正的交易主体。对于组织边界所指向的企业主体和资产风险管理边界所指向的交易主体，在研究中必须要注重区分。

4.2.1.2 国有大型企业的组织形态的制度性描述

根据上述概念，对于国有大型企业组织形态的研究，首先应当从制度表述切入，以明确制度约束下的企业组织边界。本研究根据国有大型企业所遵循的市场组织法律法规和国有企业改革发展的制度性要求，对国有大型企业作为一个实体的基本组织特征进行分析和研究，可以发现以下几个共同的特征。

第一，资产的国有属性决定企业组织国有属性。国有大型企业组织之所以首要特征是“国有”，其根本原因在于资产的国有属性。作为一种企业组织形式，一方面在组织运作方面彻底地执行市场运营的模式与原则，遵循市场竞争的基本规律，另一方面在组织特征上始终强调与其他同样运作模式的市场组织之间存在的根本差异，是一种较为特殊的组织表现。而且从实际的市场活动与社会反映情况来看，这种差异是客观存在的，而并非仅仅存在于政策或者是理论中，是影响市场决策的重要因素之一。对于这样的特殊组织表现，有必要进行深刻的理论分析和证明，否则其合理性始终会被质疑和诟病。在以往的国有企业改革中，我们已经看到，这些质疑和诟病已经多次严重影响了国有企业改革的应有路径。在多年的实践探索之后，我们必须认识到，国有企业之所以是国有企业，有以下三个方面的客观与历史原因。其一，历史原因。社会主义市场经济就是公有制与市场经济相结合的不断发展过程。公有制是我们今天一切经济制度的基础和历史，无论在历史中还是在实践中，都不是用简单一句话可以抹杀的。从计划体制向市场体制的转轨，公有制所覆盖的范围在很大程度上已经缩小了，但以公有制为特征的生产方式在社会历史的发展进程中，影响犹在。公有制作为社会主义市场经济基本经济制度的有机构成部分，依然是不可动摇的基础性制度。如何实现公有制与市场经济的有机结合，依然是我国经济体制改革的核心命题。国有企业之所以存在，首先就在于这样一段历史变迁的过程。我们不能否定历史，特别是不能在否定一个极端的同时走入另一个极端。这是中国经济体制改革的基本经验，也是我们在面对新的发展与改革进程时应当持有的基本态度。其二，职能原因。国有大型企业不仅作为微观的企业组织，承担着关系国计民生的关键性产业的发展任务，还作为传递宏观调控的重要渠道和执行机构，在重大的宏观调控进程中发挥着不可替代的作用。这一职能已经作为共识，成为中国经济体制的一个非常重要的特征，以至于到了今天，无论是改革还是发展，国有企业作为一个整体，无论在行动上还是战略上，都是政策的风向标。同时，国有企业社会责任的履行，也对我国社会事业的发展，对我国企业制度的演进，做出了制度性的贡献。尽管这些职能可能因为形势的变化有所调整，但国有企业曾经发挥的重要作用，已为社会所认识。这是国有企业之所以是国有企业的现实原因。其三，财富原因。我们还必须认识到，近四十年中国改革开放所创造的国民财富，有相当大的一部分以国有资产的形式，保有在国有企业这样的组织平台上，这些财富既是发展的成就，也是未来发展的保障。如何更为规范地保有这些财富，更为有效地发挥这些财富的作用，不仅是国有企业应该思考的问题，而且还是整个社会都应该关注的问题。中国特色社会主义市场经济道路下一步走得如何，在很大程度上要看这些国有资产能否在企业平台上发挥其应有的作用。国有企业来自于历史，成就于现实，还必将成于未来。作为历史的国有企业决定我们的态度，作为现实的国有企业决定我们的认识基础，作为未来的国有企业则决定我们的选择。也正是在这一意义上，我们认为，国有企业之所以其首要属性是“国有”，在于其资产的属性是“国有”。企业组织可以是完全市场化的，但因为企业所承载的资产归属国有，那么合乎逻辑的，国有企业的战略选择应当于资产的要求一致。

第二，企业组织的大型化是国有资产管理的基本要求。国有企业改革的历程已经明确，分散于大量中小企业中的国有资产，并不利于国有资产的管理。因为这种方式违背了基本的管理原则。“抓大放小”的改革紧扣国有资产管理的要求，使得国有资产大规模集中于国有大型企业中，从而为国有资产的有效管理创造了基本的组织平台。然而，新的问题总是伴随着旧的问题的解决方案出现。在改革与发展的实践进程中，新增国有资产规模的快速增加，又产生了新的“抓大放小”问题，同时规模快速扩张的国有大型企业资产，使得国有企业资产结构、组织结构高度复杂化，形成了新的管理问题。所有这些使得新的资产集中成为当前国有资产管理改革必须要加以考虑的重点内容。新的改革，有必要使国有资产以更高的效率集中起来，以更为规范的方式加以运营，以更为市场化的机制实现自身的保值与增值。要做到这一点，就要坚持以国有资产为主要形式的财富在国有企业的集中态势、创新模式、更新机制，在生产领域，有必要理顺财富的形成机制，使得市场化的主体成为财富的唯一合法权利人，在分配领域，有必要形成符合实际的财富使用机制，使得财富回归应然，成为社会经济发展的重要力量。

第三，混合所有制下国有大型企业组织形态有较为灵活的组织设计。在国有资产向国有大型企业不断集中的态势下，国有大型企业能否承担起大量国有资产的运营责任，成为这一企业组织形式存在合理性的重要判断指标。要确保这一责任的落实，应对的举措主要包括两个方面。其一，减少管理主体，缩短管理链条，使得现有的管理体系能够在其管理边界以内，通过有效的应用管理资源，实现对国有资产的有效管理。要做到这一点，就必须持续推荐国有企业之间的合并与重组，使得国有企业数量减少至满足管理需求的水平上。这样做的问题也非常突出，即会出现两个问题，一是资产规模过大导致管理失控，二是管理主体问题。过大的国有资产集中于为数不多的国有企业中，那么这些国有企业的管理主体应该界定在哪一级政府？如果简单地纳入中央政府的管理范围内，既与当前的现实不符，也不符合管理规律。如果依然按照行政区划，将其按照不同的区域加以划分进行管理，即保持当前整体监管架构不变，那么目前存在的问题就缺乏必要的应对。其二，落实公司法人治理，规范国有企业作为资产平台的运作，从而使得国有企业这一组织平台达到监管意义上的可置信水平。也只有在这一前提下，国有企业组织形式的变化，才不至于像过去的国有企业改革那样，成为资产损失的重要原因。实践已经表明，要落实公司法人治理，引入外部战略投资者和其他利益相关者，在公司治理层面形成制衡的格局，是一个必要的举措。这就是为什么在本次国有企业改革进程中，对于混合所有制强调程度如此之高的原因。这一做法的益处固然很多，但问题也非常明显，一是如何在混合所有制下确保国有企业的国有属性？可以看到的可能性在于，在混合所有制下，如果出现极端的情况，例如，国有产权落实不到位，或者其他权利主体存在实际操控企业经营管理的情况下，国有企业的国有属性可能就会名存实亡。二是在完全市场化的企业法人治理结构下，如何落实国有资产运营的目标？如果仅仅实现保值、增值的目标，那么国有资产作为资本的价值就会完全丧失，这是需要警惕的情况。因此以上两种方式，作为当前国有企业改革的两种举措，在改革与发展的现实中都正在实施，缩短管理链条与落实公司法人治理结构两种方式相互补充，成为国有企业组织形式变化的两条主线。

第四，国有大型企业具有其他企业组织不具备的组织机构与机制。国有大型企业在具体的企业组织内部构成上，与其他类型的企业也确实存在着差异。其中最大的差异就在于党组织在国有企业的存在和实际的作用发挥。在组织形式的层面上看，国有企业之所以称之为国有企业，就在于党组织在企业法人治理和经营管理中发挥着重要作用，这是可以观察的组织现象。另外，群团组织，例如，工会、妇联，在国有企业中的作用也明显高于其他类型的企业。其他类型的企业，有实际需要的、企业负责人重视的，这些组织作用发挥就好，反之就不好。而国有企业的党组织、工会、妇联，在国有企业的内部管理中，是在切实、持续地发挥作用。因此，这是一种制度性差异。有人认为，对于国有企业这一市场化组织的研究，没有必要对其中存在的非市场性机构和活动进行研究。这种认识是有失偏颇的。国有企业中的党组织，其角色由过去的核心向现在的厂长、经理负责制等市场化组织形式转变，其发生至今没有超过 20 年。随着国有企业的发展，一个必须要加以重视的现象是，国有企业中的党组织也在加快发展。党组织在企业法人治理中的作用，随着国有企业改革的深入发展，必定还会进一步加强。有鉴于此，对于党组织在企业资产管理中的作用，有必要在理论中进行深入的研究。一是党组织与企业法人治理结构的关系应当如何更为清晰地界定？二是党组织在企业资产管理中的作用应当如何更为规范地发挥？这并非是无的放矢的理论研究。从实践上看，国有企业党组织的存在，就目前的情况看，确实起到了完全市场化的资产风险管理没有起到的作用。例如，党组织对基层党员的宣传、教育和动员，就是资产风险管理恰好缺乏又非常需要的内容。再例如，党组织的组织体系建设，实际上在国有企业内部形成了与经营并行的动员机制，如何发挥这种动员机制的作用，更为有效地服务于企业资产风险管理，有大量的空间有待于进一步拓展。除此之外，在制度层面上，也可以合理地预期，党组织对公司法人治理的深度参与，工会、妇联对企业管理的全面融入，只要在实践中找到恰当的运作模式，在理论中可以实现自洽，那么这种富有中国特点的企业制度将成为我国国有企业的制度标志。

以上四个方面，就是从制度层面展开的对国有大型企业组织形态的制度性描述。其中，“国有”属性的支点在于国有资产，国有资产管理又对企业组织的大型化提出了明确的目标，为了促进国有企业的大型化，就有必要在推进混合所有制的进程中实现国有大型企业法人治理机构的规范化，而要实现法人治理机构的规范化，就有必要充分发挥国有企业内部组织机构的作用。这四个方面相辅相成，成为国有大型企业的制度共性。

### 4.2.2 国有大型企业的一般性组织形态：集团公司制

以上四个方面的制度共性，对国有大型企业的组织形式提出了明确的要求。单一的公司制已经不能满足国有资产规模的要求，集团公司制成为国有大型企业采用较多的公司组织形态。在以下部分，我们结合 A、B 企业的组织形态，对国有大型企业的集团公司制进行特征描述和分析。

#### 4.2.2.1 A 企业的集团公司制

A 企业包括了 20 家控股公司、参股公司、分支机构。这些下属企业又按照业务板块的划分，分为商用车、乘用车、金融以及包括汽车装备、维修、进出口、经纪保险、二手车在内的其他业务四个板块。

其中，商用车板块主要由 2 家合资公司（分别持股 100%和 50%）和 2 家子公司（分别持股 75%和 96%）构成。2015 年商用车板块销售收入占比 28.8%；乘用车板块主要由 1 家分支机构、5 家合资公司（整车分别持股 50%、50%、50%，发动机持股 50%，零部件持股 44%）和 1 家子公司（持股 75%）构成，2015 年乘用车板块销售收入占比 69.7%；金融板块由 1 家全资子公司（持股 100%）和 2 家合资公司（分别持股 35%、25%）构成，2015 年金融板块销售收入占比 1.5%；其他业务板块由 1 家进出口公司（持股 95%）、1 家越野车公司（持股 100%）、1 家电动车公司（持股 90.07%）和 1 家招标咨询公司（持股 35.2%）构成，2015 年其他板块销售收入占比 0.1%。

可以看出，A 企业的集团公司制，其最为根本的原因在于业务拓展。新的车型引入，就会形成新的合资企业或者子公司。以业务规模最大的乘用车来看，A 企业在合资公司中的持股比例均为 50%。相对于其他板块而言，持股比例并不高。这一类型的合资企业的成立，就是围绕市场需求，双方各自出资金、技术和市场来形成的合作生产关系。其之所以可行，就在于国内汽车生产的日益扩大以及 A 公司良好的市场接入度。

集团公司内部企业之间的联系，主要出现在三个层面上。一是资本的联系，这种联系并非本质的联系。因为在汽车市场这样快速增值的市场中，持有相应的企业资本只是一种获得市场地位的手段，而非目的。在这类市场中，要最终实现资产升值的目的，首先就要巩固市场地位，通过让渡资本来获得巩固市场地位的手段，是自然的选择。因此，A 企业在合资企业中，并未追求完全的控股。二是市场与技术的联系。通过多个合资企业和子公司的协同行动，可以在技术上创造最大的溢出效应，在市场上形成最大的协同效应，从而为企业市场地位的巩固创造条件。三是环境的联系，集团公司制对于A企业而言，无异于在企业组织内部创造出了一个通过战略合作协议联系在一起的协同环境，这一环境对各个平台起的支持作用越大，各个平台对集团公司的向心力就越强。做一个比喻，这就类似在企业内部创造一个"生态环境"，使得各种组织都能够在这一环境中健康成长。

站在不同的角度看这三种联系，认识是不一样的。在监管层面上，资本层面的联系是关注的重点；在产业层面上，市场与技术的联系是聚焦点；而在企业管理层面上，管理者会致力于企业"生态环境"的建设与维护。从A企业的选择上看，随着市场的进一步拓展和技术的变化，A企业先后又投资了新能源汽车、装备制造、汽车金融等服务经济领域。这些活动的开展，表明了进一步强化市场和技术的联系是A企业维持集团公司制最大的动力所在。

#### 4.2.2.2 B企业的集团公司制

B企业的集团公司，也是按照业务板块来进行类别划分的，主要包括了水电、新能源、国际、投资与金融、设计咨询五个板块。在水电板块，又分为电力生产和工程建设两个子类别。电力生产方面，包括了4家公司，其中2家股份有限公司（分别持股62%、40%），另外2家公司分别持股70%、61%；工程建设方面，包括1家建设管理有限公司（持股100%）和另外2家直属的工程局和移民工作局。新能源板块由1家公司（持股100%）构成。国际板块方面，由1家水利电力对外公司（持股比例100%）和1家投资集团公司（持股比例100%）控制分别在欧洲、巴西和南亚的1家公司（持股比例均为100%），主要的业务方式为BOT，欧洲公司持有葡萄牙电力公司（EDP）21.35%的股份，是EDP的单一最大股东；巴西公司是巴西第二大私营电力企业（部分项目与EDP合作）；南亚公司主要投资马来西亚、老挝和巴基斯坦等国家的水电项目；同时还在非洲有相当数量的国际工程承包项目。投资金融办款由1家资本控股公司（持股比例100%）、1家财务公司（持股比例100%）、1家直属的资产管理中心构成。设计咨询板块由1家公司构成（持股比例分别为70%和40%）。

B企业的集团公司制尽管在构成上也是按照业务板块来划分的，但就子公司所运营的业务来看，主要是根据项目来划分的。这里包括了两种情况，一是数个项目之间存在联系，例如，水电项目都在一个河流的流域范围内，那么就由一家公司来运营。二是地区联系，例如，国内与国外，不同的区域，等等。无论是哪种情况，本质上B企业的集团公司制，运营的项目大体是一个专业领域的业务。A企业的业务板块是根据市场差异来界定的，B企业的业务板块则主要是根据区位差异来决定的。这是A企业与B企业集团公司制之间最大的差异。

B企业的公司组织结构复杂程度非常高。以水电板块来说，仅在2015年实现控股的一家子公司C（上市公司，持股40%），C子公司下属的全资孙公司（相对于B企业而言，下同）有8家，控股孙公司有10家，参股孙公司有9家（包括电力、证券、银行、财产保险等），共计27家孙公司，涉及水电、火电、核电、新能源、天然气、煤炭、金融等主要的业务领域，装机容量610万千瓦。2015年营业收入占比中，电力占78.37%（其中，水电占35.5%，火电占

40.97%，风电占 2.08%），天然气占 12.92%，煤炭占 5.83%，热力占 1.37%。从资产的情况看（见图 4-50），固定资产比例超过 50%，再加上在建工程，占比超过 67%。

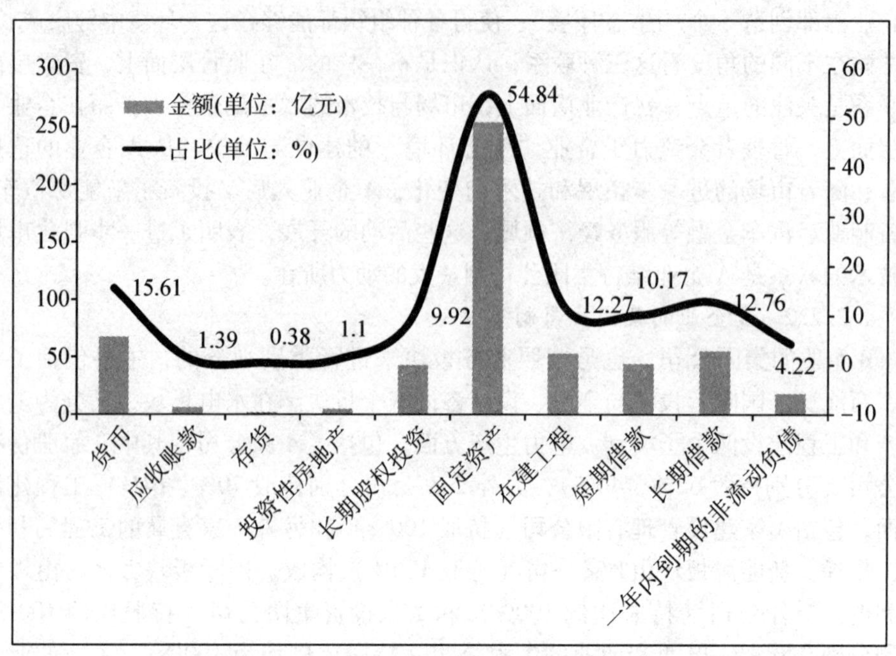


**图 4-50　2015 年 C 公司部分资产、负债项目占总资产的比例情况**

从 C 公司的情况可以得出结论，在 B 企业通过集团公司制实现的资产集中，是管理意义上的集中，并非物理意义上的集中。也就是说，实际的项目资产没有变化，只是管理权属和责任主体发生了变化，例如，资产由原来归 D 企业管理，通过市场运作转而变为 E 企业管理，等等。而资产的实际管理，并不会因为权属的变化而发生本质性的改变。换言之，资产的实际管理层级、管理链条并未发生根本性改变。资产的物理属性和业务的特殊性对集团公司制实现的集中管理、缩短管理链条形成了难以克服的限制，这是 B 企业的集团公司制所表现出来的另外一个重要的特征。

#### 4.2.2.3　集团公司制的一般性特征：企业生态

目前，大多数国有大型企业，在实际的组织结构设计中都采用了集团公司制这一形式。但就具体形式而言，集团公司制并非整齐划一，而是存在着形式和内容的重大差异。尽管如此，以集团公司制为基本组织形态的国有大型企业，在未来可预期的区间内，还会迎来规模更大的企业合并、资产重组浪潮①，集团公司制作为实施这一战略的主要组织平台，也还将发挥重大作用。因此，对于这一企业组织形式的研究，就成为国有资产风险管理的重点内容之一。这里一个关键性

① 以中央企业为例，从 2014 年开始到 2016 年末，发生的企业合并、重组，按照公布的信息，共有 12 起，其中 2016 年发生 6 起，中央企业按照战略部署展开的重组进入到密集的实施期间。

的概念就是“企业生态”，即集团公司制所具备的独特的企业内部环境，这一环境类似于一个具有自我循环功能的生态环境，使得在其中的组织可以在相互协同、竞争的氛围中得到良性发展。本文认为，“企业生态”是企业组织、资产、管理、市场等关键性要素的相互调适所形成的动态均衡状态。这其中，组织是平台、资产是平台承载的对象，管理是平台的活动，市场是平台的重要外在决定条件。对于“企业生态”的研究，从两个方面展开。一是从集团公司制的一般性特质描述角度展开制度性研究，二是在下一部分对国有大型企业资产风险因素的研究中展开管理研究。

有了企业组织的有效管控，才有可能有附着于其上的资产的有效管理。从上文进行的制度研究和案例分析中可以发现，围绕国有资产管理与国有企业管理，聚焦塑造“企业生态”这一目标，以下几对关键性质关系，对集团公司制作为资产运营平台的效率有较为重大的影响。

第一，资产形态与管理模式之间的关系。资产以何种形态存在，存在于哪一个行业领域，对于组织管理模式有较为重大的影响。可以从存续性、技术性和定价性三个层面对资产的形态进行判断。存续性越高的资产，对于组织平台稳定性的要求越高；技术性越强的资产，对于组织平台创新性的要求越高；定价性越强的资产对于组织市场活动的能力要求越高。因此，不同的资产对于企业组织提出了不同的要求。从集团公司的管理模式来说，存续性和技术性对企业的内部资产管理提出了很高的要求，而定价性则对企业的市场化资产运营有较强的需求。这三个属性对于企业而言，首先无法改变的先决资产条件，企业可以根据拥有资产的实际情况来决定组织形式与管理模式。一旦企业组织形态确定，资产规模的扩大、企业组织的进一步复杂化，反过来会对资产的属性形成影响。例如，拥有小规模、单一性资产的企业，与拥有大规模、多样性资产的企业相比较，前者显然不具备通过不同类型资产之间的相互配合来提高资产运营效率的能力。就集团公司而言，这是一种关键的能力。因此，在集团公司组织形态下，一方面要认识到资产的属性会对企业的组织管理模式造成限制，采取有针对性的管理措施。例如，同样的集团公司形式，技术性较为突出的资产，在管理上应当是对技术高度敏感的，应围绕技术优势的维持和巩固来进行投资和组织设计；存续性较高的资产，在管理上应围绕这类资产大规模、资产更新期长的特点，明确合理地组织责任主体；定价性较强的资产，在管理上应突出资本运作，在组织上围绕专门的资本运作机构，来实施资产的有效管理。另一方面，也要认识到企业组织形态及其主动调适会在一定程度上对资产的既有属性形成补充。特别是在定价性方面，利用市场化机制，集团公司制度更有利于实现资产的定价性的根本性改变。从国有资产管理的实践上看，这也正是当前管理变革的重点内容之一。

第二，资产结构与组织结构之间的关系。资产结构决定于企业资产的持有目的和资产管理的现实需要两个方面的因素。这两个方面的因素在一定的条件下都可能成为排他性的优先决定条件。例如，资产持有目的过于强烈，那么资产管理需要的现实目标是“次优”选择也是可以接受的。反过来，过于强烈的资产管理需要也会在一定程度上降低资产持有目的对资产结构的影响。从两个企业的案例上可以看出，不同的资产结构，对应着不同的企业组织形式，进而资产也承担着不同的职能。在面对新技术、新市场、新领域的过程中，一般会采用合资、战略性合作的方式来实现新企业的组建。这种方式是以对企业控制权的部分放弃来获得企业组织平台的有效运作。要实现对这类企业的有效控制，就有必要通过市场、组织等多种方式，来确保对企业的实际控制。例如，可以在集团公司内部通过流程的拆分和控制，或者核心业务的直接控制等手段，使得企业只能在集团公司这一“生态环境”中才能有效运转。在可预期程度、可掌控度更高的环境中，全资是自然的选择。但全资的企业尽管在控制权方面不存在问题，但就企业组织管理而言，并非毫无挑战，企业管理效率问题是这类企业必须且首先要加以解决的问题。缺乏必要的治理约束，管理层“寻租”会成为这类企业在治理过程中必须长期面对的问题。恰当的资产结构必须与恰当的组织结构配合起来，这是国有大型企业集团公司制能够在承载国有资产方面发挥更大作用的前提条件。组织结构不仅要反映资产结构的特点，而且还要有相应的制度设计，使得资产结构存在的内在管理风险可以在组织结构中得到缓解或者是及时的处置。必须要认识到，在集团公司制下，资产结构与企业组织结构之间并不存在一一对应关系，而是处于一种动态均衡的状态之中。在理想的情况下，在集团公司制企业的内部生态环境中，只要环境条件可以使得企业管理层对处于不同层级的资产实施有效控制，那么无论是全资、控股还是参股，其意义是相同的。

第三，资产调整与组织调整之间的关系。资产与企业组织在集团公司制下的相互调整，通过管理活动来适应市场的变化，才能达到形成“企业生态”的目的。这是集团公司制所具有的天然优势。资产与组织的动态均衡是以资产活动和组织活动作为前提条件的。企业作为组织，必然会面对承载于其上的资产的变化，反过来，由资产活动引致的企业组织的变化，也必然会对未来的资产活动产生影响。所以，有必要树立起动态管理的理念，不拘泥于既定的存量，不拘泥于资产的一时一地的非预期性变化，在组织被赋予的资产管控权限内，实现资产与组织的主动式调整，是集团公司制下资产管理的理想状态。在现实的条件下，如果存量资产过大，资产活动的成本较高以至于难以进行，那么就需要通过组织调整来降低资产活动的成本或者直接形成资产活动，例如，重资产的企业通过兼并与重组来实现资产的市场化活动。反过来，如果组织活动的成本较高而难以进行，也可以通过资产活动来化解组织活动的成本，例如，企业离开所在传统行业，通过投资活动进入新产业，就是通过形成新的企业来化解原有企业的存续压力，等等。无论是资产调整还是组织调整，都涉及一系列市场活动以及相应的风险。任何一个成熟的集团公司制企业，都必须要具备相应的能力和资源，来实施这些活动、应对必然会到来的风险事件。

第四，市场活动与非市场活动的关系。集团公司制下的“企业生态”，除了上述所说的资产、组织、管理和市场因素外，企业内部的非市场活动，例如，企业文化的培育、社会责任的履行等，也有不可忽视的作用。集团公司制下企业资产规模庞大，结构复杂，不是每一个员工、每一个利益相关者，对企业的资产管理活动、组织管理活动，都有足够的认知。因此，企业所执行的市场活动，并非全部都能被企业及其所在的社区所理解。缺乏理解就可能会产生误解，有了误解就会出现有错误认识引导的不利认识环境与舆论氛围。无论是哪一种情况，对于集团公司内部资产管理还是外部资产运营都是不利的。这种对不利状态的管控，光靠市场活动是无法实现的。因此，就集团公司而言，必须要对企业非市场活动的重要性有足够的认识，在治理层面要有足够的战略关注，在管理层面要求足够的资源投入，通过这些活动的开展，来为“企业生态”的形成，对关键风险因素的管控创造条件。

### 4.2.3 集团公司制下的企业资产风险管理：对象与原则

根据以上的论述，在集团公司制下的国有大型企业资产风险管理，就是在“企业生态”中，通过资产与组织关系的界定与权衡，实现对资产运营风险的有效管控。可以从以下几个层面展开描述。

#### 4.2.3.1 风险管理的对象：资产风险

资产风险管理的对象是资产风险。从字面上看，这类似于同义反复。但就国有大型企业的资产风险管理而言，由于集团公司制的企业组织形式以及国有资产的持有目的，使得明确资产风险成为资产风险管理的首要目标，进而也使得国有大型企业的资产风险具有特殊性。

其一，资产风险特指在集团公司制下国有资产面对的风险因素。对于国有大型企业的资产风险管理，首先必须参考一般意义上的企业风险管理对资产风险的界定与分类，这是展开规范研究的基础。按照前文的研究，在一般的资产风险管理中，资产权益的完整性是风险管理关注的重点。对于国有大型企业资产风险管理的研究，也应当从这一前提出发，这是研究可以在比较的意义上得以展开的理论基础。同时，也必须明确，无论是资产面对的物理性风险还是价值性风险，在国有大型企业这一特定的组织平台和行动集团而言，在分类上显然具有特殊性。特别是在风险分类方面，不能拘泥于一般意义上的风险分类，而是在国有大型企业的企业生态中，根据面对的现实问题展开具体的针对性研究。

其二，资产风险的识别，受到资产持有目的和组织形态的双重约束。要对资产风险进行管理，风险识别是管理活动的第一步。国有资产的特殊性既在于其资产持有目的，也在于其承载组织的具体形态。因此，在资产风险识别中，必须充分考虑这两个约束条件。具体来说，不同的资产持有目的必然会带来不同的风险偏好，不同的企业组织形态也会造成资产风险控制手段的差异，由此在风险识别方面都会形成差别。辨识这些差异，是国有大型企业资产风险管理的重要工作内容。同时，在实践中由于国有资产外部性监管的制度存在，使得资产风险的识别具有一定的外在强制性，在企业资产风险管理中，对于这一外部强制性也要有充分的考虑。

其三，资产风险的管理与控制，并不以资产风险计量为基本条件。在理论中的风险管理是以风险定价为前提的。而风险定价的基础是风险的可测度性。从实践上看，并非所有的风险都可以测度，但这并没有影响到风险的定价和交易。因此，站在管理的角度看资产风险管理和纯粹理论意义的风险管理并不一致。本研究所探讨的国有大型企业资产风险管理，在更为全面的意义上，是管理视角上的风险，即在管理实践中发现、在治理权衡过程中确认的风险，这些风险的来源既可以是市场性的，也可以是非市场性的。管理与控制风险，就是要通过综合的管理举措降低风险事件发生的可能性与带来损失的规模。

4.2.3.2 风险管理的策略：组织与市场

国有大型企业资产风险管理的策略，包括了组织与市场两个角度。按照前文的理论研究，这两个策略得以协调统一的基础，在于资产风险的定价及其管理。可以在组织内部得到应对的风险，通过资产风险的市场化定价模拟，以内部交换的方式加以管理与控制；超过了企业组织边界的资产风险，则在真实的市场中通过市场竞价的方式来获得资产风险定价，以交换的方式来加以应对。这是国有大型企业资产风险管理的两个基本的策略。

组织策略的根本目的在于提高企业的资产风险自担能力。组织策略对于资产风险管理的有效性，是国有资产以集团公司制企业存在的根本原因。企业组织作为平台，在承载国有资产的同时，也通过形式、结构、内部关系、治理等内容及其变化，对国有资产的风险管理起着不可或缺的作用。组织策略的运用，既在于拓展企业组织这一平台的宽度，使得其能够在满足效率的条件下承载更多的国有资产，还在于提高企业组织这一平台的深度，使得资产的风险管理可以通过企业内部的交易活动加以实现。这两个方面作用的发挥，使得企业能够在自身可控的范围内实现资产风险自担。因此，组织策略的重点，一在于构建起合理的企业组织空间结构，为容纳更多的国有资产创造规范的空间条件；二在于构建起规范的企业内部组织交换机制，为国有资产在企业内部的模拟市场化配置创造可遵循的制度条件；三在于构建起规范的企业资产风险管理体系，为风险管理在企业管理中的贯彻与落实创造条件。对于国有大型企业资产风险管理中组织策略的具体运用，将放在研究的对策部分加以展开研究。

市场策略的根本目的在于完善企业的资产风险分散机制。市场策略在国有大型企业中的执行与运用，是资产风险管理走向规范化的必然要求。必须要认识到，尽管在具体的资产风险控制实践中资产风险千差万别，风险管理的对策必然锁定特定风险，也表现出较大的差异性。但如果仅强调差异性，不在差异性过程中主动地发现其中的共性，那么资产的风险管理就是企业独特的行为，这种行为要在市场中得到确认，就很难在特定的风险交易市场中实现，只能间接地在产品市场中加以实现。由于缺乏结果和原因之间的直接联系，资产风险管理的重要性就难以体现。要使得企业有特异性的风险管理活动为外部市场所认同，必须对资产在企业内外部的配置行为进行彻底的市场化模拟。有了市场化模拟，才可能会有在企业与企业之间进行风险控制比较的可能性，才能在资本市场中及时实现资产所蕴含的风险价值，也才有可能通过积极参与外部市场，实现企业内部风险向外部分散的实现机制。

组织策略与市场策略存在替代关系。按照产权理论，企业作为一种由多种契约叠加形成的组织，与市场化交易活动之间的差异，仅仅在于企业通过管理效率、提高，实现了过去的外部收益为主的格局向以内部收益为主的格局的转换。组织策略是市场策略在企业内部的延伸，两者统一于资产的定价。从管理的角度来看，可以在组织内部通过策略的运用，就能对资产风险进行有效管理，就不需要在市场策略上大动干戈，反之亦然，市场策略运行有效，组织策略也可以保持在较低的水平上。作为资产风险管理的实施主体要对这两种策略有足够的认知与把握。

#### 4.2.3.3 资产风险管理的原则：四个优先性

集团公司制下的国有企业资产风险管理，要有效运用组织策略与市场策略，在管理实践中，必须把握以下四个原则，可以归纳为四个优先性。

第一，制度优先。规范的资产风险管理是首要的要求。不刻意追求短期效益，不刻意追求管理的特异性，把规范性制度建设作为企业资产风险管理的首要目标，通过规范性的制度建设将资产风险管理作为一个管理体系的可置信度，进而通过可置信度的提高来巩固管理效率，在管理效率持续提升中实现对资产风险的有效管控。

第二，定价优先。形成企业内外统一的资产定价，并以定价为基础，实施资产风险管理，是管理的先决条件。国有企业的资产风险管理，无论是内部的组织策略还是外部的市场策略，都必须以资产定价机制及其运作为基本条件。同时，资产定价的动态变化，也是资产风险管理最为重要的参照指标。

第三，市场优先。资产风险管理以市场作为管理活动的边界，是国有企业资产风险管理活动的空间界定。能够在哪一个层次的市场中进行资产交易活动，直接反映企业资产风险管理的能力。同时，市场在资产内外部定价中是否有可实现的竞争性机制，也是资产风险管理能否真正实现风险控制的关键。因此，必须以包括资本市场、产品市场乃至劳动市场在内的所有市场为最为宽泛的市场选择空间，来整体思考资产风险管理的机制设计与策略选择。

第四，控制优先。预防性控制而不是应急式处置，是企业资产风险管理的重点。不能等到风险事件业已发生，才开始紧急行动，进行危机处置。资产的风险管理，关键性的活动，都是围绕着防患于未然的目的展开的。同时，作为企业资产运营的必然构成部分，风险管理要实现的是对重大的企业资产活动的风险管控，使得资产活动的展开更具效率。控制风险因素对资产价格产生过大的负面影响，是资产风险管理的另外一个使命。所有这些都要求在资产运营活动之前、过程中和之后，都有一系列的保障机制，确保风险被控制在可以接受的范围内。

## 4.3 国有大型企业资产风险因素分析

在对国有大型企业的组织特质进行制度性研究的基础上，可以对国有大型企业面临的资产风险进行分门别类的具体研究。通过这一研究，明确了国有大型企业资产风险的一般性描述，同时，结合具体的案例，可以对特定的风险及其产生源进行比较。

### 4.3.1 国有大型企业资产的“类风险”及其分类

按照前文对企业风险类别的研究，国有大型企业所面对的风险可以分为三个大的类别，即权益风险、运营风险和市场风险。这三个方面的风险可以被称之为“类风险”。之所以这样划分是因为从整体上看，国有资产的运营实际上包括了资产监管和企业管理两个层面。资产的风险管理，既在企业内部，也必然会跨越企业治理的边界。简单地站在监管或者企业层面来谈资产风险管理，都有失偏颇。有必要采取一个统一的框架，使得监管层面的资产风险管理与企业管理层面的风险管理，能够在一个合乎逻辑、契合管理实际的理论框架下得到研究。

管理领域的风险研究，往往对风险有规范的界定，主要包括了经营风险、操作风险、市场风险、信用风险、财务风险、市场风险、法律风险、政治风险，等等。在研究和管理的实践中，针对不同的风险有不同的应对措施。这些研究在管理实践中有操作上的价值，但在理论中，缺失的理论对于风险的研究陷于碎片化的状态。不同的风险之间如何合并、叠加，如何形成一种整体上的基于现实风险而非主观认识的风险态度，这些问题在目前的风险管理实践和理论中都无法找到答案。更为突出的问题在于，企业风险与资产风险在目前的企业资产风险管理中的差异并没有被引起重视，往往将资产风险管理纳入企业风险管理的领域中，进行不加区分的研究与管理。这些研究缺陷的存在，使得资产风险尽管在实践中已经成为显性问题，但在理论中却缺乏规范的研究基础，进而导致管理中风险管控一直不能在企业管理中扮演更为应有的、重要的角色。客观地说，“类风险”并不是具体的风险，而是资产风险管理过程中，风险存在的领域性界定。这样界定的必要性在于，提高研究的整体性，使得在管理研究中碎片化的风险管理，能够形成一个较为完整的研究对象体系。

#### 4.3.1.1 权益风险及其分类

“类风险”的提出，并非仅仅针对承载国有资产的企业组织，而是对企业资产管理所面对风险的一般性表述。在权益风险方面，任何资产在注入企业这一组织平台之时，都会有权益转移、持有、变化的问题。例如家族式企业、完全股份化的公司，尽管资本来源有差异，但权益的转移是必然发生的，转移的执行就会产生权益结构的非预期性变化，进而形成风险。同样地，企业组织内部的资产配置变化，企业间的兼并与重组，都会带来权益结构的变化。这些变化是显性、可测度的，其结果不仅仅是资产结构的变化，而且会体现在资产权益的各个方面，例如使用权、收益权、所有权、处置权，等等。再例如，股份制公司资产权益的变化会直接体现在估价的变化上。

权益风险主要关注的是资产权益的完整性。在企业组织平台上，资产的权益并非一个完全清晰的范畴，其中一部分由企业生产经营的管理制度所决定，另一方面则由企业涉及资产的市场和组织行为所决定。前一部分资产权益的实现与否，通过与既有制度的对比就可以明确发现，并通过强化监督予以弥补。因此，从资产风险的防控而言，这方面并不存在太大的难度。如果出现失控导致资产权益缺失现象，显然只有一个原因，即企业组织管理完全失效。由此也就提出了权益风险的第一个具体的风险因素，即组织风险。

对于后一部分的资产权益而言，本身就是一种“剩余”的权益，即如果存在一个资产权益整体的话，那么扣除企业管理制度所明确的资产权益之后的资产权益，就是所谓的“剩余”权益。这一提法本身只是为了便于理解。实质上，“剩余”的资产权益是在企业管理制度下无法明确、只能在资产运营过程中加以动态决定的权益，这类权益本身就具有不确定性。这种不确定的权益在以下几种情况下，会造成资产权益的缺失。其一，外部风险。即由投入企业的资产的所有者不当行为导致的资产风险。对于国有资产而言，过于强烈的外部监管，尤其是在外部监管实质上替代了企业生产经营的情况下，就会形成外部风险。其二，内部控制风险。这是与外部风险对应的风险因素。由于企业的内部人通过某种手段，实际上获得了过大的资产控制权，并以此损害资产应有的权益完整性。其三，改制风险。基于国有企业当前乃至未来必然会发生的企业改革，资产权益在转移和结构调整过程中会出现不可预期的变化所形成的风险。当然，即使对于私人企业而言，改制风险客观上也是存在的，在企业由小到大的过程中，企业规模的扩大要求的权益结构改革，实际上也是改制风险。

因此，在权益风险这一“类风险”之下，存在着组织风险、外部风险、内部控制风险和改革风险四个基本的风险因素。就国有资产监管而言，对于权益风险的分析和研究是非常重要的内容。监管正是在对国有资产权益有明确认识的基础上，才能得以顺利地展开。从监管的角度看，关注组织风险，就是要对国有大型企业这一企业组织平台进行评估，在明确企业资产管理有效性的基础上，找到管理漏洞，提高管理效率；关注外部风险，就是要对国有资产监管进行自我评估，对监管行为如何作用于企业组织的具体活动进行机制分析，找到风险源，降低负面效应；关注内部风险，就是要找到通过监管，限制企业管理层滥用资产谋取不当利益的策略与办法，提高监管效率；关注改制风险，就是在重视企业组织主动调整的同时，堵住资产的改制过程中出现权益缺失或者流失的制度性、交易性漏洞。

#### 4.3.1.2 运营风险及其分类

按照前文的分析，运营风险是指国有资产在企业组织平台上，运营中所面临的风险，是从资产的角度，对企业资产风险管理进行评估过程中发现并加以应对的风险。可以从定价、风险相容、匹配和应对等四个方面加以衡量和识别。这四个方面的条件，对于企业的资产风险管理而言，必须同时具备，有些是风险管理本身可以在管理过程中逐步形成的，例如风险相容和应对，有些则不能，例如定价和匹配。核心问题在于定价。如果一项资产在企业内部没有一个明确的交换价格，资产的风险管理就无从谈起，即使有，也无法衡量管理的效率。定价并非仅仅在企业内部就可以实现。匹配是先决条件，资产如果无法与企业的性质相适应，就无从发挥其职能，资产的风险管理就是无的放矢。

并不是企业所拥有的所有风险都必须要纳入到运营风险中加以探讨。这里必须对资产有所选择。只有那些在企业资产运营中处于活跃状态的资产，才有必要对其进行针对性的风险管理。判断资产的活跃状态，可以使用下列几个指标，将企业资产划分为以下几个级别。其一，交易活跃资产。资产是否正在处于或者即将进入市场交易活动。在交易活动中的企业资产，是风险管理需要高度关注的资产。这类资产，在运营风险管理过程中，为第一级的资产，处于策略优先的地位。其二，规模显著资产。规模大小是否达到企业所设定的重要水平。例如在本研究案例中的 B 企业的固定资产，就属于这种情况。这类资产是第二级的资产，是风险管理制度需要通过制度对管理进行规范的资产类别。其三，交易敏感资产。在过去的一段时间内，例如 1 年或者 3 年，某项资产涉及的交易次数，达到了企业所设定的重要水平。这类资产是第三级的资产，在资产的风险管理，属于具有风险敏感性的资产。其四，管理漏洞资产。风险管理测试无效的资产，即在以上 3 类资产之外，且企业当前的风险管理无效的资产，是第四级资产。其五，其他资产。除开以上 4 类资产之外的其他资产，为第五级资产。通过以上的分级，使得资产的运营风险管理，可以在更为系统、更具针对性的策略空间中加以展开。

对于每一级资产，运营风险的管理需要确定资产所面临的具体风险。这些具体的风险包括了财务风险、操作风险、技术风险等可以在经济价值层面上得到判断和处理的风险，也包括了法律风险、政治风险等无法通过经济价值、手段加以判断和处理的风险。对于这些具体的风险，在风险管理的一般性表述中，已经有足够深入和详细的描述，在此不予赘述。企业在资产运营的过程中，要以企业组织为平台，以资产交易活动为边界，对运营风险进行识别和判断。

#### 4.3.1.3 市场风险及其分类

市场风险是指企业组织所管理的资产，其经济价值在市场中的可实现程度，经济价值越大，市场可实现程度越低，资产所面临的市场风险越大。在这样的情况下，只要市场上该类资产的价格出现大幅波动，而企业的资产又不能对价格的显著波动做出反映，那么资产就会面临较大的市场风险。市场风险所衡量的，是资产从市场进入企业后，与原来在市场中的价值的波动。通过对价值波动的研究，来判断企业作为组织平台，在资产价值方面所施加的影响。

从定价角度看，企业的资产可以分为以下几类。其一，可交易资产。完全市场化定价资产。这类资产存在着可以获得的市场即时交易价格，价格的高低可观察；同时，只要有交易的一项，这类资产就可以在市场中实现交易。其二，可模拟交易资产。企业组织内资产价格模拟有效的资产。尽管这类资产在市场中的即时交易发生的可能性不大，但完善的治理结构和企业组织架构，使得资产在企业内的内部交易以及其结果，都可以加以完全的实现。其三，半市场化的资产。这些资产，一种情况是缺乏价格或者可以被认同的定价机制，第二种情况是尽管有资产价格，但在需要的情况下，难以实现市场化交易，需要特殊的金融工具。其四，不可交易资产。缺乏必要的资产定价或者机制，无法得到资产价格，从而也完全无法实现市场交易。

针对不同的资产类别，有不同的风险。总体而言，可以从以下几类风险来对企业资产所面临的市场风险做出综合判断。其一，流动性风险，即在需要通过市场实现资产形式、权益变化的时候，无法实现交易的风险。流动性风险可以通过是否存在相应的资产交易市场来加以判断。其二，价格风险，即市场出现非预期变化导致的资产价格的大幅变动。价格风险需要通过对市场走势的预判来加以判断。但这种判断缺乏足够的可信度，特别是对短期的非预期资产价格波动而言，更是如此。因此，价格风险更多的是基于历史趋势的判断，关于对那些价格波动频繁的资产，在资产风险管理过程中要特别关注并给予专门的预防性应对。其三，定价风险，即在资产定价机制及其执行过程中，存在必要的市场介入或者模拟机制，导致定价远远偏离企业资产的实际价值的情况。关于定价风险的判断，并不能通过某一指标体系就能实现。而是在实际操作中，必须通过定期的资产评估，得到资产的公允价值，再根据这一公允价值来对随后进行的资产定价进行判断。

以上三种“类风险”的描述，是对企业资产风险管理面对的风险问题的理论表述。这三种类风险，覆盖了资产从市场到企业、再从企业到市场的运动过程，兼顾了资产监管主体、资产管理主体、资产所有主体三方侧重点不同的风险偏好，从而在资产风险管理层面上，形成了利益相关者共同参与风险治理的理论架构，为下一步对国有资产风险源和风险因素的分析奠定了基础。

### 4.3.2 国有大型企业资产风险源分析

国有资产的运动，作为一个过程，存在着权益、运营和市场三个方面的不确定性。这三个方面的不确定性，既来源于资产作为市场活动客体之一的本来属性，也在于“国有”的特定所有者的界定。除开一般性资产风险外，从这三个方面的不确定性出发，可以找到国有资产风险源所在。

#### 4.3.2.1 资产固有风险源：国有资产的属性界定缺乏可靠的预期

从计划经济时期国有资产与国有企业密不可分、占据绝对主体地位的“全能型”国有资产，到目前的资产监管与企业运营相对分离、国有资产更多地集中在战略指向的产业的“功能型”国有资产，国有资产的属性也相应地从完全没有必要界定的状态到相对明确的状态。在今天的社会主义市场经济中，国有资产的属性，首先是属于全民所有的共同财富，其次也是承担专项任务、宏观调控职责的资本，同时还是承担社会责任的首要主体。这些属性，并非政策文件的规定，而是发展现实状况的需求所致。

但是，无论是以上这三个方面的哪一个，国有资产目前的属性显现，都并非完全清晰。其一，作为全民所有的共同财富，应该以哪一种形式、在哪一个发展阶段上才能真正惠及全民，既缺乏历史的参照，也缺乏现实的案例比较。作为改革发展结果并且还在日益庞大的国有资产，在未来应该以社会保障性资产、房地产资产还是实体产业资产的属性，为全民所共有，社会的认识差异也非常大。其二，作为承担专项任务、宏观调控职责的资本，国有资产在过去的发展历程中，一直发挥着不可替代的作用。但这一职责的发挥，是以社会主义市场经济制度日益完善、宏观经济经历了十年之久的上行态势、国有资产实现了大规模的扩张作为前提条件的。在经济发展新常态之下，这一职责的发挥，是否还能如过去一样有效，是值得认真思考的问题。其三，作为承办社会责任的首要主体，国有资产、国有企业在中西部地区的重点投入，在自然灾害应对过程中的积极作为，都是可圈可点的成绩。但随着工业化进程进入后期阶段，大规模的投入效率下降，国有资产是否有必要再进行这样的投入活动，需要重新评估。对于其他社会责任的积极履行，是企业的责任，但绝不是企业的主要责任。在国有资产的属性描述中，也并没有必要将其作为必要的内容，囊括进来。

这些并不完全清晰的属性描述，反映的是作为公共财富的国有资产应该如何使用这一问题，还缺乏制度性回答。之所以缺乏答案，并不在于没有解决方案，而是现实的国有资产状况，无法对提出的方案提供行之有效的支持。相对分离的国有资产与国有企业，在资产与企业之间，联系密切，但边界不清晰，资产的边界、企业的边界在哪里，没有规范的市场交易决定。相当部分的国有资产，市场化程度依然不够，离开了国有企业这一平台，就失去了作为国有资产的基本依据。简而言之，现实的状态是，国有资产必须要依赖于国有企业这一组织平台，否则资产的属性就难以明确，其权益必然就是缺失的。而反过来，高度依赖于国有企业的国有资产，又对企业组织平台形成了限制。离开了国有企业，就无法实现国有资产的市场化运营，离开了国有资产，也就没有所谓的国有企业，这种相互的限制，使得真正意义上的解决方案难以落实。

要明确国有资产的属性，并将其在社会主义市场经济体制中的作用加以明确，是国有资产管理的关键所在。要明确这一点，在理论上必须回答相互关联的两个问题，即第一，有没有国有资产可以不采用国有企业这一组织平台就能存在并实现其功能？第二，有没有没有国有资产的国有企业？对于第一个问题，可以退一步来看，例如，如果国有资产完全实现金融化，成为金融资产，是否可行？如果不考虑目前国有资产的规模，仅仅从保值增值的角度看，理论上是可行的。但现实情况是，国有资产的规模很大，如果完全实现金融化，大规模的资产形态变化，对实体经济、对私营经济会形成多大的冲击，可能完全无法衡量。显然是不可行的。再以混合所有制改革为例，混合所有制改革，是否就是要放弃国有资产的国有企业形式？无论是从政策上还是理论上，对于这一问题的回答都是否定的。从政策上看，国有企业改革重点推进的混合所有制，对于混合所有制改革发生的形式、条件，有较为严格的规定。如若不然，通过抓大放小等一系列改革举措好不容易集中起来的国有资产，又会在无约束的混合所有制下再次走向分散，使得既往的改革付之东流。从理论上看，如果混合所有制改革最终增加了国有资产的管理难度和成本，那么这一改革就缺乏实践深化的根本依据。因此，混合所有制改革，必须以不改变国有资产走向更为集中的趋势为条件。从以上这两种情况看，目前的国有资产还无法脱离国有企业这个组织平台。因此，第一个问题的答案，至少就目前来说，是否定的。

第二个问题实际上是一个理论中的理想状态。如果国有资产被赋予的职能，通过除开国家所有之外的其他所有性质的资产和企业也可以实现，那些履行职能的资产和企业也可以被称之为国有企业。在有些特定的条件下，这种情况并非不可能，例如承担特定生产任务或者市场业务的私营企业，在其执行任务或者从事相关业务时，实际上发挥的就是国有企业的部分职能。客观地讲，这是一种管理模式。这种管理模式下，确实不存在我们理解意义上的国有企业，但企业不存在，相关的需要由企业来完成的职能并不是就不存在了。而是这种职能的发挥基于市场合同关系的，例如通过政府外包、采购合同，将相关的任务通过市场让企业来做。这种做法的优势在于政府的边界较为清楚，管理上责任更容易厘清。但缺点也非常明显，即对于合同执行目的乃至具体细节的管理工作，都放在了代表国家做出订立合同决策的政府一方。这种管理工作对于政府而言，也并非一项容易的工作，它不仅涉及合同的具体日常管理，还会涉及因为政府合同导致的社会经济关系的调整以及大量的政府合同的叠加，导致的合同关系的综合效应的评估与把握等问题。这里面的管理漏洞与风险显而易见。以国有企业作为特定的企业，来统筹执行国家要求企业来执行的相关职能，是另外一种模式，这种模式的好处和缺陷，在我国社会主义市场经济的发展历程中，已经有过多次实践的延展和理论的证明，在此无须赘述。只需要在两种模式的比较意义上言明一点，即与基于合同的市场关系比较而言，依托国有企业的模式，职能发挥主体更为明确、渠道更为清晰。在政府与市场之间存在的国有企业群体及其业务关系，使得政府对经济社会的调控有了一个传导层，从而政策正面效应的放大和负面效应的缩小，都可以在传导层加以实现。在当前模式下，要采用第一种模式，还存在现实的困难。例如私营经济发展依然不够充分，缺乏有实力的企业群体和以私营企业为主体的完善产业体系；再例如政府改革尚未到位，对于完全依靠市场来实现调控还不熟悉；等等。采用第二种模式成为必然的选择。也就是说，在当前的发展阶段上，没有国有资产的国有企业是不存在的。只要是国有企业，就一定有国有资产。这是当前我国国有企业的阶段性特征。

在以上两个问题的基础上可以发现，国有资产的属性会随着发展阶段的变化而变迁。在当前的发展阶段上，高度集中的国有资产与国有企业的密不可分是国有资产的一个较为重要的属性。这一属性界定的背后，是国有资产所承担的发展与调控职能。但是这一属性在未来是会改变的。这种改变的发生，会成为国有资产风险源之一。由此可能会形成的风险因素包括以下几个方面。其一，国有资产存在领域的大幅度调整。其二，国有资产存在形式的大幅度调整。其三，国有资产进一步的大规模集中。对于这些风险因素，将在下一部分，结合国有资产的实际情况，加以具体分析。

4.3.2.2　改革风险源：国有企业改革尚未完成

国有企业作为一个企业组织平台，其“国有”称谓的持续使用，且在未来相当长时间内还将继续作为与“私有”对应的企业属性界定，充分说明了国有企业改革还任重道远。这一持续推进的改革进程，不仅是国有企业组织不断完善、不断提高市场化程度的过程，也是对国有企业认识不断深化、管制效率不断提高的过程。在未来五年，国有企业改革依然是我国社会主义市场经济体制改革的核心命题，是左右我国经济社会发展走向的关键事件。以下几个重大问题的判断与选择，将决定国有企业改革的成败，进而对国有资产的管理产生影响。

第一，市场化的改革方向必须坚持。从实践的角度看，国有企业改革之所以在20世纪90年代中期以后取得了引人注目的成果，“新国企”作为中国经济的代表性力量，能够活跃在国际市场中，就在于坚定不移地走了市场化的改革发展道路。这一点，无论在现在、未来会遇到什么样的难题与矛盾，都不能改变。市场优胜劣汰的竞争规律，无论从哪个层面上看，对于国有企业这样必须要面对市场的组织而言，其益处都是大于害处的。过去的实践已经证明，无论是在经济发展的繁荣期还是萧条期，阻断市场化改革，都不会有好的结果。在繁荣期这么做，则企业实现的经济效益往往事倍功半。在萧条期这么做，则无异于自杀。有了市场化作为前提条件、作为方向指引，国有企业改革才有实施的必要性，才有继续推进的参照系和理论基础。也正是在这一意义上，我们才能够说，国有企业的改革目的，就是要通过市场的作用，提高企业的经营效益。从国有企业的现实情况看，中央企业的市场化改革做得相对较好，形成了包括混合所有制、现代企业制度、公司治理等实践经验。地方国有企业则良莠不齐，特别是在欠发达地区，差距更大。这种整体性的差异，充分说明了国有企业市场化改革的重大现实意义。市场化改革不是一句宣传口号，而是对国有企业改革举措的整体界定。未来的国有企业市场化改革，就要从目前那些经营效率低下的企业开始，就要从地方国有企业整体上表现相对不够高的区域开始。

第二，市场化改革的具体内容有相对大的灵活性，在强调一致性的同时，有必要充分地强调不同企业之间的差异。什么是国有企业的市场化改革？实践的推进早已超越了单一的理论表述，整齐划一的企业改革，在过去整体由计划向市场转轨的进程中，可能是有效的。但在目前，再这样去理解国有企业改革，已经与现实不符。其一，发展阶段不同。我国的工业化已进入后期，大规模的项目和基础设施投资已经接近尾声，企业市场行为的多样化，已成为常态。其二，国有资产规模迅速扩大，国有企业作为承载国有资产的组织平台，承担的资产运营职能对企业的组织形成提出了新的要求。其三，区域之间、行业之间、金融与实体企业之间的差异非常明显，所处的改革阶段也有重大差异，不可能有针对所有企业的一致性方案。在新的国有企业改革方案中，已经非常明确地提出了分类改革的要求。对于不同类别的国有企业，实施不同的改革方案和不同的考核评价标准。这一改革措施的提出，本身就是对市场化改革实践经验的积极回应和应用。例如现代企业制度，对于那些已经建立起现代企业制度的大型企业来说，这一改革要求就不再适合作为下一轮改革的方案提出。但对那些在这方面还有欠缺的企业而言，则是相当必要的。如何去把握一致性与灵活性之间的关系以降低改革过程中的风险事件，可以把握的原则是：首先，从国有资产的角度去考虑改革进程的一致性问题。无论发展阶段如何变化、无论企业与企业之间情况差异有多大，但作为承载于其上的国有资产以及国有资产要实现的职能，并未变化。所以在国有企业改革的进程中，在涉及国有资产包括形态、结构、权益等任何形式的变化，都必须先考虑一致性要求，万变不离资产，这是市场化改革必须坚持的第一个原则。其次，从国有企业组织形式的角度去考虑市场化改革的灵活性问题。国有企业应当采用什么样的企业组织形式、管理模式，应当形成什么样的治理结构，则是一个高度依存状态的博弈过程，对于这一块，在国有企业改革中，应给予企业以及改革的主体以更为充分的自主权。把握这两条原则，就能够在市场化改革过程中有效管控改制带来的风险。

第三，国有企业的外部监管，需要探索更符合我国国情的新模式。从过去的“九龙治水”到国有资产监督管理委员会的成立，国有企业的监管经历了从分散管理到集中管理的变革过程。国资委成立至今已有十余年，国有资产外部监管模式业已建立并在国有企业改革、国有资产监管中发挥着不可替代的作用。中央企业的快速发展，也充分证明了国资委这一监管模式的有效性。在下一步的改革进程中，随着国有企业市场化改革的进一步深入，监管模式也存在进一步完善和调整的必要性。如何针对分属不同监管主体的地方国有企业，强化改革的领导？如何在企业快速变化的同时，对国有资产实施有效监管？如何进一步突出资本监管的职能等这些问题，都对国有资产监管体系提出了新的变革的要求。

以上三个方面的基本判断，为下一步国有企业改革勾勒了基本的空间，在这一空间中，随着改革的推进，会出现一些难以预料的新情况，导致风险事件的发生。主要包括：第一，国有企业“大而不能倒”；第二，企业改制失控；第三，新的国有企业与增量国有资产。这三个方面的风险性因素，笔者将在下一部分结合实际案例，展开具体研究和分析。

#### 4.3.2.3 管理风险源：资产风险管理尚未成为共识

自2006年国资委《中央企业全面风险管理指引》至今已十年有余。这十年时间，既是国有企业大发展的十年，也是国有企业管理逐渐完善的十年。风险管理作为管理的基本理念，在企业管理层面已有充分的认识。部分中央企业在全面风险管理制度建设和实践操作中，也有许多富有创造性的制度安排。但从整体上看，资产风险管理并未成为国有企业生产经营活动的基本内容，在治理和管理层面，对资产的风险管理都缺乏足够的共识。

企业的法人治理结构缺乏有针对性的资产风险控制制度安排。在企业治理层面，风险管理，尤其是围绕资产的风险管理，还没有在企业治理结构中有机制性的体现。之所以说是机制性的体现，在于许多企业可能在董事会下设置了内部审计或者风险管理委员会等，但在治理层面，却没有足够的、有能力参与风险管理的治理主体的参与。客观而言，在国资全资的情况下，资产的风险管理仅仅是一个管理技能的问题，即没有把握资产运营技术的合格管理人员，能否运用市场工具来实现资产运营。在这种情况下，管理是否有效，完全取决于管理人或团队是否恰当，是否有足够的动力去实施资产运营。这种管理模式，本身就是一种潜在风险巨大的管理模式：如果没有足够的制约去控制管理团队，那么管理失控的发生就是高概率事件。因此，一个资产的有效风险治理，必须要有有能力的风险治理参与方，即在资产风险管控方面，能够有效参与，并能切实承担起责任的治理参与方。这是国有企业混合所有制改革必须要实现的内容。对于国有全资的企业来说，这种治理的机制性要求，无法在企业治理层面加以实现，那么在国有资产监管层面上，就必须提出相应的风险管控的监管要求。由此，就必然会形成对国有资产监管模式的差异性要求。就目前的情况看，这一机制性，在部分国有企业中已经实现，但对国有企业整体而言，还存在较大的差异。

资产风险管理在企业内缺乏足够的必要性认识。国有企业在过去相当长一段时间内，受我国经济快速增长的带动，一直处于快速扩张的阶段。“三年脱困”以后，在企业管理层面，面对的更多问题是，应该如何进行更为有效的投资、规模更为庞大的项目建设。国家的产业发展战略明确产业的战略性投入方向，产业政策对重点发展产业实施倾斜，在财政资金和银行信贷方面给予支持，国有企业作为承担投入责任的企业主体，按照战略的安排，对相关产业进入投资、推动项目建设。这一投入模式运行极为顺利。其原因，主要在于这些基础性的项目投入符合我国经济发展阶段的要求，起到了积极的带动作用。在宏观调控的整体层面上来评价，项目建设的回馈极高。另外，不可忽视的是，由计划体制继承下来的国有企业群体，由于其组织上、资产上的国有属性以及在计划体制内自上而下的命令与执行的长期训练，在执行国家积极的产业发展战略方面具有天然优势。这一优势是在市场经济中发展起来的、私营企业无法比拟的。客观而言，国有企业在宏观调控和产业发展中扮演的积极角色，既是形成国有企业资产规模大规模扩张的原因，也形成了预期中的带动作用，带动了市场和私营经济的发展，外溢效应明显。但在企业管理层面上，重投入、重建设的发展模式，也留下了一些不容忽视的负面影响。例如，内部控制作用发挥不足，企业资产运营存在潜在的风险漏洞，且这类风险漏洞并不为管理层所重视；再例如，市场化的决策机制依然较为薄弱，决策权利与责任的匹配度依然不足；等等。这些资产市场化运营基础性保障机制的缺失，使得国有企业还无法在普遍和真实的意义上运行资产风险管理。同时，对于完善为什么要进行资产风险管理，在国有企业的管理层也缺乏共同的认识。这些问题的存在，就使得国有资产在国有企业中，依然更多地依赖于传统的体制加以监管和运营，缺乏体制创新和制度变革的内在的、市场化激励。

监管层面的资产风险控制缺乏合格的管理主体。在目前的国有资产监督管理体制下，国资委负有国有资产的监管责任。这一责任的落实，在“国资委加国有企业”两层组织结构下，按照制度的设计，资产的风险管理职能，或者由国资委委托特定国有企业实施，或者由国资委自行承担。从资产的风险管理而言，首先是企业的责任，这毋庸置疑。但在明确企业的责任之后，还必须要明确监管方作为治理参与者的责任与能力。在两层组织结构中，监管方的资产风险管理责任是明确的，不明确的是监管方的资产风险管理能力。监管主体的授权界定已经决定了监管主体不可能拥有应对风险的物质资源。但没有风险承担能力的监管方，在资产风险事件发生、出现风险损失的情况下，并无实际的能力来分担风险。这并不是一个合格的风险治理参与方应有的状态。没有风险承担能力就没有明确的风险偏好，也不可能根据自身的风险偏好而做出风险判断的决策能力。在这样的情况下，监管方实际上并无能力来参与风险治理。无论制度如何规定，实质上资产风险管理的责任和实施全部在国有企业身上。这种状态不改变，企业国有资产的风险管理就缺乏必要的风险管控主体。

资产风险管理在国有企业群体中的缺失，会形成以下几个方面的风险因素。其一，风险治理失效。其二，风险监管缺失。其三，风险管理不规范。对于这几个方面的风险因素，将在下文中，结合国有大型企业资产风险管理的运行机制展开分析。

#### 4.3.2.4 认知风险源：社会对国有企业、国有资产和国有经济缺乏足够的正确认知

国有资产、国有企业和国有经济，是描述我国公有制经济的三个不同的层次，是社会主义市场经济体系中不可分割的构成部分。在理论与规范的描述中，国有资产是共有财富的指称，国有企业是国有资产的主要存在形态，而国有经济则是国有企业经营的整体表现。但这仅仅是理论中的表达，而非现实的、能够被社会和公众接受的印象与认知。社会和公众对于国有资产、国有企业和国有经济的认知，主要来源于三个方面。

一是计划经济向市场经济转型的历史记忆。计划经济时期公有制经济运行的失败，是改革的重要原因之一。未推动改革，促进公有制与市场经济相结合，在宣传上曾经毫无避讳地曝光了公有制经济存在的经营困难。在理论上也反复运用市场竞争理论，对公有制企业作为一种企业组织形式的弊端进行了彻底的批判。客观说，这种宣传在当时确实起到了推动改革的作用，但对于公有制企业的社会认知，也肯定是极大的负面打击。必须要认识到，这种负面打击的影响至今犹在，以至于在社会舆论层面，“国有企业搞不好”“搞得好的国有企业都是靠政府、靠政策、靠银行”等观点，还有相当大的市场。2004 年成立国资委，国有资产运营成为社会关注的重点，但不久，“国进民退”的观点就受到社会的追捧。2008 年的金融危机以及随之而来的全球性经济萧条，我国通过 4 万亿投资率先走出危机，但伴随这一成绩而来的舆论，是对国有企业群体在这一过程中实施

的大规模投资的诟病。2015年，宏观调控提出“去僵尸企业”的调控目标，在社会舆论中，有意无意地总是把“僵尸企业”和国有企业挂起钩来。这些现象之所以连续出现，与转轨时期的负面宣传并非毫无关联。

二是国有企业、国有资产、国有经济在现实的经济活动中所发挥的作用。大规模布局于关系国计民生重点行业的国有资产、国有企业以及由此形成的国有经济，一方面由于处于产业上游，与市场的直接联系相对较少；另一方面由于企业资产规模庞大，项目众多，确实也存在管理“末梢失灵”的情况，这些情况的存在，使得社会公众对国有经济缺乏直观的、正确的认识。就真实的情况看，我国之所以能够保持持续的高度经济增长，与国家主导、主要由国有企业完成的大规模基础设施项目投资所产生的外溢效应有直接的关联。尽管在进入经济发展新常态之后，在原有领域进行大规模投入的外溢效应已经出现了明显的递减态势。但国有经济过去发挥的积极作用不容抹杀。同时也不能否认，在新经济形成、发展与壮大的过程中，国有经济还会在其他领域发挥更为重要和不可替代的作用。目前社会公众对于国有经济所发挥的作用，更多地集中于社会责任方面，例如在扶贫、救灾等社会救济方面，而对国有企业、国有资产、国有经济所承担的真正使命缺乏基本认识。只看懂国有企业做大做强，没有看到这种做大做强所形成的范围经济。只要求国有企业为地方出钱出力，不管国有企业并非慈善机构、也并非政府这一事实。这些不当认识之所以能够流行，既有改革不彻底的原因，也有国有企业整体发展战略指向的影响。

三是市场经济中各个不同的利益主体，基于自身的价值取向和利益考虑，利用不同的媒体、渠道，向公众传递的理念与观点。国有与私营之间，在社会舆论中的对立，是我国市场经济所有制格局的一种扭曲的写照。无论国有经济在整体上起到了什么样的带动作用，无论国有企业在目前有多么充足的存在理由，也无论国有资产在未来经济和社会的发展进程中还将承担多重要的职能，社会舆论，特别是被各种利益主体把控的舆论，总是把贬低、批评国有经济、国有企业、国有资产作为讨论问题的起点，作为论证自身合理、合法性的最为重要的理由。例如，一说到中小企业融资难，总要提起国有大型企业更容易获得银行信贷资金，而不说中小企业本身就不具备获得信贷资金的基本条件，给人感觉似乎是国有大型企业和银行联手，挤压了中小企业的融资空间。复杂问题的简单化回答，责任主体的简单粗暴界定，的确能赢得舆论的关注，但于问题的解决，根本于事无补。我们可以看到，在很多社会热点问题的探讨方面，类似的情况还在屡屡发生。

四是对于国有资产、国有企业和国有经济的正面宣传质量不高。要塑造国有企业、国有资产和国有经济的良好社会形象，既需要有事实为依据，需要改革与发展并举，提高国有经济的发展质量。也需要有高质量的宣传为手段，没有好的宣传，做得再好，却没有形成良好的社会形象，可以实现的效益也会大打折扣。就目前的情况看，一方面，我们在大力宣传国有经济的发展成就，而另外一方面，在社会舆论中，国有企业经营不善、濒临破产的新闻于报端频频出现。我们在大力宣传国有经济整体正面形象的同时，却没有对国有企业个体在经济下行期间的经营失败进行恰当的宣传应对。由此给社会公众造成印象：为什么国有经济那么好而国有企业那么差？进一步说，哪些国有企业好，哪些国有企业差呢？整体形象和个体形象的极大差异，只会损害整体形象。这种宣传策略如果不加改变，就不可能形成我们想要的国有企业整体形象。

社会公众对国有企业、国有资产和国有经济缺乏正确认识，会对国有资产的风险管控形成以下几个方面的风险因素。其一，风险放大效应。其二，风险传导效应。其三，风险管理无法实施。对于这些风险因素的分析，将结合资产运营的社会效应，在下一部分展开分析。

### 4.3.3 国有大型企业资产风险因素分析

按照对国有大型企业资产风险源的分析，我们可以得到一系列风险因素。这些风险因素又会通过哪些机制和渠道，形成真正的资产风险事件，是下一个需要研究的重要问题。本文认为，资产风险因素可以通过以下四个传导机制，形成真正的风险事件。

#### 4.3.3.1 资产固有风险因素与投资传导机制

作为负有特殊使命的资产，国有资产持有目的的战略性调整，会形成三类资产固有风险因素。其一，国有资产存在领域的大幅度调整。随着我国经济进入发展新常态，工业化进程基本结束。由传统工业化形成的投资浪潮已接近尾声。过去曾经在我国经济高度增长中扮演过重要角色的钢铁、水泥、煤炭等行业都已表现出极其明显的过剩问题。密布于传统行业的国有资产，实际上已经面临大幅度调整。这种调整是必然要实现的，国有资产不涉足新领域，就不会有新经济。调整目的是否清晰、方向选择是否正确、过程是否顺利等一系列问题，都存在重大的不确定性。就目前的情况看，我国经济体系中旧的产业联系、经济关系与市场关系被新经济削弱的态势越来越明显，但新的产业联系、经济关系与市场关系尚在培育中，还不能在整体上成为左右宏观经济走势的决定性力量。在这一时期，要找到适合国有资产存在的新领域，存在一定的难度。如果在执行上过于激进，进入一些目前尚在剧烈调整和变革中的新领域，例如以移动互联网为标志的网络经济，那么国有资产在其中会付出多大的成本才能实现显著的成果，是一个高度不确定的问题。而如果故步自封、不思进取，那么随着国有资产所在领域被新经济所淘汰，国有资产的价值也将被否定。因此，要实现国有资产存在领域的大幅度调整，就必须要对产业发展的未来方向有足够的把握。在把握不充分的情况下贸然发动，其结果必然是大规模的投资失败。在过去几年对一些产业的投资方面，这种状态已经表露无遗。

其二，国有资产存在形式的大幅度调整。在新的发展态势下，国有资产的存在形式，会有以下几种预期中的调整。一是随着国有企业分类改革的深化，存在于不同类型企业的国有资产，会出现不同程度的资本化，由此形成不同的市场化程度。竞争类的国有资产会通过企业整体上市等措施，成为价格明确的资本品，而公益类的国有资产，其首要的特征依然是其承担的功能。对于这两种不同形式的国有资产，尽管在形态上可能没有太大的差异，但在其使用上，会有重大的差别。二是新增的分散于政府部委的以企业形式存在的国有资产，在管理上归属于国资委。国资委要运营这些国有资产，也要通过市场化的企业组织来实现，由此会形成新的国有资产兼并重组活动，进而改变原来的国有资产存在形式。三是中央管理的国有企业和地方管理的国有企业之间的相互投资活动，也会改变原来的国有资产隶属结构和国有资产形式，形成更为复杂的资产管理结构。这些资产形式的变化及其过程，会造成国有资产流失、效率下滑、职能承担能力下降等问题，因此，需要引起高度重视。

其三，国有资产进一步的大规模集中。促进国有资产集中是过去国有企业改革发展进程中形成的宝贵经验。在“十三五”期间，国有资产进一步集中的态势会非常明显。从国有资产监管的角度看，集中会带来三个方面的影响，一是集中于一家或者几家的大规模国有资产，会造成巨大的国有企业，其能力远超其监管机构。由此会出现的情况是，监管机构对这些国有企业的监管将会名存实亡。二是大规模集中所形成的兼并重组浪潮，会形成资产监管漏洞。三是伴随大规模集中的国有资产海外投资浪潮，也会形成非常突出的资产监管问题。

所有这三个方面的风险因素，还将形成真实的风险事件，这都必须通过投资活动才能得以实现。因此投资作为一种机制，是这类风险因素得以形成、传导的基本条件。投资活动的质量高低是决定资产风险大小的关键。一般而言，竞争、分散、目标明确、企业自主主导、过程可控的投资活动，其资产活动的风险自然就小，而非竞争性、集中、目标模糊、企业不能自主决策、过程失控的投资活动，其资产活动的风险必然就大。同时，过去的经验也告诉我们，大量的国有资产在一个很短的时期，就集中投入到一个或者两个产业，看似繁荣，实则浪费，资产运营的整体效率十分低下，风险极大。因此，就投资机制而言，可以从两个层面上看待资产风险。一方面，在国有资产整体层面上，投资活动的战略性方向、结构和决策机制要有明确的界定。不能哪里赚钱就往哪里去，作为具有国家背景的资产，投入要服务国家产业体系发展的整体目标。不能搞一窝蜂，要形成可持续的战略规划，对聚焦的重点产业进行持续投资。投资活动的分散决策机制要落实，不能越俎代庖，监管机构或者政府要直接干预企业投资决策。另一方面，从资产风险管理角度看，对于重要的投资活动，要有切实的过程控制和结果评估。对于重大的投资决策失误，要有预判和应对。同时，要在企业组织层面上，形成“隔离带”，不能让投资失误导致的风险事件向企业外扩散。

#### 4.3.3.2 改革风险因素与政策传导机制

从过去的国有企业改革经验和当前的改革任务来看，“十三五”期间推进的国有企业改革，主要面临的风险因素包括以下三类。

第一，国有企业“大而不能倒”。改革承载国有资产的国有企业，其根本目的在于提高企业组织承载国有资产的效率。从这一目的上看，只要国有资产可以保持完整，没有什么样的国有企业组织是不能在改革中破产倒闭的。从现实的情况看，这仅仅是一种理论的状态。资产与企业组织的结合，本身是基于市场交换和契约关系而形成的。资产与企业组织要脱离，也必须通过市场交换，打断已经订立的契约关系才能成立。无论是前者还是后者，在实施过程中都会面临完全不可预期的矛盾与困难。也正因为如此，“大而不能倒”往往是国有大型企业的常态。一旦企业“大而不能倒”，改革本身的方案选择就会面临重大约束。例如，在市场环境下，完全可以通过破产倒闭、在一个较短的时期内完成的产业结构调整，会因为企业无法倒闭而延长周期；一些由于技术落后已经完全丧失了市场价值的资产和企业，却因为就业、土地等其他问题的存在而不断获得财务支持。无论是从国有资产的整体运营上看，还是企业国有资产的管理上看，这些都存在重大的风险隐患。

第二，企业改制失控。国有企业改制失控，是国有企业改革历史中曾经出现的情况。有的是方向性失控，本来的目标是国有资产集中和做大做强，实际的结果却是区域性国有资产大量流失。有的是操作性失控，企业兼并重组过程中资产定价机制缺失导致国有资产严重被低估。有的是管理性失控，现代企业制度、公司制度名存实亡，以改制为旗号，通过企业组织形态的变化将国有资产纳入自己的腰包。有的是社会性失控，改制过程中，原来企业中的利益结构被打破，由此形成社会性冲突。这些问题，在过去的国有企业改革中，都有非常典型的案例。在新一轮的国有企业改革过程中，对于改制失控问题，要在事前就引起高度重视。必须在行动前统一对改革的认识，明确改革过程中存在的可能风险，并形成应对的预案。要注重把改革与国有资产存在领域的战略性调整结合起来，与国有资产职能变化的方向结合起来，严密防控风险。

第三，新的国有企业与增量国有资产。在过去的发展中，不仅有不断壮大的已有国有企业，还有不断出现的新增国有企业。已有国有企业中的增量国有资产，应该在一个什么样的程度上继续走集中的态势，是一个实践中尚未明确的问题。新增国有企业，特别是在各种融资平台基础上发展起来的国有企业，则是资产风险管理必须要关注的重点。这些国有企业未必个个都有足够大的规模，但这些国有企业往往活跃在经济活动较为密集、频繁的产业和领域内。尤其是那些在近年来通过各类产业投资基金发展起来的国有企业，由于投资领域大多是新兴产业，更是资产风险的集中点。对于这些新增的国有企业和国有资产，资产风险控制要面对的问题是，在监管的整体层面上，如何动态把握新增企业和资产的情况，并实施有效的管理；在国有企业层面上，如何确保企业的资产风险，在企业可以承受的范围内。换言之，这些国有企业如何才能实现自负盈亏，而不是从事远远超出自身实力的高风险活动。这些有效管理要能够实现，本质上还是一个改革问题。即目前的监管，对于新增国有企业和国有资产，应对起来还是显得能力不够。

对于改制风险因素，其出现和形成风险事件，基本条件还在于改革措施的出台与执行。没有改革的推进，没有政策的调整，就无所谓改制风险。首先是改革的方向与措施。从目前的情况看，新的国有企业改革意见已经出台，各个地区的落实方案也已先后发布。措施已经明确。这方面没有太大的歧义。其次是改革的执行。是整齐划一的全面推进，还是一企一策的具体执行，目前还没有定论。从实际情况看，企业千差万别，很多企业在市场竞争中已经形成了独特的竞争优势。例如在调研中发现的过去做制造业的 E 企业，由于所处地理位置较好，在原有的制造业基础上发展出了一个规模庞大的专业化市场，目前 E 企业的主业已经由制造业转向了专业化市场的运营。E 企业的改制较为滞后，从企业组织形式上看，现代公司制还未在 E 企业落实。其管理部门，也不是国有资产监督管理部门，而是依然归属于某一部门。面对新一轮的改革，E 企业对落实公司制较为积极，但对要划归国有资产监督管理部门，则认为不习惯、不熟悉，认为这种划拨会导致 E 企业的专业化市场运营能力受损。这一案例所反映的仅仅是改制进程中的一些细节问题。但这些细节问题都明显反映了一个问题，即政策的实用性问题。国有资产确实需要统一集中监管，但这种统一集中监管应该以何种形式加以落实，却是一个实践性极强的问题。改革措施的出台与执行，是一个前后连贯的过程，对于这一过程的管控，是控制改制风险的重要内容。

#### 4.3.3.3 管理风险因素与监管传导机制

管理风险因素主要包括了以下三类。其一，风险治理失效。风险治理是企业法人治理结构应该完成的基本职能之一。风险治理为企业的资产风险管理提供了责权、资源、策略和联系的支持。责权是指企业法人治理结构赋予企业管理主体的资产风险管理权限；资源是指风险管理涉及的所有利益相关者的经济物品；策略是指在治理结构下管理主体可以形成资产风险管理策略组合；联系是指企业的资产风险管理通过法人治理结构形成的跨越企业边界的风险防控空间。一个责权明确、资源充分、策略有效、联系畅通的风险治理，对于企业的资产风险管理而言，是管理有效运行的前提条件。所谓风险治理失效，是指缺乏有效的治理参与主体，从而导致法人治理结构仅具形式，只能作为对未来企业盈利分红的划分依据，而对资产的风险管理来说，缺乏实际意义。与完全在市场环境下成长起来的企业不同，我国的国有企业法人治理结构，大多是改革的结果。这种主动的制度变革所形成的所有制结构以及与之联系的法人治理结构，是否满足市场竞争的需要，是值得观察的。以混合所有制为例，在过去的地方国有企业改革进程中，通过本地方国有企业之间相互持股形成的“混合所有制”以及由私营企业“蛇吞象”形成的混合所有制，就是这种表面化、形式化的法人治理结构的典型。在这样的治理结构下，由于相关治理参与方的同源性，在面对风险决策时，很难有参与方会对风险做出有明显差异的判断以及形成响应的对策。这种情况就是典型的风险治理失效。在失效的风险治理之下，资产的风险管理并无太大的实际意义。

其二，风险监管缺失。对国有资产进行监管，资产的风险监管是重要的内容。这一监管包括三个层次，即对企业资产风险、分类的国有资产总体、资产风险的传导等三个方面进行监管。对于企业资产风险的监管，可以通过制度建设和资产评估来加以实现。因此在根本意义上无法确立企业的资产风险管理主体地位。对于分类的国有资产总体和资产风险传导的监管，则必须由监管方来进行分析、评估和应对。对资产总体风险的评价与应对是动态性的工作，对风险传导机制的监管则需要有针对性的制度建设。监管有无效果，如果仅从结果上加以判断，就是是否出现了重大的企业资产损失以及这种损失的影响是否波及了国有资产的整体运行，甚至宏观经济本身。20 世纪末亚洲金融危机中的韩国，其大企业的经营风险在金融危机中就演变成为国家的危机。这种情况实际上就是企业的危机通过传导机制，最终成为整体的风险事件。我国的国有资产监管机构管理着众多的国有资产和国有企业，这是我国的制度优势。必须充分发挥这一制度优势，在三个层次上的资产风险监管上做出实绩，才能实现有效监管。

其三，风险管理不规范。企业的资产风险管理在形式和运行上，应当具有比较意义上的一致性。可以比较的资产风险管理才能够发现问题所在。就目前的情况看，国有大型企业的风险管理大多还处于起步阶段，资产的风险管理更多地集中在保值增值上，对于风险的辨识、评估和应对，并未在资产管理中得到足够的重视。在这样的状态下，相当部分企业缺乏资产风险管理的必要制度建设，有制度的企业，也更多地从自身实际情况出发来设定资产风险管理的重点、措施。企业和企业之间缺乏可比性。站在监管的角度看，企业进行了资产风险管理的相关工作，但由于彼此之间差异太大，如何比较又如何站在整体的层面上对资产风险进行加总和叠加，几乎成为不可能完成的任务。这样的企业资产风险管理，对于监管而言并无实际意义。因此，缺乏规范的资产风险管理，是导致风险在整体上缺乏监管的另外一个重要原因。

管理风险因素的累积以及风险事件的叠加，会通过监管传导机制成为国有资产整体的风险。这一点，在应对管理风险的过程中要高度重视。在一个企业组织平台上大规模集中的国有资产，客观上形成了风险在企业组织内部传导的联系机制。因此，大规模的国有企业，内部必须建立风险阻断机制。在监管层面上，上百个大型国有企业作为一个群体接受监管。为实现阶段性的战略任务，监管方会采取措施，让这些企业围绕战略任务，合并、重组或者形成战略联盟。随着事件的推移，这些联系有的因任务完成而失效，有的则一致存续和变化、成为承担另外使命的新联系。同时，新的联系不断加入，新旧联系不断叠加，会形成超出监管能力的联系空间。一旦出现极端的风险事件，这一联系空间就会成为风险传导的最佳渠道和机制。因此，要控制好管理风险，就必须处理好由监管形成的企业之间、企业与政府之间、企业群与监管方之间多方叠加的联系空间。

#### 4.3.3.4 认知风险因素与风险蔓延机制

认知风险作为一个风险源，其存在是容易被察觉的。但要加以防范，较为困难。就目前的情况看，主要有以下三种必须要引起重视的风险因素。其一，风险放大效应。在国有资产风险事件发生的情况下，由于对国有企业、国有资产和国有经济的认识不足，会导致风险被不当放大。例如，2010 年被媒体炒作得沸沸扬扬的“78家央企退出房地产”事件，就是典型的案例①。对于2010年快速上涨的房价以及压力颇大的房地产调控，以中央企业为代表的国有企业究竟是市场发展变化的原因还是结果，是一个至今都还需要进行理论探讨的问题。应当以什么样的方式对国有企业进行调控，是简单的行政命令还是市场化的手段，同样是值得商榷的问题。从当时的反应上看，之所以如此迅速，要求如此严格，一个很重要的原因就是社会舆论明显不利于中央企业。那么采取符合社会舆论要求的对策，对中央企业的业务采取行政性“裁剪”手段，在舆论应对方面，从逻辑上看，是合理的举措。但关键问题在于，之所以有中央企业，就是要通过改革找到公有制与市场经济相结合的方式，改革就是要增加国有企业的市场因素。但行政性的调控，实际上是对改革的变相否定。当然，在国有企业发展壮大的过程中，通过行政手段来保证发展方向符合战略要求，也并非不可接受的事情。但行政性举措的出台，并非是纯粹以中央企业的实际情况作为基本决策依据的，而是掺杂了较多的舆论影响。这种在很大程度上由社会的不充分认知导致被迫决策的倾向，在国有资产监管过程中，是需要高度重视并加以戒除的。

其二，风险传导效应。社会认知的不足，还会导致国有资产的风险被不当传导，影响到本不会被波及的领域。必须要引起重视的情况是，对于国有资产，目前在市场中的不同利益主体，显然有不同的利益考量。政策设计的改革路径，在舆论的讨论中会失去其原有的模样，并且舆论讨论所形成的意见，会对国有企业改革的实际进程产生影响。本次国有企业改革，从进程上看，与宏观经济调控节奏是高度吻合的，路径也有所差异，发展措施与改革措施相互配合，共同促进国有企业发展。随着宏观调控去产能、去库存、去僵尸企业的深入进行，对于经营失败的国有企业，必然是改革的重点。这一点毫无疑问。对于这些企业的改革，不仅符合国有资产运营的需要，也与社会的认知相符。但对于那些经营上没有任何问题，运行良好的国有企业，也有舆论要求对这些企业进行同样的改革。其原

---

① 2009年，土地市场“地王”频现。其中一个引人注目的现象是，据不完全统计，仅自2009年7月至2010年3月，就出现“央企地王”13家。整个2009年90多块“地王”中，央企占了六成多。引发了社会的关注与质疑。有政协委员提出建议，“中央企业并不是普通的市场主体，由于具备特殊的使命和权利，具有一般性企业所不具有的人才、资金、宣传等种种资源上的独特优势。假设央企以这些特殊优势进入国内竞争性行业，无疑将使得市场被寡头垄断以至扭曲。只要是央企全资的、绝对控股的、基本控股的、实质控股的房地产企业产权，都要全部退出市场。至于投资于房地产项目的，除了自用之外，也应全部退出”。议案一公布，引起社会热议。3月18日，国资委宣布，有78户不以房地产为主业的中央企业开展了房地产业务，这些企业要加快调整步伐，在完成阶段性任务后有序退出。3月22日，国资委要求78家央企15个工作日内必须制定退出方案。3月26日，银监会宣布严控房市风险，停止对78家央企授信。从房市网络调查的情况看，认为国资委行动“程度不够，应明令所有央企退出房地产”占72.22%，认为国资委应对举措“不能抑制央企拿地”的占66.67%，认为国资委应对举措“不能有效抑制房价上涨过快”的占72.22%。按照2017年的最新报道，2016年拿地支出前15名的房地产企业中，有8家是央企和其他国企，16个拿地金额过百亿的项目中，9家有国企参与。2010年要求的78家央企应当退出房地产，只有不到20家按要求离开了房地产市场。上述内容根据以下材料整理：a. http://news.sh.fang.com/zt/201003/78yangqi.html；b. http://poll.soufun.com/soufunvote/vote_votestat.aspx?voteid=23549；c. http://money.163.com/special/002549C2/78yangqi.html；d. http://www.p5w.net/news/cjxw/201702/t20170212_1710771.htm。

因，不是市场至上论就是垄断论。这些认知本身有着极强的利益动机，如果不加分辨就被其所影响，仓促启动改革，对国有资产、国有企业而言，都不是好事。这种由认知引致的风险传导，具有极强的隐蔽性，在认知风险源的防控方面，要加以高度重视。

其三，风险管理无法实施。社会认知的不足，对于国有资产风险管理而言，最大的弊端还在于资产的风险管理无法实施。例如，忽视资产风险的市场化管理的功能与作用。在企业经营理念中将国有资产保值增值抬得很高；但在实际的经营管理中，利用社会认知的差距，不主动实施有效的风险管理手段，而是故意利用管理漏洞来牟私利。这是一种极端的情况。另外，社会对国有资产就是国民财富的认知不足，总有国有企业经营效率低下、国有资产没有造福于民、早分早了的观点。在这样的情况下，实施资产的有效运营，就缺乏必要的社会氛围。

由社会认知风险因素累积形成的是资产风险的蔓延机制。这种蔓延机制包括了顽固的错误认识、投机性的市场主体、敌意的舆论环境、错误的宣传导向。一旦出现国有资产的风险事件，其影响就会被这一机制所传播、扩散和放大，使得由一个企业所执行的资产风险管理的努力完全失效。在这种情况下，国有资产的监管主体被迫履行起应当由企业履行的风险管控责任。由此形成的，是一种完全与企业无关的资产风险防控，与市场化的资产风险管理的基本要求背道而驰。要改变这一状况，首先要改变的就是国有资产的社会认知问题。

## 4.4 本部分的简要结论

本部分对国有大型企业资产构成及其风险因素展开分析。首先展示了当前国有大型企业额的资产总体规模及其特征，即“排序悖论”，然后对国有大型企业的一般性组织形态的资产属性和集团公司制展开分析，并探讨了集团公司制下的企业资产风险管理，在此基础上对国有大型企业资产风险因素进行了分析和研究。本部分的主要观点如下。

第一，所谓“排序悖论”，是指国有工业企业资产规模越大的地方或产业，资产的经营效率普遍低于应有水平。国有资产存在着资产经营效率与资产规模之间的负相关关系。“排序悖论”反映的是以企业形式存在的国有资产管理需要更为有效的管理机制创新。

第二，以企业形式存在的国有资产在过去十年保持了快速的增长态势。这种增长导致了三个层面的客观事实。一是国有大型企业，特别是一些在适当行业领域内的国有大型企业，资产实现了快速增长。二是大量的新增国有资产从原来的国有企业游离出来，分散在各个地方，存在形式不一，经营效率不一。三是依附于规模庞大的国有资产，也在客观上形成了同样规模庞大的私营经济，这部分私营经济的运营效率，与国有资产的运营效率息息相关。这三个方面的客观事实是经济增长结果的实际表现。

第三，资产与组织形态之间相互影响。企业组织形态及其变化是资产风险管理的必要手段。治理结构下的企业组织形态的选择与调整，是资产风险管理的必然要求。

第四，国有大型企业的“国有”属性的支点在于国有资产，国有资产管理又对企业组织的大型化提出了明确的目标，为了促进国有企业的大型化，就有必要在推进混合所有制的进程中实现国有大型企业法人治理结构的规范化，而要实现法人治理结构的规范化，就有必要充分发挥国有企业内部组织机构的作用。

第五，大多数国有大型企业，在实际的组织结构设计中，都采用了集团公司制这一形式。集团公司内部企业之间的联系，主要出现在三个层面上，一是资本的联系，二是市场与技术的联系，三是环境的联系，“企业生态”是企业组织、资产、管理、市场等关键性要素的相互调适所形成的动态均衡状态。这其中，组织是平台、资产是平台承载的对象，管理是平台的活动，市场是平台的重要外在决定条件。集团公司制下风险管理的对象主要是资产风险，策略是组织与市场，原则是制度、定价、市场和控制等四个方面的优先原则。

第六，类风险。国有大型企业所面对的风险，可以分为三个大的类别，即权益风险、运营风险和市场风险。①在权益风险这一类风险之下，存在着组织风险、外部风险、内部控制风险和改革风险四个基本的风险因素。②运营风险的管理需要确定资产所面临的具体风险。这些具体的风险包括了财务风险、操作风险、技术风险等可以在经济价值层面上得到判断和处理的风险，也包括了法律风险、政治风险等无法通过经济价值、手段加以判断和处理的风险。③市场风险包括流动性风险、价格风险和定价风险。这三种类风险，覆盖了资产从市场到企业、再从企业到市场的运动过程，兼顾了资产监管主体、资产管理主体、资产所有主体三方侧重点不同的风险偏好，从而在资产风险管理层面上，形成了利益相关者共同参与风险治理的理论架构。

第七，国有大型企业的风险源包括由于国有资产的属性界定缺乏可靠的预期导致的资产固有风险源，由于国有企业改革尚未完成导致的改革风险源，由于资产风险管理尚未成为共识导致的管理风险源，由于社会对国有企业、国有资产和国有经济缺乏足够的正确认知导致的认知风险源。

第八，资产风险因素可以通过投资传导机制、政策传导机制、监管传导机制、风险蔓延机制等四个传导机制，形成真正的风险事件。

# 5. 国有大型企业资产风险管理体制的运行分析

在对国有企业和国有资产的当前状况、风险因素进行分析后，就可以对国有大型企业资产风险管理体制的运行展开研究。本部分从资产风险的可控性、国有大型企业资产风险管理的发展现状和运行机制等几个方面，对资产风险管理的实际运行以及存在的问题展开研究。

## 5.1 国有大型企业资产风险的可控性探讨

对于国有大型企业资产风险可控性的研究，主要是基于当前国有资产运营面临的主要挑战，分析已经表现出来的问题及其原因，并探讨对可能出现的风险进行预防性管控的可能性。

### 5.1.1 市场风险是当前国有资产运营面临的主要类风险

从上一部分所探讨的类风险来看，市场风险是最大的风险因素。从国有企业改革的角度看，改革固然是要更进一步明确国有资产的权益，更进一步理顺国有资产的运营，但更为根本的，改革是要从机制上建立起国有资产市场化运营模式，明确资产价值，规范资产交易。之所以如此判断，主要基于以下三个方面的因素。

其一，权益风险和运营风险是在过去的改革进程中，给予了重点关注的两类风险。国有企业改革，无论是开始阶段的承包制，还是后期的所有制改革，其主要目标就是要不断明晰企业国有资产的权益归属，使其由计划经济时期的全民所有、政府管理、企业管理，逐步改变为国家所有、授权监管、由市场化的管理团队运营的模式。这一改革显然存在两条主线。一是所有权归属在改革中的持续变化，其中最为典型的是所有制改革，主要的风险是权益非市场化转移过程中的受损等问题；二是企业组织在改革中的持续市场化，其中最为典型的是建立现代企业制度，主要的风险则是企业组织变化造成的资产配置结构变化及其社会性影响。时至今日，改革的深入推进，已经在极大程度上改变了国有资产的本来面貌。因国有资产的权益和运营不明晰而导致的资产风险，在资产运营和企业管理中都得到了持续的关注。随着市场的发展与变化，要进一步推进国有企业改革，使得权益更为明晰、运营更具竞争力，就有必要结合当前市场发展的态势，积极推动以明晰资产定价的市场化改革。没有这一改革的跟进，无论是国有资产的权益还是运营，都缺乏更进一步深化的现实基础。就国有资产的权益而言，现实的问题已不再是国有资产的权益归属由政府直接管理向独立的监管机构授权管理的委托转变。当然，这样说，并不意味着现实中这种情况已经不存在。而是就国有资产管理模式发展的总体态势而言。更为重要的问题在于具体的管理细节，即国有资产的权益在资产运营中的有效保障和国有资产在国民财富中的定位问题。前者是一个动态的决策过程，如果对资产缺乏基本的市场化估量，任何决策都是没有依据的；后者是一个宏观权衡和力量对比综合作用的过程，如果没有对国有资产市场价值的一致性认识，决策就非常容易被市场的投机性力量或者被误导的社会舆论所左右。因此，围绕资产市场化定价的新改革必然会成为本轮国有企业改革的重中之重。

其二，市场风险作为类风险，资产定价机制的缺失，是无法回避的风险领域。会造成国有资产固有风险源、改制风险源、管理风险源和社会认知风险源的非预期性扩大。国有资产的定价，从实践上看，并非没有具体的实现机制。例如，在涉及国有资产的交易环节，有第三方评估、交易双方围绕资产定价的谈判与博弈，等等。这些是相机的、基于资产交易活动的定价行为，而非基于监管的国有资产定价。后者要确定的是国有资产交易的公允价格，并使其成为判断国有资产交易、运营、监管效率的价格判断基础。最为理想的方式就是通过资产市场实现资产证券化，资产价格完全按照市场需求的变化而变化。在这种方式下，就监管而言，无所谓公允价格。在这一意义上讲，推动国有企业整体上市，是解决这一问题的最终手段。但这一手段的实现，并非易事。从理论上看，要通过整体上市实现的，是国有资产价格的市场化，但手段是企业组织上市成为股份公司。企业与资产之间尽管在国有意义上是同一的，但企业和资产的实际差异是非常明显的。上市的国有企业，如果缺乏内部定价机制，也会有难以界定价格的国有资产，特别是那种企业与资产难以分离的情况，更是如此。从整体上市的推进情况看，整体有显著的进展，但与预期的差异还是非常大的。从提出整体上市到现在，已有十余年的历史，但真正实现了整体上市的国有企业，还是少数。以至于到了今天新一轮的国有企业改革，又再次提出整体上市的操作思路。可见这一举措要落实，有多大的难度。因此，在考虑最终手段之外，还必须对国有资产的市场化定价，有可以操作的替代方案。这一替代方案的核心，也应当是市场化交易。因此，要建立可操作的定价机制，一个关键问题在于：如何在现行的资本市场之外，建立起国有资产的市场化交易机制，在实现资产定价市场化的同时，促进资产的交易活动？从 1978 年的改革进程来看，要做到这一点，实际上我们依靠的是持续的改革，在改革的过程中强制实现国有资产重新配置，在国有资产重新配置的过程中来明确资产的定价。这一市场的替代方案至今依然在我国的国有资产监管中发挥着重要作用。随着国有资产规模的扩张，承载平台乃至属性的变化，例如规模高达数万亿的社会保障资金，再以改革的方式来实现资产的定价，不仅覆盖的范围越来越小，而且改革的内生性激励也在下降。而且还必须引起重视的是，在改革的话语体系下，企业的重要性远高于资产，因此改革对资产的影响，在改革的模式下始终是间接的、非首要目的的。因此，在当前，有必要找到除了改革这一传统方法之外的新的方法，来实现国有资产的市场化定价。这是本次改革必须要解决的问题。正是在这一意义上，我们认为，资产的市场化定价改革以及在这一过程中可能会出现的非预期事件是国有资产风险管理中必须要加以重点关注的问题。

其三，国有资产越来越突出的财富属性，是资产风险管理必须更加重视市场风险防范的另外一个重要原因。资产的持有目的影响资产风险管理的策略。这是在前文的研究中已经加以论证的问题。在我国经济高速增长期结束后，增量带动策略必然会让位于存量带动策略，规模庞大的国民财富必然会在我国未来的经济增长中发挥越来越重要的作用。由此会形成以下几个方面的变化。首先，国民财富由积累为主向以使用为主转变。无论是居民的财富还是国家的财富，在未来二十年内，都会经历一个持有理念转变的过程。财富会超越畸重的储蓄功能阶段，向支撑消费和投资转变。因此，就国有资产而言，过去关注规模快速扩张的管理目标，也将更多地关注投入领域。投入以及获取回报的策略将成为管理的重要目标。其次，国有资产在国民财富中的比重将取代国有企业在企业群体中的比重成为社会关注的主要目标。企业的重要性将下降，而资产的价值将更为突出。从资产管理的角度看，一个较为稳定的国有资产占比，将是比较理想的情况。要实现这一管理目标，要对国有资产进行明确的界定，例如，社会保障基金资产与国有企业的资产，是否都属于国有资产，需要厘清。目前将国有资产注入社会保障基金，以达到充实社会保障基金的目的，在理论上，能否找到资产一致性的依据。如果没有，是否有必要界定清楚。同时，要对国有资产在社会财富中的比重有充分的理论研究和社会宣示，使其成为社会的共识。否则，管理上再多的举措，也难以得到社会的认同。在财富问题凸显的今天，对于这些关键的问题必须要有明确回答。最后，资产的财富属性凸显，使得资产的承载平台由过去的企业组织平台向更为多样化的社会组织平台转变。从改革的历程上看，过去我们之所以决定把国有资产集中在企业中，是因为当时的企业国有资产，是生产性的资产，也是急需提高生产效率的资产，因此才有了企业国有资产的改革；过去我们之所以决定把国有资产集中到关系国计民生的重点行业中，是因为当时我们正处在工业化的关键时期，需要在重点工业产业中布局国有资产，使其发挥带动作用。但今天，我们已经发现，以上这两个方面的情况均发生了重大变化。就国有资产的承载平台企业来说，一方面企业国有资产在增长，金融类、非金融类企业的国有资产均在快速增长；另一方面政府的资产也在快速增长之中，随着政府公共服务职能的延伸，政府所拥有的资产还会增长。这就使得传统意义上的国有资产监管，实际上只面对了一个相对狭窄的范围，而没有覆盖国有资产整体。没有覆盖国有资产整体的监管，对于作为国民财富的国有资产而言，实际的意义并不大。就工业化而言，我国的工业化进程已进入后期，新的产业发展方向至今未明，要再以工业化的名义强调企业国有资产的监管，客观讲依据是不足的。同时，社会对民生服务要求的日益提高，形成了新的需求态势，这种需求态势的满足，新的服务要满足。这种新的服务，包括了教育、医疗、卫生等涉及居民生活各个方面服务的现代化变革，形成了对资本投入的巨大需求。国有资产向新的服务产业领域进军已成必然。那么在新的服务产业中，国有资产是继续像传统的工业化阶段那样行事、持续做大做强，还是遵循服务业的发展规律、走差异化发展道路，是当前战略选择必须要加以考虑的问题。非企业类的新型社会组织，必然会成为国有资产进入的重点领域。这三个方面的变化，使得在资产的风险管理中，必须对国有资产的市场化风险给予高度的重视。围绕市场化风险来看当前的国有资产运营，在管理层面上主要存在着权益履行主体过多、资产规模增长与管理能力不匹配制约资产风险可控性的两个重要原因。

### 5.1.2　权益履行主体过多影响国有资产风险可控性

从企业国有资产的情况看，已经形成了企业国有资产的管理主体框架，即国资委（包括中央管理部门）、地方国资委、中央企业和地方国有企业。同时在金融类企业中，也形成了类似的管理层次关系。一个较为清晰的国有资产权益履行主体已经基本形成。

第一，就国有资产面临的市场化风险而言，我们看到，国有资产的权益履行主体客观上还是较多，直接影响国有资产风险的可控性。首先是与行政层级直接挂钩的监管体系构建，形成了利益取向与能力保障均有很大差异的权益履行主体。中央与地方国资委的划分，在客观上就根据政府的行政层级界定了国有资产的多个权益履行主体。其中有的即使目前还不是真正的权益履行主体，也是潜在的主体。这些主体之间差异非常大，中央与地方、发达地方与欠发达地方、国有资产较多的地方与较少的地方、国有大型企业多的地方与少的地方，无论在监管动机、手段、事务还是规范性来说，都存在着很大的不同。行政层级的不同规定了这些权益履行主体具有名义上的上下级关系，也规定了不同的权益履行主体之间不同的行政资源能力。从监管机构建立的初衷来看，这样的制度设计确实可以在机构建立方面保持较低的成本，换言之，监管体系的建立较为容易。但显然的事实是，高层级的权益履行主体与低层级的权益履行主体之间，在政策倾斜、资源保障等各个方面都有不同的情况。这些差异在根本上决定了权益履行主体之间，要实现协调发展，具有较大的挑战性。不同层次的权益履行主体监管下的国有资产，在不同的行政资源保障能力之下，也有着截然不同的表现。如果要在整体上对国有资产进行监管，如何对这些与行政层级高度关联的权益履行主体进行有效的整合，是在实践中必须要解决的问题。

第二，即使是与行政层级挂钩的监管体系，也并未完全覆盖国有资产的实际权益履行主体。在特殊的行业、特殊的部门，还有相当一部分国有企业和国有资产，是在建立起来的企业国有资产监管体系之外，被监管和运营的。这些行业和部门的存在，在客观上也使得国有资产监管无法完全落实，无法成为一个能够实现全覆盖的体系。对于企业而言，这就是监管的漏洞。例如企业在面临选择的时刻，完全可以通过选择不同的监管体系、有利于自身的监管规则。这种可能性是存在的。每当国有企业改革、涉及国有资产重新划拨到不同的监管主体之下时，这种选择的机会就会出现。因此，在这里所说的权益履行主体过多，第二层含义就是指存在着不同的监管体系，其适用的权益履行规则存在不同，由此对企业提供了不同的选择机会，在客观上为企业制造了逃避监管的可能性。

第三，权益履行主体过多，还针对大量新增国有资产面临的权益履行主体确定问题。客观来说，这是问题最为突出的领域。新增国有资产往往来源于经济活动较为活跃、经济回报较高的新兴领域。这些领域的初始投资往往具有风险投资的性质。在过去的发展进程中，地方政府在这些领域中，通过大量的地方融资平台，进行了大规模的政府投资，由此也形成了大量的新增资产，由执行这些投资的政府及其派出机构、融资平台所掌握。如何明确这些资产的归属，不是简单的规定所有国有资产都划归国资委监管就能解决的问题。这里面还涉及资产运营的方方面面问题。通过划转来明确权属，可能会影响资产的运营效率；而不对这些资产进行划转，又会造成资产属性不清引致的“搭便车”现象。这种“两难”现象的存在，是确定新增国有资产权益履行主体经常要面对的问题。在新增国有资产运营主体的影响下，国有资产的实际权益履行主体更为细化，已不再是省、市、县这样的行政层级确定的监管主体，一些基层的组织、政府的派出机构也成为权益履行的主体，这样的状态，实质上形成了国有资产权益履行主体多样化的局面，国有资产的边界在这样的情况下被模糊，使得在行政层级中明确的权益履行责权，在实际的操作中被淡化甚至放弃，国有资产与私有资产被完全混淆。

权益履行主体在制度层面的清晰界定与实际操作层面的模糊化之间的差异，是我国经济发展阶段所决定的过渡性特征。国有资产带动作用的发挥，客观上也正是在这种模糊的状态下才得以实现的。到今天，站在财富的角度看国有资产，如果还保持这种模糊的权益履行主体状态，既不利于发挥国有资产的作用，也会在操作上削弱资产风险的能力，降低风险的可控性。

### 5.1.3 资产规模增长与管理能力提升不匹配降低国有资产风险可控性

对国有资产风险可控性的第二个重要的影响因素，是企业、监管主体对资产风险的控制能力。不可否认的是，随着监管体系的建立与壮大，随着国有企业现代企业制度的形成与完善，无论是监管机构还是国有企业，对于国有资产的风险管理能力也得到了提高。资产的扩张带来的，一方面是伴随着规模扩张而来的风险水平上升，另一方面也会带来管理资源投入的相应增加，这是管理能力得到提升的重要原因。

需要引起重视的问题在于，国有资产规模的增长与风险管理能力的提升之间并不匹配，资产增长的速度远快于风险管理能力的提升。造成这一现象的原因在于，其一，资产增长速度过快，以至于管理无法及时跟进。大规模的投资活动，尤其是2008年以后服务于宏观调控目标的国有企业投资活动，形成企业国有资产快速增加的态势。这是资产快速增加的一个原因。另外的原因在于随着经济形势趋缓，国有企业之间、国有企业与私营企业之间的兼并、吸收和重组，既导致了特定的国有大型企业资产规模快速扩张，也形成了以混合所有制为特征的新国有企业。对于这些企业的国有资产进行管理，并不是在企业成立之初就能到位，而是要经过一段时间才能完成，由此就造成了管理能力的过渡性不足。其二，资产的产业布局出现较大变化。国有资产向新产业领域进军，是在未来几年必须要完成的调整工作。这一调整必然会对原有的资产管理能力形成技术性冲击，需要监管方和企业花时间去适应。其三，伴随着国家“一带一路”倡议的实施，国有资产走出去向海外配置的态势也非常明显。如何适应海外投资的新环境，对于国有企业来说也是新的课题。

在这些原因的综合作用下，国有资产的规模增长与风险管理能力之间目前存在较大的差距。这一差距会导致以下几个方面的可能情况。第一，存在资产风险管理并未覆盖的领域。这些领域要不就是因为刚刚进入还未完全适应，要不就是管理层级太多、项目运营太多，造成资产风险管理未能对其进行覆盖，由此形成不可预期的资产风险。第二，现有的资产风险管理工具不能有效应对。对新产业、新领域的投入，往往涉及新的资产组合和运营方式。如果资产的风险管理没有相应的提升，就会造成因管理工具的缺乏而形成的不可控风险。第三，资产失控。即资产投入到相关企业中，由于缺乏必要的管理参与能力，使得国有资产的权益主体不能在企业资产运营中发挥应有的作用，导致投入的资产被企业的其他利益相关者所控制。这一种情况是监管方在研究新资产风险时必须高度重视的问题。第四，资产定价快速波动。受技术、生产甚至其他非经济因素的影响，资产的价格在一定的时间段内出现快速波动，启动风险处置机制也无法有效应对。

所有这些可能的情况都指向一个共同的结果，即国有资产风险失控。作为工业化资本的国有资产，要注重在生产和市场交换的环节中控制资产风险。这是国有企业和资产改革发展的历史经验。同时还要注意，作为国民财富的国有资产，更要注意在财富新格局的形成中控制资产风险。监管方和国有企业在资产风险管理能力上的缺失，会造成资产风险管控失效。

### 5.1.4　国有资产风险可控的必要条件

要提高国有资产风险可控性，在管理层面上必须具备以下三个必要条件，即管理主体结构清晰有效、管理能力可置信、资产结构可预期。下面分别对这三个条件展开论述。

第一，管理主体结构清晰有效。这是在国有资产监管的层面上来探讨资产风险的可控性所提出的一个理论观点，是对国有资产监管体系的整体考虑。目前的国有资产监管，在我国的国有企业改革和国有资产监管中正在发挥着重要的积极作用。但绝不能因此就说这一体制不再需要进一步的完善和提升。行政性强于市场性、政策性强于竞争性，是当前监管体制的主要特征。由于行政性较强，所以作为国有资产的监管主体，所应当具备的市场化资产运营能力必然会受到制度性约束；由于监管活动的政策性较强，对于国有企业这一权益的实际履行主体的一致性要求必然较多。这些制度性约束和一致性要求的持续存在，形成的是一个有限能力的国有资产权益履行主体和责权并不对等的国有资产管理主体结构。因此，要提高国有资产风险的可控性，就有必要进行制度设计，形成清晰有效的管理主体结构。其特征主要包括：①监管主体、权益履行主体、资产承载平台（即企业）之间边界清晰。监管的职责在于合规性和业绩评价，权益履行主体的职责在于资产的市场运营和权益维护，资产承载平台的职责则在于资产的使用和管理。②结构合理。在监管层面上，应积极约束监管体制的蔓延，形成无效管理层级。在权益履行主体层面上，应强调差异性，根据不同的产业、企业情况来确定不同的权益履行主体组织架构。在资产承载平台层面上，应建立规范的资产管理体系。③运行有效。应区分监管、权益履行主体和资产承载平台三个层面来对国有资产的管理体系运行进行评价，而不仅仅将评价的目标放在企业层面上，要更注重对监管方和权益履行主体的评价。

第二，管理能力可置信。这是对权益履行主体执行资产运营活动提出的能力要求。作为国有资产的权益履行主体，不仅要有明确的资产运营授权，更要有资产运营的资源、技术。换言之，在国有资产市场化运营的过程中，权益履行主体应当是具备完全市场活动能力的组织。这一组织从形式上看可以是实体企业，也可以是金融企业，还可以是非企业但从事商业活动的社会组织。但无论是什么形式的组织，资产运营和管理能力是判断其是否具备相应的国有资产权益履行资格的核心判断标准。这一标准包括了以下几个必要的构成内容：①管理职能的合法授权，且对于同一国有资产，授权具有唯一性。资产运营授权出现问题，往往是在国有企业改革、资产重组的过程中，或者国有资产快速增长的过程中。对于这一问题的解决，以预先性的制度安排为优先的解决方案。②组织的独立性，不依附于任何其他组织而存在。按照这一要求，作为政府的派出机构，或者是归属于政府某个层级的管理结构，显然无法成为恰当的权益履行主体。对独立性提出要求，不仅是获得管理权限的前提条件，也是风险管理的必然要求。没有独立性的组织，在根本的意义上不具备资产风险管理的基本条件。③包括人力资源、技术、市场渠道等在内的合理且充足的管理资源。资产运营必须要有足够的资源支持，例如有资产运营技能的人力资源、运营技术、市场甚至企业组织的具体形态。只给授权，不给相应的资源，也无法顺利实现权益的履行。④资产运营的可信历史。这是一个可选的条件。作为权益履行主体，最优的选择是有成功的资产运营案例的组织。当然，在通过制度变迁形成新的权益履行主体的时期，这一内容可以暂不考虑。⑤管理能力提升的组织保障。权益履行主体的管理能力，要能够随着国有资产规模的扩大、结构的复杂化，实现合理的提升。以上五个部分构成的管理能力评价标准，可以为判断权益履行主体的管理能力提供依据。

第三，资产结构可预期。国有资产运营要实现风险可控的目标，第三个必要的条件就在于资产结构在一定的时期内，其构成与变化是可预期的。无论对于监管方、权益履行主体还是企业来说，都是如此。这种可预期，从风险管理的角度看，包括两种情况。一种情况是指企业资产的具体结构及其变化，考虑到所在产业、市场环境、管理团队的综合影响，出现较大的非预期变化的可能性较小。另一种情况是指国有资产整体的战略性转移出现非预期的大幅变化。难以预期的资产结构，例如对企业来说，经营范围向高风险领域大规模转移、企业经营范围无限制扩张、项目数量大幅上升等，都会对企业的资产运营带来更多的困难，会造成资产风险的显著提高。资产结构可预期，对于国有企业培育自身的核心竞争优势提出了更高的要求。简单地以规模和数量为评价依据的业绩考核不再适用，取而代之的是资产结构的稳健性。可以从以下几个方面对国有企业的资产结构稳健性进行判断：①主业是否突出，核心资产是否显著。具有经营的优势产业，且核心资产在优势产业中，是资产结构稳健性的首要判断标准。这是基于企业组织特征所提出的资产运营要求。国有企业所承担的战略任务决定了它不是一个投机性机构，什么赚钱就做什么。主业突出意味着国有企业使用国有资产的产业领域是明确的，由此形成的资产回报是可以预期的，相应的风险及其控制也可以在事前得到恰当的规划和设计。②资产扩张是否以主业为依托。这是正常情况下的资产扩张。但在国有资产的快速增长中，也有因为非主业形成的资产快速扩张。这些资产增长实际上是在资产风险管理范围之外完成的，因此是管理空白，是需要重点关注和警惕的风险领域。③资产未来的变化方向是否清晰。监管方、权益履行主体、企业对于国有资产在未来的变化趋势要有预先的认识、规划与战略，这是资产风险管控的基本判断依据。无目的的资产就是高风险的资产，这是资产风险管理的一个基本原则。④资产运营模式是否连续。资产的运作与使用要有稳定的运营模式，无论资产的规模和结构会发生多大的变化，就资产运营模式而言，要保持基本原则、运营机制、风险防控等核心内容的稳定和连续，使得资产的风险管理能够在一个既定的管理环境中得以展开。

## 5.2 国有大型企业资产风险管理的发展现状

在对国有资产风险可控性进行研究之后，就可以在理论的基础上对国有大型企业资产风险管理的实践进行研究。需要指出的是，国有大型企业资产风险管理并非完全在企业的边界之内完成，无论是从企业组织的制度安排还是国有资产管理的体制设计，都是如此。因此尽管研究重点在企业层面上，但从风险治理的角度切入，对于国有资产监管的风险管理以及权益履行主体的风险治理，在这一部分均有涉及。

### 5.2.1 国有大型企业资产风险管理的发展态势

在国有企业现代企业制度建设中落实全面风险管理的要求，至今已超过十年。在这十年期间，国有大型企业的资产风险管理有了长足的进步，风险管理的内外部条件均在持续的完善中。我们可以从以下几个方面对当前的资产风险管理实践作一个概括性描述。

#### 5.2.1.1 国有大型企业资产风险管理的制度性框架

对于国有大型企业资产的风险管理，目前已经形成了由监管体系、国有大型企业群体等主体构成的管理架构。在这一架构内，资产的风险管理作为制度性的要求，成为资产实际运营主体的行为原则和评价指标。我们可以从以下三个方面对国有大型企业资产风险管理的制度性框架进行描述：

第一，较为明确的分类监管制度要求。从 2008 年的《中华人民共和国企业国有资产法》施行至今，在多份文件中，国资委对国有资产的风险管理提出了明确的制度性要求。结合 2015 年以来的文件，主要有以下几个方面的内容：①明确不同类别国有资产的持有目的与策略（见图 5-1）。从目前的分类上看，主要分为三类企业，其中两类又归为一个大类，即商业类。不同的企业，资产持有的不同均有明确的界定。例如处于竞争领域的企业，资产持有目的包括了经济目的，即资产使用带来的经营业绩和资产本身的保值增值，也包括了以竞争优势为代表的市场目的。而处于重点行业和关键领域的企业，资产持有的经济目的要求有所减弱，取而代之的是对服务国家宏观调控、保障国家安全和国民经济运行、完成特殊任务的功能性界定。由此可见，在当前的发展阶段上，国有资产所承担的发展任务，既有财富的性质，也有发展阶段的引领作用。国有资产并不是一般意义上的商业资本。②国家对于国有资产的监管，主要通过两个途径实现，即对重要事项的监管活动和对资产运营实绩的考核监督。针对不同的企业类型，监管有不同的方式。例如对于处于竞争领域的企业，监管主要通过对国有大型集团公司的监管来实现；对于处于重点行业和关键领域的企业，则主要通过资产布局来实现；对于公益性的企业，则主要根据企业的任务和发展的需要，来进行资产的监管活动。这三类企业的资产监管，对市场性的要求是逐次下降的。公益类的企业，业绩考核类型的监管要重于商业类的企业。③强调重点风险监管环节。国资委《中央企业投资监督管理办法》（第 34 号令）明确提出建立“风险控制有力”的投资监督管理体系，“推动中央企业强化投资行为的全程全面监管”。明确要求建立“投资风险管控制度”①。在《中央企业境外投资监督管理办法》（第35号令）中也明确提出要建立“中央企业境外投资风险管控制度”②。这是对监管重点通过法律的形式加以明确，在今后一段时间内，国有资产的主要活动依然是由各种类型的投资活动构成，这些活动就是资产风险管理的重点领域。由此也对国有资产持有的主要目的加以了间接证明，即通过战略性投资在国民经济、产业和社会发展领域中起到基础性支撑和创新性引领作用。

第二，专门的资产活动管理规范。①明确管理边界。《企业国有资产交易监督管理办法》（第32号令）明确了纳入监管的企业国有资产交易行为包括企业产权转让、企业增资、企业资产转让等③，且对监管机构和企业各自在资产交易中应负的责任的边界给予了界定。②强调价格监督。无论是产权转让、增资还是资产转让，在资产交易监管方面都特别强调市场在产权（资产）交易过程中的主要作用。对于产权（资产）的交易价格，注重基准价格的参考作用。这里所说的基准价格，包括了“经核准或备案的转让标的评估结果”的90%以上（产权市场转让）、“经评估或审计的净资产值”（非公开协议产权转让）、资产评估价（增资）等。换言之，就资产监管而言，如果交易价格严重背离基准价格，

① 《中央企业投资监督管理办法》（第34号令）第六章“投资风险管理”明确指出：第二十三条　中央企业应当建立投资全过程风险管理体系，将投资风险管理作为企业实施全面风险管理、加强廉洁风险防控的重要内容。强化投资前期风险评估和风控方案制订，做好项目实施过程中的风险监控、预警和处置，防范投资后项目运营、整合风险，做好项目退出的时点与方式安排。第二十四条　国资委指导督促中央企业加强投资风险管理，委托第三方咨询机构对中央企业投资风险管理体系进行评价，及时将评价结果反馈给中央企业。相关中央企业应按照评价结果对存在的问题及时进行整改，健全完善企业投资风险管理体系，提高企业抗风险能力。第二十五条　中央企业商业性重大投资项目应当积极引入社会各类投资机构参与。中央企业股权类重大投资项目在投资决策前应当由独立第三方有资质的咨询机构出具投资项目风险评估报告。纳入国资委债务风险管控的中央企业不得因投资推高企业的负债率水平。

② 《中央企业境外投资监督管理办法》（第35号令）第六章“境外投资风险管理”指出：第二十四条　中央企业应当将境外投资风险管理作为投资风险管理体系的重要内容。强化境外投资前期风险评估和风控预案制订，做好项目实施过程中的风险监控、预警和处置，防范投资后项目运营、整合风险，做好项目退出的时点与方式安排。第二十五条　中央企业境外投资项目应当积极引入国有资本投资、运营公司以及民间投资机构、当地投资者、国际投资机构入股，发挥各类投资者熟悉项目情况、具有较强投资风险管控能力和公关协调能力等优势，降低境外投资风险。对于境外特别重大投资项目，中央企业应建立投资决策前风险评估制度，委托独立第三方有资质咨询机构对投资所在国（地区）政治、经济、社会、文化、市场、法律、政策等风险做全面评估。纳入国资委债务风险管控的中央企业不得因境外投资推高企业的负债率水平。第二十六条　中央企业应当重视境外项目安全风险防范，加强与国家有关部门和我驻外使（领）馆的联系，建立协调统一、科学规范的安全风险评估、监测预警和应急处置体系，有效防范和应对项目面临的系统性风险。第二十七条　中央企业应当根据自身风险承受能力，充分利用政策性出口信用保险和商业保险，将保险嵌入企业风险管理机制，按照国际通行规则实施联合保险和再保险，减少风险发生时所带来的损失。第二十八条　中央企业应当树立正确的义利观，坚持互利共赢原则，加强与投资所在国（地区）政府、媒体、企业、社区等社会各界公共关系建设，积极履行社会责任，注重跨文化融合，营造良好的外部环境。

③ 《企业国有资产交易监督管理办法》（第32号令）第三条指出，本办法所称企业国有资产交易行为包括：（一）履行出资人职责的机构、国有及国有控股企业、国有实际控制企业转让其对企业各种形式出资所形成权益的行为（以下称企业产权转让）；（二）国有及国有控股企业、国有实际控制企业增加资本的行为（以下称企业增资），政府以增加资本金方式对国家出资企业的投入除外；（三）国有及国有控股企业、国有实际控制企业的重大资产转让行为（以下称企业资产转让）。

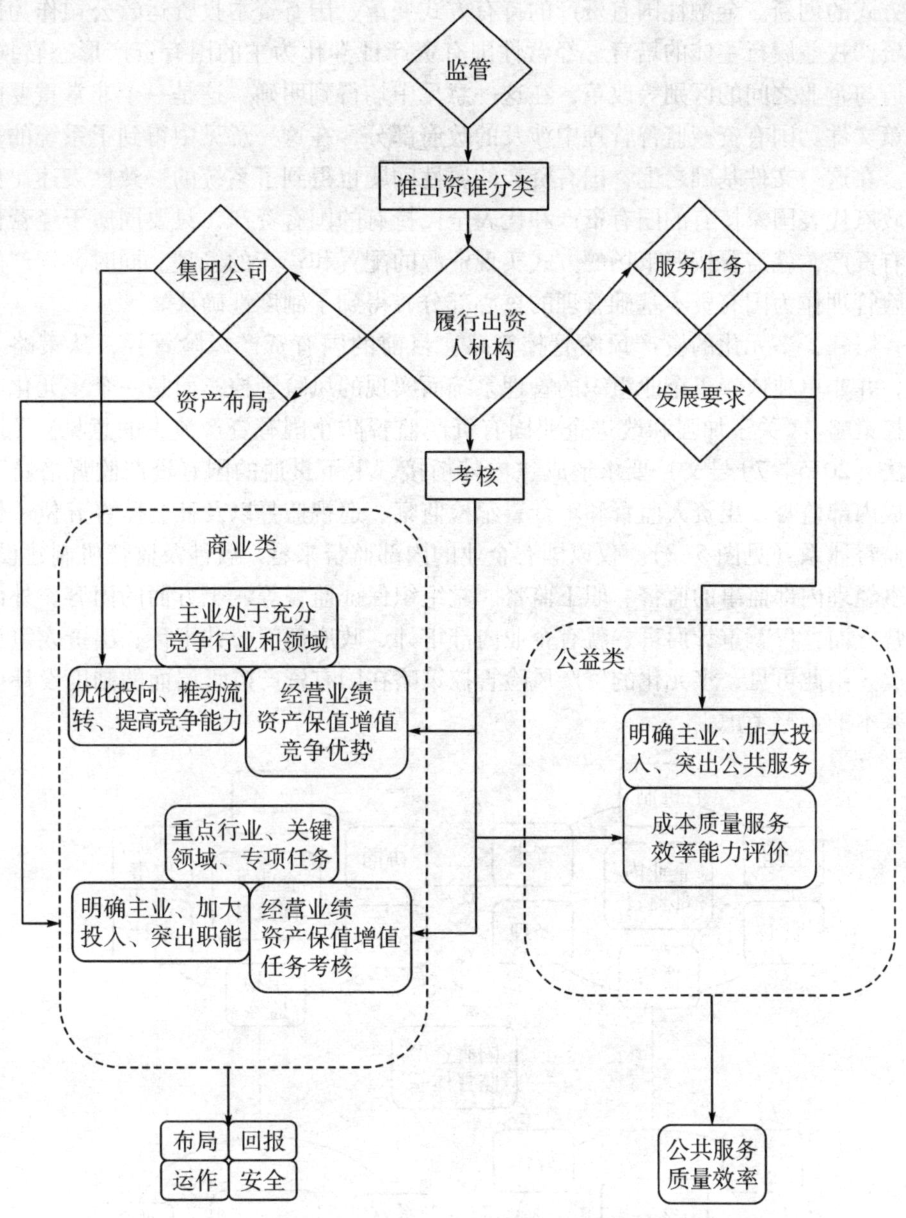


**图 5-1　国有企业功能与分类、国有资本的持有与策略示意图**

那么交易就属于有缺陷的交易。③规范资产配置行为和机制。2017 年 1 月国务院出台《关于创新政府配置资源方式的指导意见》，对政府代表国家和全民所拥有的自然资源、经济资源和社会事业等公共资源的配置方式进行规范。意见明确提出，经济资源“要突出国有资本的内在要求，明确委托代理关系的制度安排，建立健全国有资本形态转换机制”，通过“优化国有资本布局”“完善国有资本授权经营体制”“建立健全国有资本形态转换机制”“规范经营性国有资产处置和收益分配”“强化国有资本基础管理”五个方面的工作，来实现政府配置经济资源方式的创新。金融性国有资产的持有方式变革、国有资本投资运营公司作为国有资产权益履行主体的培育、经营性国有资产证券化为主的国有资产形态转换、政府与企业之间的区别等改革，在这一意见中均得到明确。这是一个非常重要的政策文件。国有资产监督管理中涉及的政府部分，在这一意见中得到了系统的表述。在这一文件基础之上，国有资产的属性问题也得到了系统的一致性表述。例如政府代表国家持有的国有资产和代表全民持有的国有资产，只要同属于经营性国有资产，就需要按照市场的方式实现资源的配置和资产的管理。同时，资产的风险管理作为国有资本基础管理的核心部分，得到了制度性确认。

第三，多元化的资产风险管控策略。目前的国有资产风险管控，从策略上看，并非单独依赖于企业组织的管理系统而实现的风险管控，而是一个多元化的管控策略。《关于加强和改进企业国有资产监督防止国有资产流失的意见》（国办法［2015］79 号文）要求形成“内外衔接、上下贯通的国有资产监督格局”，形成内部监督、出资人监督和审计、纪检监察、巡视监督以及社会监督五位一体的监督体系（见图 5-2）。仅以国有企业的内部监督来看，就涉及监督机制建设、董事经理内部监事的监督、职工监督、党组织保证监督等六个方面的内容。外部监督方面，仅就审计而言，就有企业内部审计、政府部门公共审计、出资人审计三类。由此可见，多元化的资产风险管控策略在国有资产监管层面的制度设计中是基本的策略考虑。

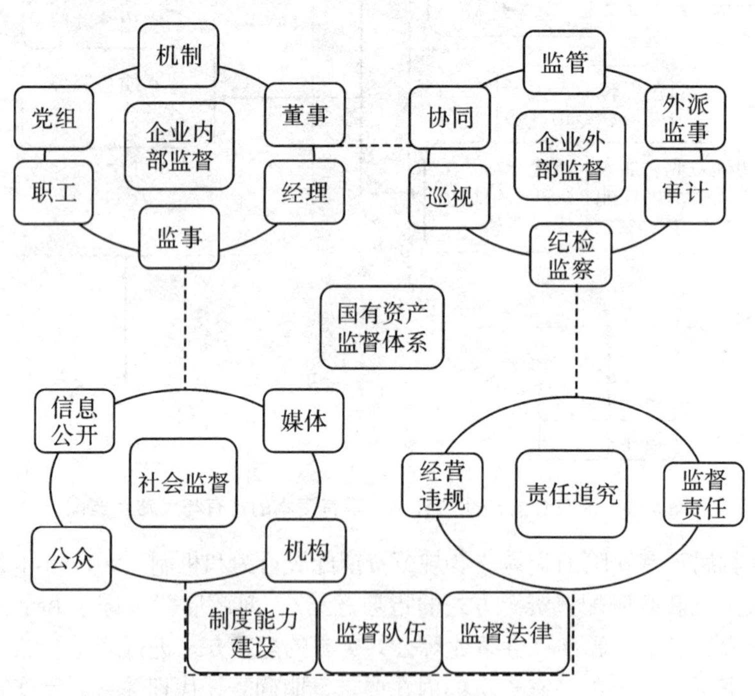


**图 5-2　国有资产监督框架示意图**

5.2.1.2　资产风险治理的外置性特征较为突出

从这些整体的管理架构上看，国有大型企业的资产管理，并不是完全发生在企业内部，特别是资产的风险治理更是如此。之所以说是治理而非管理，其原因在于并非只有一个主体在实施对国有资产风险的监控。监管机构、企业，在很多情况下，还有各级政府，甚至企业所在社区乃至职工，都有可能在一定的场合中参与到资产的风险管理当中。外置性的资产风险治理，有其发展历程的必然性，也有现实市场和制度的必然性。从发展的历程来看，对于国有企业改革所经历的从计划到市场的发展过程，必然就在国有企业这一企业组织上留下较多的政府色彩，也必然会对国有资产的管理留下由历史形成的管理痕迹。从市场和制度的现状看，市场与制度的不完善使得资产的管理不得不依靠非市场和制度的手段来实现。整体而言，外置性的资产风险治理，有着以下几个特征：

第一，对资产安全的高度强调。资产安全问题，是国有资产监管中的重点内容，包括两层含义，一是保值增值，二是防止资产流失。这是资产运营的必然要求，也是国有资产在发展中不断壮大的必然结果。外置性的资产风险治理对于资产安全的强调，主要体现在以下几个方面：①资产安全具体化为保值增值的目标考核。1994 年出台的《国有资产保值增值考核试行办法》正式提出国有资产保值增值的量化考核指标，除了保值增值的“国有资产保值增速率”（对亏损企业来说使用减亏额）外，还参考包括净资产收益率、总资产收益率和成本费用利用率等国有资产的经营效益指标。十八届三中全会之后，2014 年出台的《关于以经济增加值为核心加强中央企业价值管理的指导意见》首次提出以经济增加值（“企业可持续的投资收益超过资本成本的盈利能力，即税后净营业利润大于资本成本的净值”）来推动中央企业实现价值管理，意见明确指出，“完善以经济增加值为核心的考核体系，是实施价值管理的保障，是坚持正确导向，有效落实国有资本保值增值责任的主要抓手”。②对于企业实现资产安全的可信度评估。对于国有企业的持续改革，一个根本的目的，就在于不断强化企业组织这一平台，使其能够承载更为优质的国有资产。无论是现代企业制度的培育与完善，还是国有资本授权经营体制的改革，都是要不断提高国有企业的独立市场地位，使得市场能够真正对企业的资产使用行为和资本运作活动形成足够的激励和有效的约束，从而使得监管机构能够信任企业保障资产安全的能力。③持续更新的管控思路。纵观国有企业改革与发展的历程，对于资产安全的管控，经历了一个持续变化的过程。从计划向市场的转轨阶段，“放”是风险管理的主要工作。留在计划体制内的国有企业及其资产，往往由于缺乏活力而处于无效状态。这一时期资产风险主要表现为企业资产使用的低效率。将这部分企业和资产“逼”进市场，放开搞活，就是最大的风险管控。工业化前期和中期，“控”是风险管理的主要工作。经济活跃，资产快速增值，如何才能实现最大化的资产增值，在防止重大风险事件发生的同时，保持资产的流动性以备不时之需，是这一时期资产风险管控的重点。进入工业化后期之后，“用”是资产风险管理的主要工作，企业发展的态势分化，资产增速放缓，一方面宏观态势要求国有资产能够发挥更大的带动作用，另一方面社会发展又需要国有资产负担起更重要的底线担当作用。如何在新的领域中有效发挥国有资产的作用，是这一时期资产风险管控的重点。④多重的管控策略。外置的风险治理要确保资产的安全，单靠一种方式是难以实现的。在实践中，往往采用多重的策略来确保对资产安全的监管有效。既要充分运用市场规律，又要发挥监管机构的主动性，对重要环节、重点领域和人群进行多重管控。

第二，对资产功能的优先考虑。国有资产与其他资产的最大不同，从形式上看，一类是国家和全民所有，另一类是私人所有。理论对于这两类资产的差别研究，也是基于这一形式差别出发的。国家和全民所有的国有资产，与私人所有的资产，从管理的角度看，显然存在着更难以设计和控制的委托代理关系。具体到资产运动每一个环节的具体管理显然会“管死”，同时也会面临过大的行政成本问题；反过来放手不管，完全按照市场的办法去管理国有资产，委托代理环节存在的弱点就会被无限放大，最终导致的结果，只能是国有资产尽管在名义上依然属于国家和全民所有，实际上却是被各种寻租力量以各种方式所把持。改革发展中出现的种种案例，已经非常明确地表明，完全市场化的做法，可能对资产有利，但对国有资产而言，并无好处。因此，国有资产的改革，就是在加强管理和市场化之间找到符合现实发展需要的结合点。要找到这一结合点。就必须对国有资产与其他资产的区别进行重新界定。如果仅就形式上的国家和全民所有、私人所有而言，的确完全的市场化是理论的唯一结论。但在实践中，国有资产之所以是国有资产，并非仅仅是形式上的国家和全民所有这么简单，而是承担特殊使命的国民财富①。使命之一，国有资产保值增值。使命之二，执行宏观调控和产业发展战略的主要渠道。2015 年出台的《关于深化国有企业改革的指导意见》指出，国有资本就是要“服务国家战略，落实国家产业政策和重点产业布局调整总体要求”。使命之三，技术创新中的主体地位。在创新驱动战略的实施中国有资本所扮演的角色是骨干和表率作用。使命之四，走出去的主体。作为我国经济开放水平提高的重要标志，对外投资的快速增值是近年来一个值得关注的新现象。国有企业在这一过程中扮演了主要角色。使命之五，制度示范。作为大型企业，国有大型企业所探索和尝试的各种制度、模式，可以在一定程度上成为具有中国特色的企业制度的制度供给之一。这些使命和功能的存在，使得国有资产并不同于其他完全按照市场竞争导向行事、以利润为目标的资产。我们可以发现，在关于国有资产、国有企业的若干文件中，对于国有资产的功能性都非常强调。而要实现国有资产的功能性，仅靠市场竞争远远不够，竞争对利润的追逐会造成功能性目标的弱化甚至放弃。所以依靠外置性的资产管理来保障资产功能的优先性，是监管的一个必然的选择。也正是站在这一意义上，如果国有资产没有实现其预期的功能，优先性丧失，那么就资产的风险治理而言，就是重大的风险事件，需要加以应对。

① 《关于完善中央企业功能分类考核的实施方案》指出，建立特殊事项管理清单制度，特殊事项主要包括保障国家安全（国防、能源资源、粮食、网络与信息）、提供公共服务、发展重要前瞻性战略性产业、实施“走出去”重大战略项目（周边地区基础设施互联互通，控制境外重要能源资源，获取境外关键技术，带动我国装备、技术、标准出口等）。

第三，对资产流转的重点监控。外置的资产风险治理，是以监管机构和权益履行主体为主要的执行机构，围绕国有资产的运动所进行的监督和约束。从近期的改革部署上看，在涉及国有资产监管方面，无一例外都对监管的重点进行了界定。《关于深化国有企业改革的指导意见》指出，要“重点管好国有资本布局、规范资本运作、提高资本回报、维护资本安全”；对于商业类、公益类国有企业的监管重点在《关于国有企业功能界定与分类的指导意见》中有各自的规定；在具体的管理对象上，2015 年出台的《关于改革和完善国有资产管理体制的若干意见》指出，包括“主业界定”“投资并购”“经济增加值”“法人治理结构”“监事会”等成为监管的重点。在企业内部，2015 年的《关于加强和改进企业国有资产监督防止国有资产流失的意见》要求“加强对国有企业权力集中、资金密集、资源富集、资产聚集等重点部门、重点岗位和重点决策环节的监督，切实维护国有资产安全”。资产流转作为一种资本运动，其全过程都应当进入监管的范围内。但这显然难以实现。因此，对于重点活动、重点环节、重点资产、重点企业的重点监管就成为资产监管的重点内容。

外置性的资产风险治理优点在于制度架构非常完整，从制度设计的初衷来看，可以用于管理的资源非常充足，从政策到执行的传导中介较短，政策效应较为明显。其缺陷在于，资产的风险治理实质上在一定程度上取代了企业组织的资产风险管理，使得资产的风险管理存在形式化、失效的可能性。同时，由于外置的资产风险管理强调资产功能，一旦对于资产功能的政策性界定发生变化，那么外置性的资产风险治理就会马上面临重大的体制性变革。而这种变革的发生，对于资产而言，就意味着可能的风险。

5.2.1.3 混合型的企业资产风险管理：经济与非经济手段并用

在外置性的资产风险治理之下，实践中企业的资产风险管理也并非完全按照全面风险管理的要求而设定。国有大型企业的资产风险管理是一种“混合型”的风险管理。在模式上，内外结合，资产监管与资产风险管理相混合；在策略上，经济与非经济手段并用。这一混合型的资产风险管理，主要有以下几个方面的共同特征：

第一，资产风险管理已成管理常识，风险管理机构正在成为国有大型企业管理部门的必要构成部分。从 2006 年提出全面风险管理以来，在经历了 2008 年的金融危机、产业结构调整之后，目前在企业层面，对于资产需要进行风险管理已经成为常识。这种常识的获得，主要通过以下几个实践的渠道：一是多次的充足、并购。大型国有企业一般都经历了多次的改革，每一次改革所形成的资产格局变动及其执行，对于身处其中的管理人员来说，都是一次学习的过程。资产风险管理的基本策略与工具已经为国有大型企业的管理人员知晓。二是资产证券化。国有大型企业下属子公司或公司整体上市，提供了规范的资产风险管理制度要求，使得管理人员能够在操作层面上对这些制度规范有一定的认识。三是资产风险事件的处置。企业在面对重大资产风险事件中的处置与应对，也是难得的学习经历。四是全面风险管理制度和部门在国有大型企业中的建立和运行。对国有大型企业的组织结构进行研究，可以发现，董事会下设的审计委员会（或审计与风险管理委员会）、经理层下属的审计与风险管理部（或者审计部、法律与风险管理部）已经成为企业的标准化机构之一。一个值得注意的现象是，很多企业把风险管理与法律事务部放在一起，成为法律和风险管理部。从调研的情况看，这样的组织设计有两个考虑，一是从实践上看，大量的资产风险事件最终都表现为法律纠纷；二是资产风险管理更多的是企业组织性应对，实际上在于对风险事件结果的处置方面，这样法律工具的应用就非常重要。

第二，按照资产风险控制的要求，国有大型企业的法人治理结构持续完善。对于国有大型企业法人治理结构的重视程度，随着改革日益深化。在新一轮的国有企业改革进程中，更是把法人治理结构的建立与完善，作为处于竞争领域的商业类国有企业的监管重点来对待。风险控制要求的有能力的治理参与方，正在实践中得到辨识和确认，并被引入法人治理结构中。2015 年出台的《关于国有企业发展混合所有制经济的意见》中对于这一内容有非常明确的表达。对于“主业处于充分竞争行业和领域”的国企，强调整体上市并引入包括国有资本和非国有资本在内的其他资本，以实现股权多元化，为治理结构的完善创造条件；对于“主业处于重要行业和关键领域”的国企，在保持国有控股的同时，支持非国有资本参股；对于公益类国企，在推进股权多元化的同时，也强调鼓励非国有企业参与经营。通过这些措施，要在国有大型企业形成“股权结构多元、股东行为规范、内部约束有效、运行高效灵活的经营机制”。同时，对于国有企业下属的子公司，也要求进行股权多元化，但必须限定法人层级，压缩管理层级。更为重要的是，为解决作为出资人的监管机构缺乏实际的风险承担能力而导致实践中由政府承担资产运营风险的问题，要求设立国有资本运营公司，行使出资人的职责，这是更为根本的从治理结构方面提高风险控制能力的改革举措。可以预期，在这些改革的综合作用下，国有大型企业的法人治理机构在企业的风险治理方面，会发挥更大的作用。

第三，对市场化资产风险控制工具的审慎性使用。尽管资产的市场化运营，特别是对金融工具的使用，有利于资产的风险控制，但是目前国有大型企业的资产风险管理，尽管在机制上都强调规范的治理结构和对应的专业性管理部门，但在实际的资产运营操作中，除对市场化的一般性要求给予了重点强调之外，对于风险管理的专门性工具的使用，表现出极为谨慎的制度性取向。《关于以经济增加值为核心加强中央企业价值管理的指导意见》中，要求在资本运营的战略、财务、市场、运营和法律等关键环节，按照风险与收益相平衡的原则，运行风险管理工作程序。对于工作程序，提出以下要求：其一，形成闭环工作流程。其二，加强风险检测预警。其三，增强现金盈余保障，提高风险承担能力。其四，严格财务杠杆边界管理，慎用金融衍生工具，限制风险传导和扩散。2017 年公布的《中央企业投资监督管理办法》要求建立前期评估及预案、过程风险控制、投资后运营控制的全过程风险管理体系，并明确指出监管方要委托第三方对投资风险管理体系进行评估。在风险控制上，除在治理结构上要求社会投资机构参与外，办法明确提出“不得因投资推高企业的负债率水平”；同时公布的《中央企业境外投资监督管理办法》还对“政策性出口信用保险和商业保险”的应用进行了专门的规定。之所以表现出这种明显的审慎的制度性取向，主要有以下几个原因：其一，历史经验教训。2005 年前后国有企业的高风险业务经历过一次集中清理的情况。在这次清理中，出现了少数企业使用复杂金融衍生工具，而自身对工具并无足够认识，导致重大资产损失的情况。监管机构对此明确要求清理，并强化管理，有效防控风险。其二，在监管层面上，明显具有金融类国有企业与非金融类国有企业分开监管的整体思路。如果非金融类的国有企业从事过多的资产运营活动，那么就企业性质而言，就与金融类的国有企业相差无几。这对于监管而言并无好处。其三，国有资产的运营和管理在企业内面临较为复杂的局面。除表内资产外，国有企业还存在相当数量的表外资产。2012 年的《关于加强中央企业特殊资金（资产）管理的通知》（国资发评价［2012］6 号）中对这一现象有明确表达，认为特殊资金（资产）在中央企业是普遍存在的①。如果不对企业的资产运营行为做出限制和规范，过大的特殊资产必然会形成与国有资产原有运营方向不一致的利益取向和战略选择，进而在资产运营中获取不当利益。必须要指出的是，审慎的资产风险控制工具的运用，在限制风险发生的范围和水平的同时，也限制了资本市场对于企业国有资产运营的支持作用。

第四，对非经济手段的综合使用形成了独特的企业资产风险管理特点。市场化资产风险管理工具的受限，使得资产的风险管理必须要借助其他方式来加以实现。除对外置性风险治理的依靠外，主要的方式还包括：其一，对处在重要水平之上的项目、管理环节、业务领域，在管理资源方面给予重点倾斜。这不仅在外部的制度性规范中有明确的表述，在企业的实际资产运营过程中，执行得也较为彻底。其二，充分发挥国有企业党群组织的优势和作用。尽管并未在工作规范中明确列出，但保障国有资产的安全是国有企业党群组织的重要责任。一方面是群众性组织作用的发挥，例如工会作用的发挥、厂务公开所要求的信息公开、企业民主管理制度中职工对管理工作的积极参与，在客观上都起到了一定的监督作用。另一方面是强化党组织在企业中的作用。2015 年《关于深化国有企业改革的指导意见》指出“充分发挥企业党组织政治核心作用”“创新基层党建工作，深入开展党风廉政建设”“把加强党的领导和完善公司治理统一起来，明确党组织在公司治理结构中的法定地位，将党建工作总体要求纳入公司章程”“国有企业党组织要切实履行好主体责任，纪检机构要履行好监督责任”。这种新的外部制度要求，在内容上，非常鲜明地突出了过去尽管极受重视，但在现实中却处于边缘化的企业党的建设工作的重要性，且这一重视程度前所未有。应该说，这既

---

① 《关于加强中央企业特殊资金（资产）管理的通知》指出，特殊资金（资产）包括职工互助基金，企业慈善基金会管理的资金，企业工会管理的资金，职工持股会管理资金，企业代管的社会保险资金、企业年金、住房公积金等企业虽不拥有所有权但承担资金安全管理责任的资金（资产）以及属于企业所有但尚未并表的各类资金（资产）。要求严禁将特殊资金（资产）用于投资风险不可认知的业务或高风险业务；严禁将特殊资金（资产）用于对外拆借、担保或抵押、质押。

是对过去国有企业改革、国有资产监管的经验归纳，也是基于国有资产运营，所提出的新的解决思路。对于这一对策的执行与效果，还有待于实践的检验。

在勾勒出国有大型企业资产风险管理的进展情况，从制度和成效一侧对当前管理进行描绘之后，需要研究当前资产风险管理存在的实践问题，从难题一侧对国有大型企业资产风险管理进行再描述。为增加问题的针对性，在此选用了几个案例，对突出的问题进行集中描述。

### 5.2.2 周期性管理层级压缩的风险考量及其管理应对

#### 5.2.2.1 案例背景

企业管理的变革，尤其是大规模的整体性企业管理变革，一直是国有企业改革的主要思路之一。规模庞大、数量众多的企业，在同一时间段内，按照统一的要求，对企业组织、管理模式进行大规模的调整，是我国企业的一个独特的现象。这种调整并非是一次性的，其突出的特征，就在于几乎所有的调整都涉及企业管理层级的压缩和法人户数的减少（简称“压减”）。从20世纪90年代至今，国有企业管理层级的压缩和法人户数的减少，已经历多次。最开始是系统性的管理层级压缩，例如抓大放小，就是从系统角度考虑得出的管理对策。之后的“三年脱困”，国有企业大规模破产重组，是另一种意义上的管理层级剧烈压缩。还有主辅分离，则是无关的管理层级的剥离。国资委成立以来，压缩中央企业数量规模的努力从未停止过。今天，我们又迎来了新一轮的国有企业管理层级压缩和法人户数的减少①。

#### 5.2.2.2 新一轮国有企业管理层级压缩的实践推进

在本轮国有企业改革的进程中，与混合所有制改革相比，国有企业压缩管理层级的改革并不引人注目。其原因在于，这一改革主要是企业内部的组织调整和资产重新配置，因此，并不为社会所关注。但这一改革的重要性，其所针对问题的顽固性，与混合所有制相比，没有丝毫不同。

2016年，国务院出台了《关于推动中央企业结构调整与充足的指导意见》指出，“中央企业产业分布过广、企业层级过多等结构性问题仍然较为突出”“压缩企业管理层级，对五级以下企业进行清理整合，将投资决策权向三级以上企业集中，积极推进管控模式与组织架构调整、流程再造，构建功能定位明确、责权关系清晰、层级设置合理的管控体系”。在具体的目标上，国务院明确要求，从2016年开始，要“力争在3年内使多数中央企业管理层级控制在3~4级以内，法人层级10级以上（含10级）的企业减少3~5个层级，企业法人户数减少20%左右”。

本次“压减”的背景，是经济增速趋缓、产业结构调整受阻、过剩产能突出。在应对经济增速趋缓、发展新产业领域、经济结构转型等方面，国有企业都

---

① 以下案例来源于国资委网站“中央企业压缩管理层级减少法人户数工作”专题下中央企业管理层级压缩的方案与报道。网址为：http：//www. sasac. gov. cn/n2190709/n2485150/index. html。

负有重要责任。如何从传统产业中退出、如何进入新产业、如何提高经营质量与效率，都成为对企业管理进行变革的政策需要。“压减”是国有企业综合性管理变革的重要构成部分，与精减人员分流冗员、主辅分离卸掉包袱一起，是此次国有企业管理变革的“关键三招”。

对于这一整体性的企业管理架构变革的政策要求，包括政府、理论界、企业和媒体等各方的反映并不一致。有的认为3~4层的目标界定要求过高，与集团公司市场化运作所形成的企业形态并不符合，例如仅仅是公司总部（1级）、投资中心（2级）、利润中心（3级）、成本中心（4级）的最简单集团公司制企业组织结构，就是4级，更何况现实中的国有大型企业往往都是由多家企业合并而来的。当前相互之间的关系，既有市场的原因，也有历史的原因，非常复杂，如果按照3~4层的要求改下来，有削足适履之嫌。有的认为压缩管理层级的根本目的在于提高经营效率，因此只要能够提高经营效率，那么如果需要压缩管理层级，那就压缩，反之则不必然。有的认为管理层级压缩并非一时之间就能完成，而是应该在一个较长的时间段内对这一问题进行综合考虑。

以上的观点都从一个方面反映了当前国有大型企业管理层级方面存在的问题。其一，管理层级、法人户数过多问题显然存在。目前的平均数5~9层并不能真实反映管理层级存在的问题。按照报道的材料，目前看到最多的管理层级高达19层。从统计的材料看，法人层级和管理层级在一些企业中的确处于极为复杂的状态，法人户数上千并不是少见的情况（见表5-1）。主要有两个方面的情况：一方面，相当部分国有大型企业按照国家行政区划设立了相应的行政层级，这些行政层级之下往往都有高度复杂的管理层级结构；另一方面，在一个层级上，业务领域非常宽，一些定位并非完全清晰的国有大型企业，经营范围非常大。其二，管理层级过多反映的是国有大型企业内部投资决策分散化的问题，企业运行的项目极多，一个管理层级数百个企业，反映出来的，是投资整体效率下降。其三，管理层级过多与人员过多往往是联系在一起的。这是一个具有独特性的现象。可能有如下原因导致这一现象；一是过去的改革仅仅是把企业合在一起，资产放在一起，人员聚在一起，却没有在精减人员上做出实际的行动。至少说在一部分行业是如此，例如上一轮改革尚且处于繁荣时期的产业。二是国有企业在资产快速增值的同时也倾向于企业雇员规模扩张，其原因可能并非是自身决策，而是政策要求、地方政府要求所形成的结果。其四，管理层级问题明显具有周期性。每一次都下大力气解决这一问题，但每一次都并不彻底。一段时间后又周而复始。本次三个方面的管理，从措施上来看，都并不新鲜，在过去的国有企业改革中，都曾经使用过。其五，对于中央企业而言的管理层级压缩问题，在地方国有企业方面，表现为更为复杂的局面，其中不仅有地方大型国有企业的管理层级压缩问题，还有大量新增国有资产归属主体不符合资产统一监管的客观现实。对于地方国有企业而言，中央企业的管理层级压缩措施显然更具有示范作用。

表 5-1　一些企业的法人层级和管理层级情况　（单位：户）

| 层级 | A 建筑（法人） | B（法人） | C 建筑（管理） | D 化工（法人） | D 化工（管理） | E 煤炭（法人） | E 煤炭（管理） | F 铝业（法人） | G 通信（法人） | G 通信（管理） | H 航运（法人） | H 航运（管理） | I 船舶（法人） | I 船舶（管理） |
|---|---|---|---|---|---|---|---|---|---|---|---|---|---|---|
| 1 级 | 1 | 1 | 2 | 1 | | 1 | 2 | 1 | 1 | 2 | 1 | 1 | | |
| 2 级 | 47 | 14 | 92 | 16 | 17 | 17 | 29 | 29 | 35 | 44 | 2 | 52 | 68 | 41 |
| 3 级 | 660 | 44 | 525 | 146 | 179 | 134 | 166 | 179 | 111 | 101 | 55 | 534 | 278 | 333 |
| 4 级 | 312 | 18 | 215 | 86 | 194 | 95 | 55 | 281 | 298 | 298 | 458 | 789 | 693 | 941、 |
| 5 级 | 57 | 7 | | 39 | 169 | 5 | | 33 | 11 | 11 | 383 | 327 | 602 | 466 |
| 6 级 | 3 | | | 56 | | | | 1 | 1 | 1 | 466 | 10 | 269 | 194 |
| 7 级 | | | | 39 | | | | | | | 254 | | 133 | 88 |
| 8 级 | | | | 56 | | | | | | | 73 | | 15 | 8 |
| 9 级 | | | | 12 | | | | | | | 21 | | 7 | |
| 10 级 | | | | 32 | | | | | | | | | 4 | |
| 11 级 | | | | 56 | | | | | | | | | 2 | |
| 12 级 | | | | 46 | | | | | | | | | | |
| 13 级 | | | | 11 | | | | | | | | | | |
| 14 级 | | | | 2 | | | | | | | | | | |

从国有大型企业的执行情况看，应该说压缩法人户数和管理层级的工作一直都在进行。比较典型的是国家电网。2010 年至今，国家电网精减了各类机构 8 700 余个，产权链条由 8 级压缩到 5 级。中国石油自 2004 年开始持续推动“压减”工作，至 2016 年已完成近 3 000 个法人的处置，目前法人 2 399 户。中国电信已从主辅分离时期的 3 374 户减少至 2015 年的 402 户。2016 年以来新的“压减”要求，企业均按照要求，制订了至 2018 年达标的“压减”计划，“严控三级、冻结四级、禁止五级及以下单位对外投资”成为各个企业“压减”计划的普遍性用语。截至 2016 年年底，“压减”进展顺利。在“压减”工作推进中，普遍还存在以下几个方面的困难：其一，两个难点。一是历史遗留下来特困企业、职工安置、资产剥离等，造成压减困难，企业自身难以承担，要求支持。二是新产业。由于处于快速发展的态势中，“压减”较为困难。其二，市场要求导致“压减”较为困难。建筑行业的“一项目一公司”、地方政府对项目在当地注册的要求、境外投资面对的监管要求、医药行业的全国性批发零售一体化等，使得“压减”会对企业的正常经营造成影响。其三，按照市场交换的方式实现“压减”任务较为困难。提升管理层级要求对股权结构进行调整，但要按照市场的方式完成股权结构的调整，支付金额巨大且税费高企，要求采用无偿划拨的方式来进行。其四，“压减”涉及的企业外部的程序性要求较多，不可控因素复杂，要求将“压减”工作完成的标志界定为企业向外部机构正式提交相关文本的时间点。

5.2.2.3　案例的资产风险分析

从资产风险管理的角度看，管理层级压缩和减少法人户数使得企业组织形式的主动变化，其目的在于使得企业组织符合资产风险控制的需要。国有大型企业的管理层级压缩之所以一再发生，就其根本而言，还在于资产风险管理与资产风险之间并不完全匹配，资产风险并不在企业组织的完全掌控之下，风险的实际控制行为必须要由外部的监管机构来推动和完成。

第一，管理层级压缩可以在一定的时间段内防控资产运营类风险，并在实质上抑制了市场类风险，但对防控权益类风险效果不佳，这是周期性管理层级压缩出现的原因。作为企业组织架构的调整，管理层级压缩必然会对企业的资产运营活动形成约束，例如为了满足压缩的要求，资产的组织归属、运营主体均会有一定的适应性调整。尽管这种约束是非常态的，但对资产运营也有监督和管控的作用。更为重要的作用在于对于资产的市场类风险，管理层级压缩所造成的企业战略布局的变化，必然伴随着资产结构的相应调整，资产的运动会带来相应的定价行为，资产价格的明晰会显著地降低资产所面临的市场类风险。这是管理层级压缩作为企业管理模式变革举措，对于资产风险管控的益处所在。

第二，周期性的管理层级压缩反映了企业资产风险管理更多地采用了风险转移的策略。一方面，企业自身有通过延伸管理层级来提高对企业的掌控能力和资产的运营能力的内在冲动。只要外部环境许可，例如政策无明确的限制、经济环境活跃等，大规模的投资活动就会出现，并由此形成管理层级的显著延伸。另一方面，国有大型企业在执行特殊任务时，在客观上也有进行大规模项目投资的机会。必须要注意的是，即使在新一轮国有企业改革的方案中，对于承担特殊任务的国有企业的经营效率下降问题，在业绩考核中都还是要给予区别对待。因此，企业本身对于进行这一类的投资和项目运营活动，在管理心态上不仅没有负担，反而有足够的动机去利用这类投资来提升自身的管理能力。由于投资带来的资产扩张效应极其明显，在一定程度上掩盖了资产扩张与管理层级延伸带来的管理效率下降问题，由此形成的资产风险问题并不为企业所重视。资产运营实际递减的运营效率乃至损失逐步累积和叠加，最终形成资产运营失败的最大风险事件。这类风险事件在国有大型企业内部得到补偿和处置的可能性并不高。因为大致存在以下几种传导机制，使得风险可以传递到企业外，成为其他市场主体、政府乃至社会的责任。其一，通过大规模负债形成的资产，随着运营能力的丧失或者偿债能力的丧失，企业会失去存续能力，资产易手，债权人成为资产损失的共担主体。也正因为如此，在国有企业投资监管中，新的方案反复强调国有企业的投资活动不能推动企业的资产负债率。其二，大而不能倒。国有企业规模过于庞大，资产、人员、产值、对国内生产总值的贡献、产业地位过于庞大或者重要，因此不能因为经营失败而倒闭。在这种情况下，对企业而言，除非有内在的资产风险控制激励，否则任何资产风险管理制度都是无效的。一旦资产面临重大风险，企业并不是实际的风险承担者。其三，无成本资产划拨、核销或者外部注资等例外性资产风险应对举措作为底线的存在。资产风险既可能会表现为资产损失，也可能会表现为资产持有成本上升。在遇到极端性灾害或者非预期市场风险导致资产遭遇重大损失时，资产监管的归属方采用核销或者外部注资的方式，补偿资产损失或者直接注销资产，资产风险得到应对。在遇到资产经营不善或者其他政策性要求必须进行权益调整时，资产持有成本则会成为关键因素。往往在这一时刻，在市场下无法或者成本极高才能实现的资产权益变动，在行政介入的情况下，可以通过无偿划拨的方式得到解决。针对这三种情况，尽管资产风险最终都得到了处置，但作为资产风险应然的管理主体企业本身，却成为实质上的风险制造、推动者和转移者。

第三，管理层级压缩作为资产风险应对举措的适用性，需要较多的环境条件。单一的管理层级压缩，并不能对企业资产的运营起到实质性的作用。其实施至少要有以下几个方面的环境条件：一是整体层面上资产运营效率下降，国有资产的权益履行主体认为需要对企业进行调整与变革。二是企业的资产符合管理层级压缩的必要资产条件。简而言之，资产要能够“运动”。管理层级变化而资产没有发生运动，完全是行政性的组织变化，并无实际意义。而资产要能够运动，需要满足的市场条件就非常多。三是必须配合资产监管的相应变革，才能由管理层级压缩引致实质性的企业资产风险管理整体水平提升。也正因为如此，管理层级压缩的政策要求，“统筹规划，将‘压减’工作与改组组建国有资本投资、运营公司、中央企业重组整合、处置‘僵尸企业’及特困企业专项治理、过剩产能退出、厂办大集体改革、分离移交‘三供一业’等企业办社会职能改革工作协同推进”。

第四，要消除周期性的管理层级压缩，必须提高国有企业资产风险管理的可置信度。周期性的管理层级压缩之所以出现，其关键还在于作为国有资产承载主体在资产风险管控方面的可置信度较低。假如国有大型企业能够根据企业发展的需要和资产运营的要求有效控制管理层级，有效管控资产风险，那么由外部的监管主体推动的周期性管理层级压缩就无必要。这是一个简单的道理。所以管理层级压缩要解决的风险，是资产风险管理不作为的管理失效风险。要解决这一问题，必须继续强化外部的资产监管。例如本轮对国有企业对外投资的法律约束，就是这方面的举措。但仅靠外部监管并不足以解决问题。管理层级压缩政策要求严控企业对外投资、新设法人组织，要求企业探索以基金等新形式对外投资。要判断国有大型企业是否能够有效管控资产风险，需要三个层面的评价内容。一是是评价标准。即作为监管主体和权益履行主体对企业风险的可接受程度的量化表述。这一标准作为企业资产风险管理应该达到的最低线。二是制度规范，企业作为资产风险管理的主体，要有规范的、可测试、可比较的全面风险管理体系（ERM），资产的风险管理应当是这一管理体系的核心内容。在这一方面，需要对全面风险管理体系做出详尽的规范性指引。二是风险测试，即对企业资产风险管理的能力进行定期的制度测试和非定期的管理实践测评。通过这三个方面的测评，使得资产的风险管理成为企业管理的常态化内容。如果企业不能通过评价，则不能作为国有资产的运营主体。当然，这一评价体系要有效运行，就需要国有资产的监管主体本身更为集中，从而使得评价能够始终如一地得到执行。

### 5.2.3 资产风险事件及其处置困境

对于重大资产风险事件的处置，最能够体现资产风险管理的设计思路与实施水平。在此，本节选用D企业作为案例，对其围绕企业债违约问题展开探讨。

#### 5.2.3.1 案例背景

在宏观经济趋缓的态势下，处于产能过剩行业的大型国有企业，尤其是地方国有企业，频频爆出严重的债务危机问题。负债数百亿甚至高达两千亿的恶性债务风险事件，引起了社会的广泛关注。同时，由于债务危机引发的企业破产、重组危机，期间引发了企业、银行、投资人、政府、职工等各方的利益博弈。随着2016年供给侧结构性改革的深入实施，由相关博弈产生的企业破产与重组在所难免。

这些事件由于正在进行中，企业的情况尚不清晰，处置的手段和结果也还是未知数，并不能成为研究的对象。所以对于这些现象，在此仅作为背景提出。这里要关注的，是企业债违约。对于企业债，首先要明确政策要求。《公司债券发行与交易管理办法》（以下简称《办法》）指出，公司债是指“公司依照法定程序发行、约定在一定期限还本付息的有价证券”。《办法》对公司债在市场的发行程序、涉及机构的责任、发行人的信息披露、法律责任等均进行了详细的规定。例如，对于发行人来说，可以通过第三方担保、商业保险、资产抵押质押担保、限制债务或对外担保、限制对外投资、限制向第三方出售或抵押主要资产、设置债券回购条款等内外部增信机制和偿债保障措施，来提高发行人的偿债能力，控制公司债券风险。同时，对于发行人的责任，《办法》也明确要求："发行人的控股股东滥用公司法人独立地位和股东有限责任的，损害债券持有人利益的，应当依法对公司债务承担连带责任。"国有企业的企业债违约，意味着企业的资产运营损失由企业向债券持有人转移，在很多情况下，是其他企业和银行转移，这就形成了实体企业的资产风险蔓延到金融系统的传导渠道。同时，企业债违约，是债券市场的重大风险事件，如果任由其发生而无切实的应对措施，受损的不仅是企业，而且是整个债券市场。因此，必须加以严格的控制。

企业债风险事件发生后，要积极应对，大致有以下思路：一是启动内外部增信机制和偿债保障，延缓支付，这对于债权人而言是最好的选择。二是债务向股份转变。这对于企业而言，如果不涉及重组以实现企业治理关系的根本性调整，无异于逃废债务。当然，作为一种债务处置方式，也不失为一种次优的选择。三是破产清算。这是最后的手段，对于企业和债权人而言都会造成权益损失。对于国有大型企业而言，还有除开经济方面的其他社会性影响的考虑。对于债转股，2016 年发布的《关于市场化银行债权转股权的指导意见》中指出，出于供给侧结构性改革、保护优质企业等目的，"有必要采取市场化债转股等综合措施""可以有效降低企业杠杆率，增强企业资本实力，防范企业债务风险"。债转股的基本要求是：其一，市场运作，"政府不搞拉郎配"。其二，防范风险，"防止企业风险向金融机构转移""防止应由市场主体承担的责任不合理地转嫁给政府或其他相关主体""政府不承担损失的兜底责任"。其三，债转股使用的债务主要是"银行对企业发放贷款形成的债权""适当考虑其他类型债权"。从这些条文中可以体现出三个基本考量：一是债转股是解决债务危机的最终手段。是否使用这一最终手段，取决于对企业、市场和债务的综合考虑与判断。二是坚决防范资产风险由企业向银行、向政府等两个渠道传导，最终向社会扩张。三是债转股的实施，必须以企业治理关系的彻底变革为前提条件，不是作为债权人的银行变为作为债务人的企业的股东就完事。

#### 5.2.3.2 D 企业债券违约风险事件进展

D 企业是知名钢铁企业①，是 E 省省属国有企业，下属三个生产基地、5 个全资子公司、1 个上市公司、7 个控股子公司、2 个参股子公司和 1 个孙公司。D 企业的股本结构为：D 企业所在 E 省国资委持股 48%、E 省国有资产经营有限公司持股 23%（企业债违约处置期间转让给 E 省物产集团有限责任公司）、一个生产基地所在省份 F 省国资委持股 13%、G 资产管理股份有限公司持股 16%。这一股份结构的形成，是 D 企业在改制过程中，通过重组、合并、委托经营其他当时

① D 企业的相关数据和事件进展来自于上海清算所、中国外汇交易中心全国银行间同业拆借中心以及联合资信评估有限公司的相关公告。相关数据和信息经过处理。

处于经营困难状态的企业所形成的。

截至2015年年底，D企业的现金类资产为20亿元，资产总额为550亿元，所有者权益为80亿元，短期债务为260亿元，全部债务为380亿元，营业收入为50亿元，利润为1 000万，经营性现金流为2亿元，营业利润率为17%，资产负债率为85%，EBITDA利息倍数为2。自2016年3月开始，D企业公告一笔8亿元的短期融资券未能按期足额偿付本息之后，至2017年2月已有9只债券违约，涉及本金70亿元。D企业信用评级降至最低，无法通过再次发债或者贷款获得资金。2016年10月，D企业正式进入破产重整程序。按照主流媒体的报道，D企业的金融债务经测算约为440亿元，此外还有100亿元的经营负债，各类负债共计540亿元，接近企业2015年公布的财务报表550亿元的规模。

从直接原因来看，不能支付到期债务是导致违约的直接导火索。而不能支付到期债务，显然是无法筹足应支付款项造成的。之所以如此，可以从以下几个方面对其进行分析：

第一，就财务指标分析来看，D企业资产负债率非常高，短期债务占债务比例也非常高，且债务规模非常大。按照D企业的超短期融资说明书中指出的，D企业负债余额近450亿元，其中有息债务余额为230亿元，其他流动负债为25亿元，长期应付款为27亿元，在债券发行期间到期的有息债务总计为180亿元；流动比率为0.6，速动比率为0.35，短期偿债能力指标较低。在这样的情况下，必须要有非常精细的财务筹划和面对非预期性事件时的应急手段和机制，才能应对这样的债务情况。出现了债券违约，说明所有的应急手段和机制都未发挥应该发挥的作用，或者说设计能力不足，发挥的作用不足以应对。

第二，从企业债形成的原因上看，大规模的投资建设是主因。按照D企业的超短期融资说明书中指出的发行人风险，“随着经济规模不断扩大以及某基地变迁改造等项目的推进，导致营运资金以及项目资金出现缺口，发行人对外融资弥补资金缺口，负债总额持续增加”。截至2014年年底，D企业累计投入近300亿元，实施技术改造，三大基地设备和技术改造投资均超过百亿元规模，并计划在未来3年内完成在高端市场的新布局。

第三，导致资金链断裂的主要原因是市场走弱，生产下滑。在融资说明书中，对于D企业或将面临的这种局面已有所表述，“存货跌价风险，受宏观经济长期低位运行影响，导致企业产品滞销和库存高企，且行业景气度至今仍未出现明显回升迹象，产品价格存在一定的下行压力”“公司收到的其他与经营活动有关的现金减少”“原材料主要依赖外购，不利于控制生产成本”。在未能按期足额偿付的公告中指出的原因是“受钢铁行业整体不景气影响，公司近期销售压力很大，库存商品积压，销售回款不及时。公司虽采取了加大回款力度、降低库存，并通过多种渠道筹集基金等措施，依然未能筹集足额偿付资金，已构成实质性违约”。

对于D企业的企业债券违约，企业、政府、债券持有人的态度并不一致。债券持有人明确提出了“发行人及其控股股东书面承诺不进行债转股、不逃废债务并挂网公告”的要求。D 企业提出的处置意见则是“债转股”，主要内容是债务人提出 67%的金融债务转股份方案，引入新的战略投资人，实现整体上市，债权人通过资本市场退出。地方政府有心帮助 D 企业，但能够使用的资源有限，无法起到实质性作用，且相关职能部门对此类企业，有明确的“给予帮助但不兜底”的表态。值得注意的是两点，一是 D 企业在违约时，尚属于盈利企业。造成当期债务无法偿付的局面，而且是公开发行的企业债券，不能说外部监管不完善，其他相关市场主体，例如承销商等，未尽责，市场机制不健全。二是信息不透明。债券违约以来，D 企业在企业经营信息的披露方面多次延期，社会无法了解其真实的情况，只能从一些新闻报道中看到些许情况。D 企业 2017 年经济工作会议明确指出，2016 年 D 企业“以化解债务危机、优化生产经营为主线”，经历了“保命经营、搁置债务状况下的提质运行、司法程序下的破产重整三个阶段”，2017 年要“坚持以正向现金流为底线，摘掉亏损帽子”。

5.2.3.3　案例的资产风险分析

对于 D 企业债券违约的分析，主要探讨企业内外部资产风险管理机制存在的问题。主要包括以下方面：

其一，外部资产风险防控的失效问题。通过资本市场发行企业债券，本身就是将企业的资产活动置于市场监管之下的战略性设计。然而，在明确的法律要求和规范的市场操作情况下，企业依然会出现债券违约情况，这是需要深思的问题。客观来说，违约的出现，既有市场下行导致的系统性风险原因，也有风险防控的系统设计问题。前者是不可控的因素，一旦遇到系统性风险事件爆发，风险分担是最为现实的选择。就债务而言，就是债务人和债权人以及其他相关各方分担损失。外部的资产风险防控除开在整体上降低系统性风险发生的概率外，对于系统性风险在局部的爆发，特别是在某个企业身上出现，不可能也没有必要拥有应对的资源和手段。后者则是系统设计的问题。金融类企业与非金融类企业的划分，在客观上提供了隔断两个系统之间风险传导的市场渠道的对策方案。但在实际的市场运行中，两个系统之间的风险传导，本身也是市场应对系统性风险的重要策略之一。非金融企业的资产风险问题，可以通过金融企业的工具来获得解决方案，而金融企业的资产风险，也必然要通过在非金融企业中的资产配置调整来加以管控。在两个系统之间设置阻断阀确有必要。但如果只考虑金融系统的稳健性，当金融系统遇到系统性风险时，可以使用非金融企业这一系统来化解风险，反过来则不行。如果这样，外部风险管控就是主要站在金融类企业这一个方面来评价和管控风险，而对于非金融类企业这一个方面的风险管控需求，必然在制度层面上体现就较少。在这样的情况下，非金融类企业的资产风险控制，天然就缺乏必要的重要性。从整体的资产风险控制来说，只要控制住金融部门的风险，就不会发生大规模的系统性资产风险事件。非金融类企业的资产风险管控，则在战略层面上以处置突发性、系统性风险为要点，至于常规性的资产风险管理，并非管控的重点。这是非金融类企业外部资产风险防控失效的制度性原因。

其二，资产运营金融工具使用不规范问题。从 D 企业的情况看，以中短期融资来支撑长期投资的情况较为突出，而且随着资金的日益紧张，这种状况也越来越明显。最终压垮企业的问题，也是在这类操作状态下的常见情况，现金流不能满足偿债需要，导致企业组织丧失在法律意义上存续的合理性。这一结果，在实施这种投融资模式之前，就应该有所预见并有所应对。特别对于国有企业而言，国有资产的保值与增值，并没有要求国有资产以高风险的状态运营。对于履行特殊任务而导致资产运营处于高风险状态的情形，在资产运营之前，就会对资产持有目的进行特定的说明，进而在企业的资产风险管控中加以特别的对待。除此之外，资产的风险管理都要求有限满足保值的目标。因此，在这一前提下，依然出现企业债违约，只能说明企业对于资产运营使用的金融工具，并不能很好地加以应用。

其三，企业资产风险治理主体缺乏风险承担能力问题。风险事件在酝酿、发生的进程中，企业既可以在管理层面上考虑应对的工具，还可以在法人治理结构下，考虑应对的系统策略。在D企业的债券违约中，一个明显的问题就在于作为大股东的E省、F省国资委缺乏对D企业债务的合格的市场化参与资格。例如在债券违约发生后，通过注资的方式对D企业进行帮扶。在当前监管模式下，这种选择并不现实。D企业的管理层，在客观上成为政府的代表，其对D企业违约后的战略选择的表述，均被视为地方政府的态度。这在一定程度上混淆了企业和政府之间的关系，不仅不利于政府职能的转变，也不利于企业作为一个独立的主体，来应对资产风险。国有资产的合格的权益履行主体，是下一步国有资产监管体系改革的重点内容。

其四，资产风险事件发生后的市场化应对未成惯例。在出现违约事件后，政府的习惯性介入是这一案例中另外一个需要加以分析的现象。政府介入的原因较多，一方面是国资委直接管理的国有企业，政府介入的内在动力。另一方面，企业出现问题有可能引起社会矛盾，政府即使出于防患于未然的心态，也有充足的理由介入。如果放大来看，过去十年，经济发展累积的社会问题爆发，使得政府高度重视社会稳定，并在如何保持社会稳定方面积累了较为丰富的管理经验。当经济领域的风险事件出现时，政府习惯性的反映就是拿维持社会稳定的做法来应对经济风险事件。因此，在对企业资产风险事件影响的排序上，由经济风险事件引起的社会动荡的影响排序显然高于经济风险事件本身的影响。救企业成为不二的选择。必须认识到，这是与企业的资产风险管理截然不同的管控思路。就资产风险而言，资产不是企业，企业出问题，资产还在，只要资产能够存续并保值，企业作为承载平台，并无必须保留的必要。即使企业与资产不可分离，在风险事件出现后，通过市场化的处置，也可以为企业与资产的市场化运作创造新的条件。例如，在资不抵债宣布破产的情况下，理论上债务总额就是企业的市场价格，只要有市场主体愿意承担债务，就可以达成资产的交易。当然这一价格是非正常状态下的价格。在现实中，就国有企业而言，即使是债务，也并非完全是市场化的债务，还有部分因历史原因形成的债务，不仅是法人对法人的债务，还有法人对自然人的债务，情况极为复杂。无论如何，必须要认识到，资产风险事件的市场化应对未能确立，是资产风险难以得到有效控制的另外一个重要原因。

## 5.3 国有大型企业资产风险防控的运行机制分析

结合对国有资产、国有资产风险管控的制度分析和实证研究，在下文中，从国有资产风险防控的思路、主体和模式三个方面，对国有大型企业资产风险防控的运行机制进程分析。

### 5.3.1 基于三个关键点的资产风险防控思路分析

#### 5.3.1.1 明确资产定价，提高资产与企业的可分离度

无论从当前国有资产的规模与结构、国有资产运营过程中面对的挑战，还是国有资本运营的战略转型要求，都对国有资产的风险防控提出了新的明确需求。要提高资产的风险防控水平，首先要做的，就是对国有资产有更为清晰的认识。这种认识是以资产定价为核心、以资本化为转型方向、以市场化交易为主要策略选项。

首先，如前文所说，必须厘清国有资产的包括企业、资产、资本和财富在内的四层认识，在梳理国有企业改革的历史进程的同时，构建了国有资产运营的规范理论框架，以实现国有资产管理实践的历史与逻辑的统一。站在历史的高度看待国有资产问题，可以发现，过去和现在之所以强调国有企业改革，就在于国有资产与国有企业在客观上无法完全分离，在相当长的一段时间内，国有资产中的一大部分，还要以企业形式存在。同时，也必须看到，随着社会公共服务需求的快速提高与政府职能的转变，在未来的某一个时间之后，会出现国有资产与国有企业的分离，新的国有资产的组织载体会出现。因此，绝不能把当前的企业与资产高度融合的状态视为永恒或者长期不变。必须要认识到，企业组织可以替代，但资产只要还必须承担特定的职能，就一定会存在。在这一意义上，资产是优于企业的。也正因为如此，有必要推动资产与企业的适度分离，这种适度的分离一方面会对企业形成约束和压力，企业不再是资产的唯一载体，而是必须要面对其他市场主体的竞争。另一方面也有利于资产本身，与企业适度分离的资产，其自由度更高，也更容易实现投入方向的转换。国有资产管理向国有资本运营的改革思路正是在这一意义基础上提出的。

要做到这一点，就必须明确资产的价格。缺乏价格基础或者价格含混的资产，并不是产权清晰的资产。而产权不清晰的资产，如果参与市场交易过程，其权益的诉求必然难以得到符合市场竞争规则要求的保障。过去国有企业改革中的国有资产流失、国有企业发展中社会“国进民退”的争论，都反映了缺乏价格基础的国有资产，在市场交易过程中权益容易被侵害和误读。要形成国有资产的价格，就必须培育其价格基础。这一价格基础包括了四个层次的价格。一是在实

际的资产交易过程中的达成价格，这是一个竞争性价格。二是资产的购置价格，即资产的历史价格。三是资产的评估价格，在一定的条件下可以是资产的公允价格。四是资产在特定风险暴露下形成的价格，例如技术冲击或者债务危机下资产的价格。国有资产要明确定价，就必须形成相应的机制，使得国有资产能够具备多个价格，且这些价格之间能够形成相互印证的关系，从而为资产实际交易的发展提供价格参考。

国有资产的价格形成机制所要形成的，是符合一定时期市场走势的、有利于促进资产交易的市场价格，而不是一个距离市场很远、完全没有可能达成交易条件的价格。要做到这一点，就必须注意结合企业情况，对所管理的国有资产的以下问题进行评估和回答。第一，国有企业内部有无影响国有资产价格的重大非市场因素？如果存在，例如在过去的改制过程中遗留下来的职工安置成本问题等，则可能会对资产价格形成重大影响。资产向资本的变化，必须要以去掉这类非市场因素为前提。第二，除开生产和经营活动外，国有企业的制度环境对国有资产价格的市场化交易是否能够提供必需的制度性支撑？或者说国有企业的制度是现代企业制度的典范，能够在市场环境下，通过规范的信息披露，对国有资产实施正向的价格影响。第三，国有资产是否是国有企业竞争优势的重要依托？或者国有资产的状态与国有企业的能力之间是否有必然的联系？这一问题的关键，是要区分资产性因素在国有企业的竞争力中所起的作用。结合当前国有企业的情况，要回答这三个方面的问题，并非易事。国有资产和国有企业的改革，是明确定价的前置性条件。

同时，无论是国有企业、国有资产还是国有资本，其背后都是属于全民所有的国民财富。从这一意义上看，其所履行的功能的重要性，远强于其价格的高低。因此，在整体上，国有资产的价格高低并无实际的意义，定价并非资产管理的首要目的。而对于某一项资产、交易和企业而言，资产价格的高低就至关重要。因为其涉及的问题是：由于价格的不同而导致的在买卖双方的财富结构的变化。如果每一次定价都是由资产交易双方的竞价博弈完成，那么市场势力的差异，就会在整体上对资产交易与财富结构与形成影响。因此，国有资产的定价之所以对于资产管理而言极为重要，是由其国民财富的性质决定的。作为国有资产的管理方而言，即使在今天的国有资产尚未完全体现出国民财富特征的时期，也必须对此有足够的理论和实践的认识，必须要明确国有资产的定价是权衡国民财富内部结构关系的有效手段。由此形成的对策应是两个方面，一是保有适度的国有资产规模，以使得国有资产的定价和交易活动足以影响国民财富结构。二是明确定价机制，使得国有资产的定价活动能够成为市场活动的必要构成部分。

#### 5.3.1.2 围绕系统性风险管控，明确风险管理关键点

对于国有资产的风险管理，必须突出管理的关键点。要找到管理的关键点，一是可以从历史的资产活动及其管理活动中发现；二是可以在资产风险分析中，通过系统分析资产活动的全过程来获得；三是可以通过规范的制度分析，在企业制度的评价中找到。在上文的分析中，我们已经发现，企业形式的国有资产面对

着非常明显的风险周期，其原因在于资产活动的非市场性特征和企业资产风险管控功能的外置性。基于这些研究，本文认为，国有资产的风险防控，应围绕国有资产作为一个整体的系统性风险，集中在资产运动这一过程中，实现资产风险防控。

资产运动之所以是资产风险管理的关键点，首先在于国有经济发展的历史经验表明，资产的非正常流失大多发生在资产运动过程中，或者是假借资产交易活动来达到侵吞国有资产的目的，或者是不顾常规从事极高风险资产运营活动，等等。其次在于国有资产和国有企业改革的现实需要。改革所形成的制度变化、企业重组，都会形成资产的新运动。最后在于风险事件发生的未来预期。在未来十年至二十年的期间，国有资产的大规模运动是可以预期且必定会持续发生的事件。因此将风险管理的重点放在资产运动上，管理就把握住了风险事件发生的大部分领域。把握住资产运动，至少在三个方面，可以对资产风险防控起到积极的作用。一是可以实施过程控制，从而使得对资产风险防控的动态管理成为可能。二是明确资产的关联方，从而使得风险治理可以在超出企业组织的空间范围内展开，提高资产风险防控的能力。三是把握资产的结构与运动方向，从而可以对资产在未来的变化趋势有一个较为精确的判断。

要把握资产运动，首先就要把握资产本身。没有明确的运动主体，就无法确定明确的管理对象，更谈不上把握对象的运动了。在战略层面上考虑，对于资产本身，应有三个维度的把握。

一是国有资产整体层面上的把握。这里所指的国有资产，不仅仅是以企业形式存在的国有资产，还有其他形式的国有资产，包括分散在政府内部各个部门的国有资产。不应仅仅以是否存在企业作为是否纳入管理为判断条件，而是要看资产本身是否具有经营性质，凡是有经营属性的资产，在理论上都应该纳入到国有资产的管理范围之内。所有的国有资产都应当处于授权经营状态之中。当然，在这一框架下，国有资产的管理主体显然也不可能是当前的状态。这样考虑可以实现三个方面的战略意图。①在总体上把握国有资产的状况，改变过去分而治之的状态。②通过向新的管理主体集中，实现国有资产与目前所依附的组织或者机构之间的相对剥离。③更为系统地把握风险点。不能仅仅认为国有资产的风险只会发生在以企业组织来承载的国有资产方面，在其他方面，也会出现资产风险事件。这是在国有资产风险防控方面，迫切需要建立起来的系统风险意识。

二是以企业组织为载体的国有资产。由于在上一维度已经有国有资产属性在整体上的经营性质的界定，对于这一维度的国有资产，应当更加突出其企业组织的属性和特征，加以分类和管理。从国有资产管理体制改革的历史进程来看，不断明确国有企业的现代企业特征是一个持续的改革过程，尽管变化的过程有起伏，但其向独立的市场主体变化的总体方向并未发生过偏移。从国有资产当前的情况看，完全脱离开企业这一组织平台，并不现实。加强国有企业作为承载国有资产的组织平台的现实必要性还非常突出。从国有资产的未来看，国有资产的未来某一个时点上，可能会出现必须要投入到某些非企业的组织中去，到那个时候，就会出现对非企业的组织形式与企业组织形式之间的区分问题。因此，当前有必要更为明确地界定国有资产所处的企业组织平台的特征，突出企业对于国有资产运营的特殊意义与功能，并采取措施对其进行强化。

三是两个层级之间的国有资产的边界。经营属性的国有资产，未必都处于国有企业这一平台之上，这是当前国有资产运营的客观现实。例如一些在服务领域中的国有资产，由于发展阶段、改革阶段部署、现实需要等原因，并不都在国有企业这一运营平台之上，其监管也并非由专门的国有资产监管机构来加以执行，而是由相关职能部门代行管理。过去的国有企业和国有资产监管改革，着眼于工业化的主体过程，推进的主要是涉及工业化的主要产业部门的国有企业和国有资产改革，在服务性行业并未涉及。但随着我国工业化进程的结束，大规模的服务型行业发展已成为当前的主要趋势。对于处于这些领域的经营性国有资产进行规范，成为客观必然。但显然，要用统一的国有资产监管机构对这些领域的国有资产进行监管，意味着目前监管机构规模和职能的扩张。这种扩张本身是否符合管理效率的要求，是存疑的。即使没有效率方面的问题，在现实中，要在一个较短的时间内将这些国有资产纳入到目前的监管框架之下，并形成实际有效的监管效果，并非一时之功。因此，与其低效率地合并监管，不如在延续当前的管理架构下进行局部调整，在一个既定的时间段内通过多次调整，来最终实现统一管理。在这一过程中，明确不同管理模式下的资产范围，显然是极其重要的条件。这涉及国有资产的分类问题。可以发现，在这一问题上，并不是经营性和非经营性国有资产的划分，而是不同产业、不同管理主体、不同运营规律等多种因素的共同作用所形成的国有资产的区分。这类国有资产要在管理上进行分类，较为方便、或许也是唯一的选择，就是按照当前的监管主体进行类别的划分。

这三个维度的国有资产，是当前在管理层级上需要加以明确的国有资产概念。有了对资产运动主体的界定，才能对资产运动进行监管，发现其潜在的风险点并予以应对。可以发现，在三个维度的国有资产状态中，无论是权益风险、运营风险还是市场风险，其复杂程度都非常高。因为任何一类资产风险的出现，都可能会遇到两类不同的权益履行主体，都可能会遇到两类不同资产的边界厘清问题。在这样的情况下，简单地在企业层面探讨国有资产的风险管理并无实际的意义。搞清楚国有资产本身是问题的关键所在。由此，国有资产风险管理的关键点，也必然在资产运动的全过程中，通过全程分析资产权益、资产交易、收益、处置的具体环节才能得到。

#### 5.3.1.3 提高风险管理的规范性，提高管理的可置信度

对于国有资产的风险管理，必须围绕资产运动，形成一整套制度设计，提高管理的规范性，以规范的管理制度和常规性的管理活动，来提高资产风险的防控效率，更为重要地，提高资产风险管理作为防控工具的可置信程度。从目前的资产风险防控实践来看，后者的重要性要高于前者。

国有资产的风险管理制度和管理活动，首先要是能够被信任的风险防控机制，且能够成为外部市场对企业国有资产风险防控活动进行观察的一个可信的渠

道。要做到这一点，显然需要有成功的风险管理历史作支撑。但仅仅具有这种成功的历史并不够。因为某一类风险、某一个时点、某一个环境中的成功的风险管理，往往具有包括人、资产、制度乃至诸多偶然因素在内的多种因素的综合作用。企业成功的风险管理历史并不必然对应着规范的企业风险管理制度。因此，企业风险管理制度要能够被外部市场所信任，就必须被外部市场所理解。要实现这一点，以下几个方面就是需要在资产风险管理过程中加以重视的问题。

第一，例行的资产信息披露。只有公开的资产及资产风险防控才可能是外部市场信任的风险管理制度。对于外部市场而言，仅仅通过企业经营数据来判断企业资产的状况，显然存在着信息来源较为单一、评价过于结果导向的弊病。如果企业对资产及其运营有定期的披露，那么外部市场就可以得到一个稳定的获得企业内部资产管理信息的渠道，从而可以在更为全面的意义上对企业及其资产风险管理进行判断。资本市场的实践已经表明，这种因信息披露而逐步养成的信任关系，是包括资产风险管理制度在内的企业制度能够成为企业市场活动顺利展开的重要“声誉”基础。对于资产的风险管理而言，资产信息披露的实施，除了要达到信息传递的目的之外，外部市场对所获得的企业资产风险管理信息的反映，也会成为对企业风险防控行为的有力外部约束。

第二，可比较的资产风险管理制度。可以比较的风险管理制度要求是资产信息披露的基础。如果企业的资产风险管理制度存在不同企业之间、不同产业之间和不同阶段的市场环境之间的重大差异，不仅造成同一时间段内不同企业的资产风险管理制度不可比较，还造成前后时间段内同一企业的资产风险管理制度也不可比较，那么即使存在信息披露，也无法形成有效的信息供给，外部市场依然无法对企业的资产风险管理制度是否有效进行观察和判断。因此，对于国有资产的风险管理而言，在资产的监管一侧，显然存在出台企业资产风险管理制度的必要性。通过指引，规范企业资产风险管理的要件以及要件所涉及的信息披露的必要内容，从而形成对企业资产风险管理制度及执行的“最低标准”。外部市场只需要通过比较企业所披露的信息和标准，就能方便地得到企业资产风险管理的制度建设与执行水平。

第三，可评价、可检验、可复制的资产风险管理操作。资产的风险管理，在不同的企业，有不同的风险识别、不同的风险应对策略。在当前，除了在整体的资产运营结果上，可以对风险管理的实际效果进行间接评估外，对企业实际进行的资产风险防控措施，即使可以观察，也难以评价。在更多的情况下，是依靠专业评估、从第三方的角度对企业的资产风险防控进行公允性评价。而专业的第三方所依据的评估材料，则是企业资产运营的历史数据和专业性的知识，这两者，对评价企业的资产风险管理而言，并不十分合适。历史数据的确能够反映一定的未来发展趋势，但对于非预期事件导致的资产风险，并无帮助。专业知识所做出的判断，也并非企业资产风险决策所需要的量化风险指标，只是对企业资产运营的排序式界定。因此，对于企业来说，要使得独立的风险评估机构做出能够反映企业实际且有助于企业资产风险防控的评估，首先就必须形成稳定的资产风险管理操作流程，明确企业资产风险决策的基本程序，同时，在具体的执行中，必须严格遵循流程与程序，坚持在企业资产运营中反复运用风险管理技术和工具，对于违反程序性要求的行为，应当被视为重大的风险因素。

第四，企业治理层面资产风险防控的制度性存在。企业的资产风险防控，是由企业利益相关者共同参与下完成的治理过程，并非一个单纯的管理事项。如果企业的资产风险防控仅仅是企业内部的管理活动，那么由这种管理活动的开展所形成的资产运动的变化，必然会缺乏治理的支撑。这一点，在上文中已经有较为详细的表述。要提高企业风险防控的可置信度，就必须突出治理在资产风险防控中的核心性。同时，在信息披露中，对于企业治理层面上资产风险防控的制度存在清晰的表述。这种制度性的存在，主要表现为以下几个特征：一是企业法人治理的具体结构与企业资产风险治理的具体结构同一化，治理决策机制就是风险决策机制，从而使得企业的风险决策能够在法人治理层面上得到及时的权衡。二是企业资产风险防控在法人治理结构中的机构化。即要在法人治理结构中设置企业资产风险防控的具体决策机构，以形成决策机制。三是企业资产风险的最终承担方必须要成为企业法人治理结构中的决策主导者。在出现重大资产风险损失的情况下，决策主导者应当也必须对是否承担风险损失做出判断，以决定是否采取措施覆盖风险敞口。而这些活动，都必须以决策方的风险承担能力为前提条件。

### 5.3.2 基于行为差异的资产风险防控主体分析

在明确风险防控的基本思路后，就可以对国有资产实施风险防控的主体展开分析。显然，这里存在着四类主体，即监管方、权益履行方、企业和政府。这四类主体之间，并没有存在绝对的区别。在很多情况下，当前的国有资产监管中，这四类主体均存在着一定的重叠。也正是因为这样的情况存在，才使得国有资产风险防控的主体探讨成为具有针对性价值的研究。简言之，在国有资产风险防控的主体方面，要注意根据行为差异来界定不同主体的责任差异和能力差异。

#### 5.3.2.1 行为差异：严格区别资产监管、运营与使用

相对于企业而言，监管方、权益履行方和政府等四类主体中，在一定的情况下，都存在对国有资产的监管行为。但不同的行为主体，其对于资产的行为显然存在差异。不同行为主体的行为差异，可以分为资产的监管、资产运营与使用。资产监管是以资产作为风险管理的对象，所展开的管理活动，企业作为一种组织形式可能对于资产的风险管理而言很重要，但在监管层面上，只是实现监管目标的中间介质，并非最终目标；资产运营是以企业为平台、资产的市场价值为对象的管理活动，企业组织之所以重要，在于其可以对资产市场价值的提升、资产风险的防控，提供多样化的载体；资产使用是以企业为平台、资产的功能为对象的管理活动。

站在风险管理的角度看这种行为差异，可以发现，将不同的资产风险防控行为通过制度设计，界定给不同的防控主体，具有管理上的优点。其一，通过行为

差异可以较为清晰地界定责任差异，进而为资产风险防控构建合理的责任结构。其二，由行为差异可以明确资产风险防控对参与各方的能力要求，并可以据此进行针对性的能力建设。其三，由行为差异、责任差异、能力差异三个基本的评价维度，可以对国有资产风险防控进行合理的治理结构设计，进而形成相互的监督与制衡。

5.3.2.2 企业在资产风险防控中的责任与能力

就企业而言，有必要建立层级分明、责任明确的企业资产风险防控职责体系。企业作为承载资产的平台，是集三种行为于一身的。企业资产的风险防控，其内部机制构建的重要性，也正是基于多种资产管理活动在时间、空间和组织结构上的并存。客观而言，很难在同一资产活动中区分出不同目的的风险防控行为。但在企业制度层面，通过管理流程的设计和防控职责的划分，可以形成有效的制衡机制，使得资产监管、运营与使用成为资产风险防控的不同层级部门的职责和资产运动流程中不同环节的管理重点，进而使得动态的资产运动在制度层面静态化，成为企业内部风险防控制度可置信度的基础所在。

关于这一企业风险防控的内部制度设计，有必要把握三个方面的责任界定。一是监管责任应纳入企业法人治理结构，围绕国有资产的监管责任来对企业法人治理结构进行设计。二是运营责任应成为企业管理层的主要资产责任，管理层没有必要在资产监管方面投入大量的资源，除非治理层面关于资产监管的重大决策，影响到资产运营。三是使用责任应成为企业资产使用制度的条文式规定和例行实施内容。不能把不同的责任界定给错误的企业内部机构，也不能把所有的责任都归于某一个层面，其他层面缺乏基本的参与。这两种情况都是在实践中需要避免的。同时，还需要特别注意监管责任。企业所承担的国有资产监管责任，并不是监管机构对国有资产监管责任的复制和延伸，而是以下两种情况。一是“剩余”的监管责任。监管方由于特殊的局限，必须要履行但在实际中又无法履行的责任，例如对国有资产所承担的特殊职能的动态监管等，必须由企业来履行。二是“自觉”的监管责任。在极端风险事件产生的应急情况下，企业实际上处于独立决策的状态中，这时的资产风险防控决策，也必须体现监管的要求。

5.3.2.3 资产监管方的行为、责任与能力

对于事实上参与到国有资产风险防控中来的非企业主体，则有必要严格区分国有资产的监管、运营与使用。对于承担国有资产监管的主体，其主要的使命，在于判断国有资产运营与使用的合规性，从这一职能设定出发，监管机构既没有必要参与国有资产的运营，更没有必要涉入国有资产的使用。在当前的资产监管实际中，这依然是没有实现的目标。在当前监管机构既要负责合规性、又要对资产运营进行战略性把控的状态下，尽管可以通过介入企业国有资产的运营来部分实现风险防控的目标，但一个显然的问题在于，监管机构介入国有资产运营，无论以何种方式，都是以监管机构作为政府授权机构的信誉与资源为企业的资产风险运营行为作“背书”。这种背书的价值无法量化。但在特定的风险事件发生的情况下，这种背书的最大价值就是企业资产的风险损失。监管机构本身并没有资

源来覆盖已发生的风险损失，因此实际承担风险的，就是给予监管机构授权的政府。这种风险的制度性根源，就在于监管机构同时执行了监管和运营两个职能，且两个职能之间并没有明确的责任边界划分，监管方由此也深入企业的资产运营中。

这样做的好处在于可以在一定程度上由监管方直接把握企业国有资产风险的发展与变化并采取相应的措施。必须要认识到，这一好处的另外一面就是缺陷。如果监管机构可以完全控制企业的资产运营，那么由监管机构来把握资产风险的发展与变化并承担风险损失，并无不妥。但实际情况并非如此，国有资产的监管机构从未完全实现对国有资产运营的完全把控，这完全是不可能实现的情况。在部分介入的情况下却要承担由特殊风险事件出现后的全部风险损失，监管机构显然存在职能执行与责任承担不对等的情况。对于这一潜在的最后风险承担者的事实上的存在，也在客观上形成了作为国有资产运营实际操作者的企业“道德风险”，必然会出现企业恶意利用风险防控与承担主体错位的制度漏洞，来从事高风险的资产运营活动。

因此，把国有资产的监管机构与资产运营彻底地隔绝开来，与目前监管机构深度介入国有资产运营的优势比较，在制度上的优点更为突出，对于当前问题的解决，也更有针对性。作为一个国有资产监管方面理论上可行的方案，在下一步的改革中值得在实践中加以探讨。资产监管、运营与使用的分开，在理论上可以进行的是必要性探讨，至于在实际中加以实现的具体形态，则是一个管理细节的问题。关于这部分内容，将在研究的最后一个部分加以展开。

5.3.2.3　资产运营方的行为、责任与能力

国有资产的运营主体，是在新的国有资产监管体制中的重要一环。在国有资产监管体系成立之初，曾经有对运营主体的制度性设计。但在实践的发展进程中，持续的资产集中战略的执行，使得稳定的运营主体并无可能。随着国有资产大规模集中态势的逐渐完成，运营主体的培育问题逐渐成为发展的必要。

资产运营方作为国有资产的权益履行主体，运营主体应具备以下特征：其一，专注于资产运营，原则上不参与资产监管，也不干涉资产使用，除非监管和使用对资产运营可能产生实质性的损害。其资产运营的原则选择，一方面考虑合规性的制度要求，另一方面考虑市场运营的可行性。市场运营是必须遵循的首要原则，作为国有资产监管所提出的合规性要求，应保持在战略层面，不应在具体的资产运营方面设置过多的细节性要求，使得运营主体必须付出较大的成本来满足合规性的要求。只有在国有资产出现战略性调整需要的时期，合规性制度要求才能成为运营主体遵循的首要原则，也只有在这一情况下，才会需要对资产运营的细节形成监管介入的需要。其二，有限责任。资产运营主体作为独立的市场法人，以其出资对资产运营行为承担有限责任。这一责任的规范设定为国有资产运营所形成的风险损失被限制在其出资和信用可以支持的范围内，进而也对企业从事高风险资产运营行为形成了实质性的约束。其三，坚持资产的市场化运作。国有资产的运营主体，作为权益履行方，其首要的目标就是实现资产的市场价值，

至于国有资产所承担的特殊职能，在资产运营主体设立之前，就通过监管方对不同的运营主体的设立加以体现。作为资产运营主体的企业，只要在指定的领域内进行资产运营活动，客观上就在履行其特殊的职能，因此，并没有必要在企业的资产运营中给予特别的关注与自愿的支持。其四，股本多元化。单一的国有资本可能是相当多的运营主体在成立之初的普遍情况。这种情况必须要在一定的时间段内加以改变，逐步实现股本结构的多元化。通过多元化，为国有资产的风险防控提供更多的有不同资产结构、不同风险偏好的利益主体，从而为企业的资产风险防控提供合格的风险治理参与方。

5.3.2.4　资产使用方的行为、责任和能力

企业、监管方、资本运营公司是国有资产风险防控的三个在风险管理制度中的主体。除此之外，还必须考虑国有资产的使用方在资产风险管理中可能形成的影响。所谓国有资产的使用方，包括了企业、政府以及其他非企业社会组织，由于承载了国有资产，这些组织都是实际上的国有资产使用方。企业由于是监管、运营、使用三种活动的综合，在上文已有专门的表述。在此所说的资产使用方，实际上只涉及政府和其他非企业社会组织。

这些资产使用方只使用了国有资产，并不对国有资产的保值增值负责。按照严格的国有资产分类来看，这类国有资产并不属于企业类的国有资产，因此似乎也就没有必要在资产风险防控中来加以讨论。但在现实中，情况并非如理论那样简单。在政府管理之下的事业单位，还有大量存在着经营性、营利性的国有资产，在非企业社会组织中，也有大量的营利性国有资产存在。这并不是奇怪的现象。只要是资产在市场中使用，无论其目的是否是营利，就有营利和损失的可能性。企业与非企业的区别，只是这种盈利或损失是否以企业为单位进行核算。

因此，区分资产使用的行为，就是要对政府以及非企业社会组织实际存在的资产运营行为与正常的资产使用行为进行区分。如果不做这样的区分，那么大量的新增国有资产，就会以各种形式存在于资产风险监管体系之外，从而形成根本无法控制的风险源。区分非企业形式的国有资产运营的具体标准和方法，将在下文中展开对策探讨。

### 5.3.3　基于三个维度的资产风险防控模式分析

国有资产的风险防控，作为国有资产监管、运营和使用过程中的核心管理活动，其实施本身必须遵循确定的制度规范。这样要求的目的在于，一方面可以在制度层面上形成国有资产管理的风险核心制度要求和制度氛围，另一方面也通过对资产风险管理操作的规范，降低因为管理活动而造成的新风险。不同的资产风险防控模式，显然具有不同的防控特点，对于资产风险的应对也有着不同的考虑。在下文中，将对国有资产风险防控可能采用的三种模式进行具体探讨。

5.3.3.1　应急处置型与资源支持

应急处置型的资产风险防控模式，是指对国有资产风险事件造成的资产损失

和社会影响的事后应对。这一模式在资产风险发生之前的应对重点，仅仅在于做好资源准备，对于资产风险的事前管理也仅仅限于常规的内容。在事后的风险损失应对中，主要需实现的目标有二：其一，动用新的资源以覆盖资产风险损失，使得企业组织存续；其二，消除由资产风险事件导致的不利社会影响。

应急处置型的资产风险防控模式是国有企业改革发展之初形成的资产风险防控的雏形。当时对于资产运营的市场化过程与企业化管理还缺乏足够的认识，因此采用应急处置的方式来应对风险，并非没有道理。目前这一模式尽管在整体上作为一个完整的模式已较少存在，但并没有消失，而是以特定的形式、在特定的领域、特定的时刻存在。所谓特定的形式，是指国有资本注入运营困难的国有企业、非市场的债转股等；所谓特定的领域，是指在处于剧烈调整中的产业，例如快速发展的新兴产业和处于衰退期的传统产业；所谓特定的时刻，是指国有企业改革中涉及重大资产重组的关键时刻。在这些特定的场合中，应急处置型的资产风险防控还普遍存在。

作为一种具有明显缺陷的资产风险防控模式，这一模式之所以在实践中还存在，有着以下几个方面的现实原因：其一，资产风险定价不清晰。把国有资产运营过程中的风险水平简单地等同于风险事件发生之后的风险损失，用后者的历史数据取代前者的动态把握，并由此形成了对资产风险的不当认知，对资产运营行为形成了不恰当的引导，导致了对高风险领域的过度资产投入以及在管理中对资产风险防控重要性的漠视。两相作用之下，就造成了资产风险事件往往要在发生之后才由非决策方来承担的局面。如果不能在根本上建立起资产风险定价的共同认识，这种状况就还会持续。其二，国有资产的特殊职能所致。客观而言，国有资产在过去的发展中，承担了很多超过企业应当执行的特殊职能，对我国产业经济的发展起到了基础性的支柱作用。在这一过程中，出现国有资产的损失在所难免。对于这些资产风险，尽管在事前已有所认知，但无法避免，只能采取风险自担方式加以处置。这是应急处置型资产风险防控模式得以存在的另外一个重要原因。其三，政府与企业关系有待于进一步划清。外部性资产风险防控机制的客观存在及其作用的发挥，在目前的体制下，对企业内部的资产风险防控机制实质上起到了替代的作用。企业不可能在资产风险防控中按照既定的资产运营策略独立实施资产风险防控的活动，而是必须在这一过程中考虑是否服从外部的非决策方对于资产的指令。在这种情况下，执行应急处置型的资产风险防控，对于企业而言是最为简单的策略选择。

在未来的国有资产风险防控中，应急处置型的资产风险防控模式依然还有存在的空间，企业必须要考虑如何在实践中进一步完善这种风险防控模式。未来这一模式可能主要存在的空间包括以下几个方面：其一，国有资产对外投资。随着大量的国有资产走出国门，空间的转换形成了风险的新领域，对于资产风险的应急处置在管理上有充分的必要性。其二，国有资产对新产业投资，新兴产业的发展是当前经济发展的重中之重，国有资产在这一领域正在扮演着不可替代的角色，发挥着举足轻重的作用。必须认识到新兴产业的资产风险，并对可能出现的事件有采取应急处置措施的能力。其三，国有资产管理体制的进一步变革。未来资产管理体制的改革在实施进程中，由于历史、权属变化等原因，或者国有资产职能的战略性转变，也会形成应急处置的需求。

5.3.3.2　过程控制型与成本约束

过程控制型的资产风险防控模式，是指对国有资产运动全过程或者某些重要环节进行风险防控的管理模式。这一模式的要点在于，梳理国有资产运动的关键环节，在每一个环节上进行风险识别、评估和防控的管理过程，以达到控制资产风险的目的。就目前的情况看，这是当前采用最多、也最容易被接受的资产风险防控模式。这一模式的应用，既有其优点，也有不可忽视的缺陷。

过程控制型的资产风险防控模式，从实施效果上看，有如下优点：其一，容易锁定关键性的风险环节。对资产运动全过程动态监控，必然会在管理层面上形成足够的信息供给，以识别重要的风险领域与风险源。其二，容易从外部对资产风险进行防控。把资产运动的全过程作为风险防控的对象，使得企业组织内部的资产活动可以在更大的市场范围内得到观察和监控。在这样的情况下，处于企业组织之外的其他利益相关者可以通过市场渠道和工具对资产风险进行管控。其三，容易通过预先的管理措施来进行风险防控。由于在特定的资产运动环节上的风险可以表现出规律性的特征，根据风险特征采取针对性的预先防控措施，是在过程控制中较为常见的风险应对方法。其四，容易发挥传统的企业组织的传统优势对资产风险进行管控。国有企业中一些内部组织机构，例如工会、党组织等，在传统上有着较为明显的组织、监督优势，在资产风险的过程控制中，可以充分发挥这些组织、机构的优势，较快形成风险防控机制。

在实践过程中，过程控制型的资产风险防控模式表现出了一定的防控效率。在资产运动的全过程的风险防控实践提供了必要的资产风险变化信息，为管理层面的资产风险防控提供了必要的信息和制度框架。但是过程控制型的资产风险防控模式，也有着不可忽视的缺陷。其一，缺乏风险治理的关键性战略安排和制度设计。过程控制的资产风险防控模式较为重视管理层面的风险防控，在操作中把资产风险作为管理对象，通过管理流程、工具和手段的变化与组合来加以管控。这样做固然可以通过强化管理来防范已知的风险，但却无法对难以预期的其他资产风险进行管控，而后者才是资产风险防控的重点所在。要实现后者，必须使得资产风险防控在企业治理层面有所体现。过程控制的资产风险防控模式本身，由于重点关注管理细节，缺乏在企业法人治理层面上加以体现的现实理由。其二，控制成本可能较高。资产运动作为一个过程，本身就要经过企业、市场两个主要的领域，在其间会产生多样化的资产形态变化，对在多领域、多形态上不断变化的资产运动过程进行风险防控，管理成本显然较高。其三，企业主体地位可能被削弱。企业作为资产风险防控的主体，在执行过程控制的进程中存在天然的组织边界约束。但资产运动本身并非完全在企业内部完成，因此要执行过程控制，必然就会超出企业组织的边界限制。企业作为资产风险防控的主体，由于对处于企业边界之外的资产运动缺乏控制的手段，其地位必然被削弱。其四，与资产风险控制的根本目标存在冲突。在管理层面上展开的资产风险过程控制，其主要目的只能是针对风险损失展开的预先布置与相机处置，而无法涉及资产风险防控过程中的资产风险收益。企业的资产运营之所以要以风险为核心，并非是要阻止风险的发生，而是要获得与风险水平相当的运营回报。无论对资产运动过程中有如何详尽的管控，都无法对战略层面的风险评价形成足够的支持，进而也就无助于资产风险的防控。

必须要认识到，在当前情况下，采用过程控制型的资产风险防控模式有着特殊的环境条件。其一，风险导向的资产风险防控模式在短时间内难以确立，而传统上以应急处置为主的资产风险防控模式又不能满足使用。国有企业的资产风险防控正处于形成和建构的关键时期。管理层面的资产运动过程控制，有助于在旧的模式逐步失效、新的模式逐渐形成的过程中，起到承前启后的作用。其二，国有资产监管机构和国有企业均缺乏足够的资产风险防控渠道和工具，无法对资产风险进行有效的直接管控。就监管机构而言，除开强制性的企业兼并重组外，缺乏灵活相机处置的资产风险防控举措。就企业而言，除了能够依靠管理来做常规性的预防式管理外，通过资产市场化运作来防控资产风险的渠道和能力均十分有限。其三，国有企业传统的内部组织形态提供了对国有资产风险进行过程控制的有利条件。从传统计划经济中通过改革逐步改变过来的国有企业，其内部存在着种种传统经济模式的组织痕迹。在过去的改革中，对于这些计划经济色彩较为明显的企业组织形态，往往持否定的态度。但在国有企业的发展过程中，我们也逐渐发现，这些组织形态并非完全无益，至少在过程控制的资产风险防控中，可以产生不可忽视的作用。也正是因为这些组织形态的存在，才使得过程控制的资产风险防控成为可能。其四，当前的国有资产风险事件的确表现出集中在特定领域的趋势。在我国经济增长的过程中，经历了一个较长时期的投资和产业扩张过程。这一过程的延续，使得投资和建设成为国有资产的重要使命。因此，从管理的角度看，只要管住了这些领域的风险，就可以在总体上控制住国有资产的风险规模。这并不难理解。还必须认识到，长期的过程控制实践，也积累了针对特定领域的丰富管理经验，为下一部国有资产风险防控模式的调整与转变提供了实践支持。

在下一步的国有资产风险防控进程中，有必要对过程控制型的资产风险防控模式进行逐步的调整，更加突出风险而非特定的环节，将风险作为基本的评价指标在过程控制中一以贯之，认真总结成熟经验，积极采用新的管理工具，以实现向风险导向的国有资产风险防控模式转变的目标。

#### 5.3.3.3 风险导向型与实施控制

就资产的风险防控而言，理论中最为理想的防控模式就是围绕资产风险来构建防控模式，使得资产的风险指标成为防控检测的核心指标，并据此形成风险决策与应对。由于这一模式中资产风险是核心的控制指标，所以模式本身可以被称为风险导向型的资产风险防控模式。

风险导向的模式要能够执行，需要具备较为严格的制度条件和执行资源保障。在制度条件方面，围绕资产风险的识别、量化、应对策略设计、工具选择与反馈，需要有一系列的制度设计，每一个制度的关键环节上，还要有相应的操作说明。要实现这一点，就需要对企业组织结构，特别是涉及资产战略规划的企业组织结构，进行重新设计与构建。在执行资源保障方面，一方面，单一资产显然没有提供进行风险防控的必要手段，所以多种形式的资产的存在，是资产风险处置的必要条件。另一方面，企业管理层对资产风险的一致性认识、对资产风险防控策略的把握水平、资产风险防控机制运行的彻底程度，均会对资产风险的评估和应对形成重要影响，所以，在缺乏资产风险知识、共识的情况下，风险导向的资产风险防控模式实质上难以落实和执行。

风险导向模式的严格执行条件，在目前的国有企业中还难以得到彻底的实现。首先，风险作为资产管理的首要和核心指标的认识，还没有在国有企业中得到普遍性的认同。国有资产监管方所提出的资产保值增值目标，较容易理解。但风险作为国有资产管理的核心目标，则缺乏理论和实践两个方面的支持。理论上，目前国有企业体制与管理的改革，均缺乏对资产风险的相应描述，在实践中，尽管防范资产风险是重要的国有资产运营操作之一，但由于监管方更多地介入了这一操作，企业作为理论中首要的主体，却没有足够的操作权限，使得在当前的国有企业中，并没有对资产风险防范进行学习和掌握的内在动力。其次，目前国有企业的组织结构，还缺乏以资产风险为核心进行资产运营的必要条件。组织内部缺乏资产风险定价的机制、企业组织治理结构的不完善、组织结构的形成和调整并不是以资产风险防控作为基本依据等，都对围绕资产风险来进行资产运营形成了实质上的约束。第三，市场环境缺乏。实体性企业围绕自身的资产进行金融市场操作、以实现资本运作目的市场环境还较为缺乏。国有资产的证券化水平还不高、资本运作的工具较少，都对国有资产的资本化运作形成了障碍。

尽管在实践中，风险导向的国有资产风险防控模式存在执行上的困难，难以得到落实。但这一模式的优点显而易见。抓住资产的风险本质展开资产运营，符合资本市场的基本规律，更容易在资本市场获得运营工具，拓展运营空间，形成符合规范的市场化机制。也正是在这一意义上，风险导向的国有资产风险防控模式是要实现的发展目标。有必要通过企业、资产监管改革和市场建设来强化实施控制，消除执行约束，为这一模式的实现创造条件。

围绕模式的实施，主要的改革领域包括以下方面：其一，企业法人治理结构的合理化。通过提高治理层面的风险控制能力，在法人治理层面上确立风险治理的组织架构和能力保障，为企业风险防控提供战略框架。其二，资产形态的多样化和结构的市场化。通过所有制改革和证券化，促进同一企业内部国有资产形态和权属的多样化，促进国有资产在市场交易基础之上优化资产内部结构，为资产风险的防控提供规范的渠道和手段。其三，资产风险防控的专业化与机构化。通过对权益履行主体的培育，促进企业国有资产风险防控责任的明确，提高资产风险防控的专业化水平。其四，以企业为主体的资本运营架构的确立。明确企业运营国有资本的法律授权，提高运营能力。对于这些改革的具体内容，在对策部分将加以展开讨论。

## 5.4 本部分的简要结论

本部分对国有大型企业资产风险管理体制的运行情况展开分析。研究从资产风险的可控性探讨开始，分析了影响当前国有资产风险可控性的原因和提高可控性的必要条件，对国有大型企业资产风险管理的发展现状进行研究，在此基础上，对资产风险防控的运行机制进行了分析。本部分的主要观点包括以下内容：

第一，市场风险是当前国有资产运营面临的主要类风险。

第二，国有资产的权益履行主体客观上还是较多，直接影响国有资产风险的可控性。与行政层级直接挂钩的监管体系构建，形成了利益取向与能力保障均有很大差异的权益履行主体。与行政层级挂钩的监管体系并未完全覆盖国有资产的实际权益履行主体。大量新增国有资产面临的权益履行主体有待于确定。权益履行主体在制度层面的清晰界定与实际操作层面的模糊化之间的差异，是我国经济发展阶段所决定的过渡性特征。

第三，资产规模增长与管理能力提升不匹配降低国有资产风险可控性。

第四，国有资产风险可控的必要条件包括：①管理主体结构清晰有效。②管理能力可置信。③资产结构可预期。

第五，简单地以规模和数量为评价依据的业绩考核不再适用，取而代之的是资产结构的稳健性。可以从以下几个方面对国有企业的资产结构稳健性进行判断：①主业是否突出，核心资产是否显著。②资产扩张是否以主业为依托。③资产未来的变化方向是否清晰。④资产运营模式是否连续。

第六，国有大型企业的资产管理，并非完全发生在企业内部。外置性的资产风险治理，有着以下几个特征：①对资产安全的高度强调。②对资产功能的优先考虑。③对资产流转的重点监控。外置性的资产风险治理之下，实践中企业的资产风险管理也并非完全的按照全面风险管理的要求而设定。国有大型企业的资产风险管理是一种“混合型”的风险管理。在模式上，内外结合，资产监管与资产风险管理相混合。在策略上，经济与非经济手段并用。

第七，资产风险防控思路的三个关键点在于：①明确资产定价，提高资产与企业的可分离度。②围绕系统性风险管控，明确风险管理关键点。③提高风险管理的规范性，提高管理的可置信度。

第八，不同行为主体的行为差异，可以分为资产的监管、资产运营与使用。资产监管是以资产作为风险管理的对象，所展开的管理活动，企业作为一种组织形式可能对于资产的风险管理而言很重要，但在监管层面上，只是实现监管目标的中间介质，并非最终目标；资产运营是以企业为平台、资产的市场价值为对象的管理活动，企业组织之所以重要，在于其可以对资产市场价值的提升、资产风险的防控，提供多样化的载体；资产使用是以企业为平台、资产的功能为对象的管理活动。

第九，国有资产风险防控可能采用的三种模式包括：①应急处置型的资产风险防控模式，是指对国有资产风险事件造成的资产损失和社会影响的事后应对。在事后的风险损失应对中，主要要实现的目标有二：其一，动用新的资源以覆盖资产风险损失，使得企业组织存续。其二，消除由资产风险事件导致的不利社会影响。②过程控制型的资产风险防控模式，是指对国有资产运动全过程或者某些重要环节进行风险防控的管理模式。这一模式的要点在于，梳理国有资产运动的关键环节，在每一个环节上进行风险识别、评估和防控的管理过程，以达到控制资产风险的目的。③风险导向型的资产风险防控模式，就是围绕资产风险来构建防控模式，使得资产的风险指标成为防控检测的核心指标，并据此形成风险决策与应对。

# 6. 完善国有大型企业资产风险管理机制的对策研究

随着国有资产监督管理体制改革和国有企业发展的深入进行，国有大型企业的资产风险管理将成为监管方和企业共同关注的重要命题。本部分将结合上文的研究，对国有大型企业资产风险管理机制进行系统分析，提出资产风险管理的系统框架，描述具有操作性的运行机制，并就目前资产风险管理的突出问题，提出具体的对策建议。

## 6.1 资产风险管理系统的总体思路

企业国有资产的风险管理是一个由多种管理策略、活动与参与方共同实现的管理系统，其中，既包括了专门性的资产风险管理活动的统称，也必然包括由针对资产风险的策略组合与不同利益相关者的资产风险应对活动组成的一个综合治理域。下面分别从构成要素、职能和运行原则三个方面对国有资产风险管理系统进行描述。

### 6.1.1 国有资产风险的治理域与管理域

国有资产风险管理系统可以分为两个大的域，一是资产风险治理域，二是资产风险管理域。在风险治理域中，定价、策略和市场是三个基本的治理行为，不同的资产风险管理方都要通过运用这三种基本治理行为的组合，来实现资产风险的防控。在风险管理域中，监管、运营和使用是三种基本的资产风险管控的活动，划分三种活动的责任主体，是进行资产风险防控的基本前提。

资产风险治理域就是要为国有资产活动的不同相关方参与资产风险防控提供基本的能力保障、环境支持和策略组合，是国有资产风险防控的制度基础。资产风险管理域则是对资产运营过程中对资产行为责任的划分和明确，是资产风险防控得以执行的机制基础。缺乏治理域，资产风险无法在国有资产运营中成为管制的显性目标，缺乏管理域，资产风险的防控责任无法在资产运营中得到有效的落实。

在现实的国有资产监管和运营体系中，治理域主要是资本市场、企业法人治理结构针对资产风险防控所必然要做出的适应性调整，而管理域则主要是国有资产监管、运营和使用各方在风险防控中目标设定与责任明确。两个域的存在又统一于国有资产监管的现实体系之中，成为资产运营的必然构成部分。

之所以要强调治理域和管理域的区分，而不是在一个整体的综合系统中来研究国有资产的风险管理问题，就在于当前在国有资产管理的各个部分，风险并未成为首先要加以考虑的目标。在现有管理体系中探讨资产风险的防控，并不能形成符合发展需要的资产风险防控体系。这一点，在全面风险管理的推行过程中，实际上已经可以得到证明。通过在理论中突出治理域和管理域的区别，把当前实践中制约国有资产风险管理的障碍突出出来，把针对性的改革措施和方向明确出来，为实践中国有大型企业资产风险管理的深入开展夯实理论基础。

治理域的核心问题在于辨识合格的资产风险防控主体，形成有效的风险治理机制。必须利用市场、定价和风险应对策略的组合，在资产活动中找到合格的资产风险防控主体，实现风险治理参与主体的多元化。要做到这一点，就有必要为国有企业，特别是作为资本运营主体的国有企业的法人治理结构的优化创造空间，利用市场机制来辨识和选择合格的风险治理主体，而不是预先就基于某种理论去界定治理主体。这是在主体辨识中必须要坚持的基本原则。在国有企业的改革过程中，对于这一原则有必要自始至终加以坚持。在辨识主体的同时，还有必要按照资产风险防控的要求，对国有资本运营主体和资产使用主体的组织架构进行设计，使其符合风险治理的要求。这是形成有效风险治理机制的另外一个重要的组织原则。

管理域的核心问题在于维持一个适宜国有资产风险管理的管理体系，形成可执行的资产风险管理模式。从实践发展的需要和理论研究的结论都可以得到同样的结论，企业国有资产的风险管理并非完全由企业来决定，而是涉及不同相关主体，是多种权利共同作用的结果。因此，在管理上，维持一个恰当的管理体系，对于实现资产的风险管理，就十分必要。这一管理体系需要说明以下三个方面的问题：其一，稳定、规范的管理主体包括了监管、治理和使用三个方面的主体。其二，三个主体在资产风险管理方面所承担的责任各有侧重，互相配合，形成协同关系。其三，责任的划分也对国有层级和资产结构提出了明确的调整要求。这三个方面的体系性要求的应答，就构成了对当前企业国有资产管理架构进行改革的现实需求。

### 6.1.2 国有资产风险治理域的核心要素：定价、策略和市场

图 6-1 展示了国有资产风险治理域的核心要素。主要包括三个方面，即资产定价、交易市场与风险应对策略。资产定价就是国有资产交易价格的确定活动，有了明确的定价才有资产风险防控的价格基础；交易市场是指资产风险得以通过市场交易活动加以防控的市场空间，这是国有资产风险在企业组织之外的市场中得到应对的必要环境条件和行为界定；策略是资产风险防控参与各方可以采用的

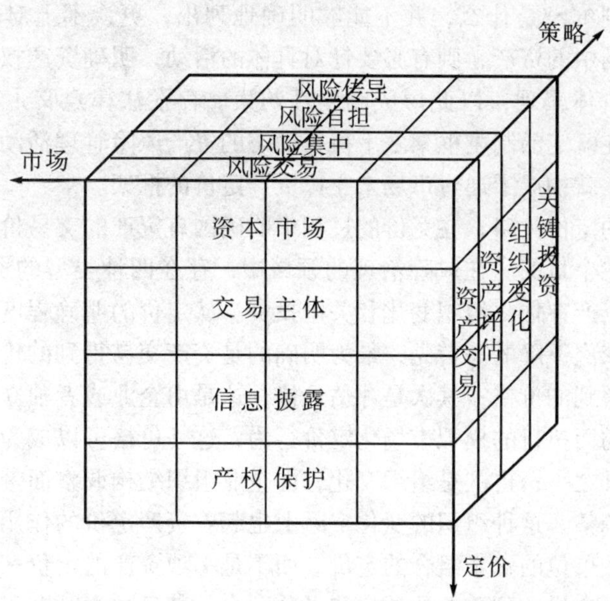


**图 6-1 国有资产风险治理域的核心要素**

资产风险应对方案的集合。在这三个核心要素方面，定价是主线，市场是条件，策略是手段。围绕资产定价这一主线，充分运用市场平台来实现风险策略，提高资产风险防控的综合能力，达到资产风险防控的目的。

通过资本市场来实现资产定价，是国有资产风险治理的第一个重要目的。让国有资产在市场中运营，既是保持资产增值能力的需要，也是实现风险防控的基本条件。国有资产的价格是实施资产风险防控的基本参照指标。价格必然要在市场中形成和实现。这是强调资本市场重要性的基本理由。因此，要进行资产的风险管理，首先就要评价资本市场的有效性。可以从以下四个方面对资产的有效性进行评价。其一，资本市场的体系。就国有资产而言，完善的市场体系有如下具体的指向：①包括股票和债券在内的证券市场，②区域性股权交易市场，③特殊资产处置行为的市场化。特殊资产处置行为的市场化主要是指在国有企业处于市场之外、但实质是资产交易的资产活动，按照市场规则对其进行规范的管理活动。其二，市场交易主体。这主要是指参与国有资产市场活动的、有风险承担能力的独立市场主体。这些市场主体，主要通过风险承担能力、风险认知与偏好、业务领域来加以识别。共同的风险认知、不同的风险偏好、足够的风险承担能力和差异明显的业务领域，是合格的市场交易主体的共同特征。在涉及一项资产的交易活动，或者一个企业的资产市场活动时，不同类型的交易主体的存在，是保持风险治理有效性的关键所在。其三，包括信息披露在内的市场规则。资产活动的合规性是定价机制有效性的前置性条件，是促进资产风险的认识成为社会公共知识的制度性安排，也是资产风险治理各方根据资产的市场价格对资产风险进行判断的基本信息来源。其四，对资产权利的保护。资产权利的完整性能且只能在市场中加以保持。离开了市场的资产，就缺乏权利保护的必要条件。因为在这样的情况下，权利本身是什么，并不能够明确地列出，更谈不上对资产权利的保护。对于在市场中的资产，则有必要针对具体的活动，明确资产权利保护的基本法律要求及其具体实现，以此形成制度性约束。存在法律意义上的资产权利保护，才有可能在既定的制度框架之下执行动态的资产风险管理活动。以上四个方面的基本要求，就构成了通过市场来支撑资产定价的框架。

通过不同的定价策略，在竞价的过程中明确国有资产的交易价格是国有资产风险治理的第二个目的。在风险治理的领域中，存在四种类型的资产定价策略，即资产交易、资产评估、组织变化和关键投资。从定价的明确程度上看，四种方式的明确度是依次下降的。首先，最为明确的是资产交易得到的价格，这是在市场活动中直接得到的价格；其次是评估价格，这是由企业或者独立的第三方出于资产交易的目的而执行的模拟市场化定价行为，这一价格可以成为资产市场交易价格的价格基础之一；再次是组织变化，即企业组织结构调整而带来的资产配置和结构的相应调整。这种组织的变化实际上也起着资产定价的作用，只不过这种是以组织为基本单位的资本组合的定价，而不是一项资产的定价。最后是关键投资，即企业将资产投入到重要的项目和子公司中，其目的，既在于通过项目的实施和子公司的运营来实现资产的增值，也在于通过投入活动提高资产在市场活动中的出现频度。四类资产定价活动所得到的资产定价不可能是一致的，在特定的环境中，价格差异会非常大。例如因债务原因导致的资产重组或者企业破产，所达成的资产交易价格就会与正常情况下的资产交易价格有很大差异；再例如对于关键性技术的投资，由于存在较为突出的技术溢价，所达成的资产交易价格，即使是以非明确的组织变化或者投资的形成来加以实现，也会显著高于常规性的资产交易价格。四类资产定价活动的存在，一方面可以形成相互的映证，使得在外部对资产价格的观察成为可能，对于资产的风险治理活动由此也才具备基本的判断信息基础。简而言之，如果在资产风险治理的活动中，看不到企业资产在可溯及的历史中，缺乏四类资产定价活动的可靠记录，就可以基本上确定企业的资产风险治理缺乏足够的可信度。另一方面也形成了一个资产价格的多元化实现渠道，从而为资产风险的应对，提供了可以信赖的操作手段。必须要指出的是，定价作为资产风险治理的核心要素，其基本前提是资产市场，其基本依据是资产风险应对的策略，不同的市场交易需要不同的风险策略，进而对资产定价也提出了不同的要求，这三个基本要素密不可分。

通过在资本市场中实施不同的风险策略，是国有资产风险治理的第三个重要目的。企业的资产风险治理，在资产交易市场和资产定价的基础上，可以实施差异化的资产风险应对策略。治理层面的风险应对策略主要包括风险交易、风险集中、风险自担和风险传导。风险交易是指通过资产的市场交易活动，将资产风险交换给愿意承担资产风险的市场主体；风险集中是指通过资产向一个企业组织平台集聚，实现风险对冲的资产活动，并且在资产集中过程中，也会为风险管理创造策略空间；风险自担是将资产风险在企业内部加以应对的处置方式；风险传导则是通过交易等资产活动，实现资产风险由企业内部向外部多个市场主体的链式传递过程。并非所有的风险都可以通过企业的风险管理活动加以应对。企业资产风险管理活动的展开，必须在风险治理的框架下进行。风险治理提供的风险应对策略，是企业资产风险管理基本的方向性界定。例如在风险治理界定的企业资产风险应对策略是交易的情况下，企业风险管理要加以执行，就必须要确定资产交易市场的可进入性和资产定价手段的可用性，否则以交易为基本策略的资产风险应对就缺乏实施的必要条件。类似地，在其他三种风险治理策略下也都相应地规定了企业风险管理的策略集合边界。

### 6.1.3 国有资产风险管理域的核心要素：监管、运营和使用

资产风险管理域的核心要素，包括了监管、运营和使用等三种活动，这三种活动分别界定了企业资产风险管理的法律边界、行政边界和合同边界等三条边界，突出了资产监管与资本运营、资本运营与资产使用、资产监管与资本使用等三对基本关系。这些活动、边界和关系，可以通过三条企业资产管理“射线”和一个企业资产管理“三角形”来加以表述（见图6-2）。

三条“射线”主要界定资产风险管理的三种活动及其相互关系。三条“射线”是对资产监管与资本运营、资本运营与资产使用、资产监管与资本使用等三对关系的图形表述。在图6-2的图示中，暂且以对角线的方式来表示，但这并不意味着三对关系之间存在着完全对等和平衡的相互责任界定。如果要以射线来表示实际中的关系状态的话，例如资产监管与资本运营这条射线，应更偏向运营一侧，以显示风险管理的责任更多地落在运营一侧。从资产风险管理的角度看，三条射线中，最长的应该是运营与使用这一条射线，表明资产风险在三种活动中，管理的重心应在运营这一活动中。在三种活动的主体责任界定方面，监管对于资产风险管理的责任主要在于提供一般性的制度供给，并根据资本运营主体的报告和外部市场信息，对资本运营主体的资产风险管理活动进行定期评估。需要特别指出的是，资产风险的监管方并不是风险的承担方，因此也不参与资产的风险管理活动。之所以要界定监管与运营的责任边界，就在于必须明确行政性的监管活动与市场化的风险管理活动之间的区别，从而为政府与市场在责任上的边界划定明确依据。由此提出的政策要求是，监管方不能从事与监管无关的风险管理活动，即使这种活动从结果上看是有利于资产风险管理的，也不应当进行，因为这种活动违背了管理体系设计的根本原则。在运营和使用的主体责任界定方面，运营主要考虑企业资产的风险治理，而使用方则要落实资产风险管理的基本职能。在监管和使用的主体责任界定方面，监管方主要的责任在于应对系统性的资产风险，而大部分的资产风险管理责任，则由企业来承担。

一个资产风险管理“三角形”主要界定资产风险管理跨越企业边界的三个主体之间的相互协同关系。在划分责任的前提下，要实施企业资产风险管理的活动，就需要监管、运营和使用三方的协调与配合。之所以强调协同关系中的监管、运营和使用三方，就在于这三方是国有资产风险管理不可或缺的三个主要的

实施方。监管是分散于各个部门、行业的国有资产的统一的政府内部的相对独立的管理方，从制度设计的角度看，监管方既应该管理企业国有资产，也应该对非企业国有资产实施管理。有了监管的统一授权，才会有规范的国有资产监管责任划分和监管权力的执行。企业国有资产的风险治理和管理才有实施的基本制度依据。运营方作为企业组织，其相对于监管方而言，是主要的资产风险治理的执行主体，相对于使用方而言，又是资产风险管理的执行主体。运营方一方面要构建起可以执行风险治理的治理域，另一方面也要理顺可以执行风险管理的管理域。这一主体的设计，是明确划分政府和市场之间关系的必要组织，也是以风险管理为标志的资本运营得以实现的必要组织设计。有了明确的运营组织，资本运作的承担主体、风险管理的组织“阻断阀”，均在制度层面上得到了实现。作为资产使用方的企业组织，相对于前两者而言，是资产风险管理的具体执行方。因此，在制度设计方面，必须在企业资产风险管理方面，建立起有效的风险治理与管理的权限、责任划分。作为资产使用方的企业不宜在资产风险治理方面承担过大的责任和拥有过大的权力。要实现这一点，就必须通过运营方的资本运作，限制作为资产使用方的治理权力与能力。这样的权力结构设计也对国有资产监管体制的改革提出了新的变革要求。

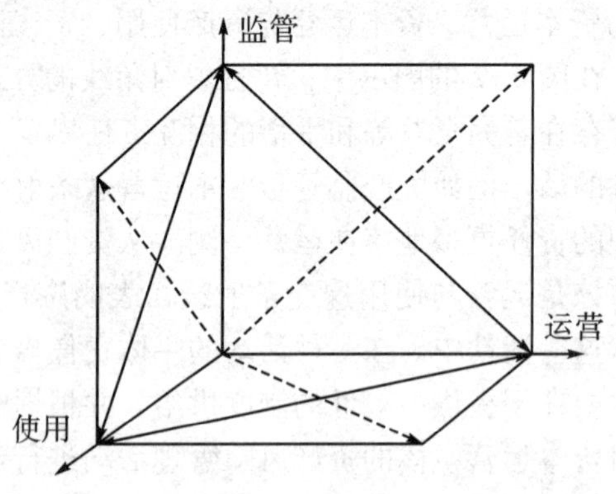


**图 6-2 国有资产风险管理域的核心要素**

## 6.2 资产风险管理系统的运行原则与机制

由治理域和管理域构成的企业国有资产风险管理系统，要形成可行、有效的风险管理机制，既要在两个领域各自的核心要素培育方面进行制度设计和资源投入，也要确立一系列运行原则，使得企业国有资产的风险管理机制得以顺利运行。

### 6.2.1 原则一：风险导向——国有资产风险监管机制

国有资产风险管理系统的第一原则，就是风险导向原则。要把风险作为国有资产的重要特征，把资产风险的管理作为国有资产监管的第一目标，把形成资产风险监管机制作为当前国有资产监管体制改革的重要内容。

必须认识到，在不同的发展阶段上，国有资产的监管方向会随着国有资产职能的不同而调整。保值增值在很长一段时间内，是国有资产监管的主要目标。这一目标选择的背后，是工业化进程不断深化、资本形成规模不断加大的历史进程。随着工业化进入后期阶段，资本形成表现出了与过程截然不同的特征：传统产业的资本形成已经完成，新兴产业的资本形成呈现出高度不确定的状态，新增国有资产应当处于哪一个领域中，既是一个必须要加以明确回答的问题，也是一个实际上难以给出明确答案的问题。一方面，以战略性新兴产业为代表的新产业必定要出现，但以什么样的形式出现、会对传统产业形成什么样的影响难以估量；另一方面，城市服务业正在以前所未有的速度加快发展，国有资本应当如何在服务业中继续发挥基础性的支撑作用，目前还缺乏实践的证据。高度不确定的产业发展趋势使得国有资产面临着非常紧迫但却目标并不明晰的战略性调整期。而且这一调整期可能持续的时间还有十年以上。在这样一个调整期内，国有资产作为国民财富，面临的首要问题并非规模的继续做大，而是作为一个整体的国有资产应对风险能力的提升。

风险导向的国有资产监管机制的形成与规范运行是当前国有资产监管体制改革的首要任务。这一监管机制的确立，需要以下几个方面的条件：第一，明确的风险防控目标与评价机制。必须要为国有资产的风险管理提供一个风险目标体系和监管的重点。按照前文的研究，这个目标体系包括了风险源、类风险和风险传导三个部分（如图 6-3 所示）。提出这一目标体系后，就可以根据目标的架构，针对行业和企业的具体情况，有针对性地对企业资产的风险进行研究，并提出相应的风险信息披露，风险应对举措等。如果在监管层面无法提出明确的风险目标，在国有资产管理的实践中也就无法做到以风险为基本导向。在过去中央企业的全面风险管理工作推进实践中，这一点已经有非常充分的表现。

第二，规范的资产风险防控的制度性指引。有必要针对资产的风险管理，提出风险管理的规范性指引，使其成为所有国有资产承载组织遵循的基本制度规范之一。需要通过指引传递的必要风险管理信息主要包括：①资产风险管理制度是企业国有资产管理的必须要确立的基础性制度；②风险管理是企业国有资产管理工作的核心内容；③资产风险管理在遵循一般性管理规范的前提下，可以根据企业的不同情况，进行针对性设计，但所有的针对性设计，在制度和操作层面上，不得损害一般性管理规范的核心性和优先性；④规范性指引是监管方用以评价企业资产管理制度和操作的基本依据。

第三，合理的资产风险防控主体层级体系设计与责任划分。明确国有资产风

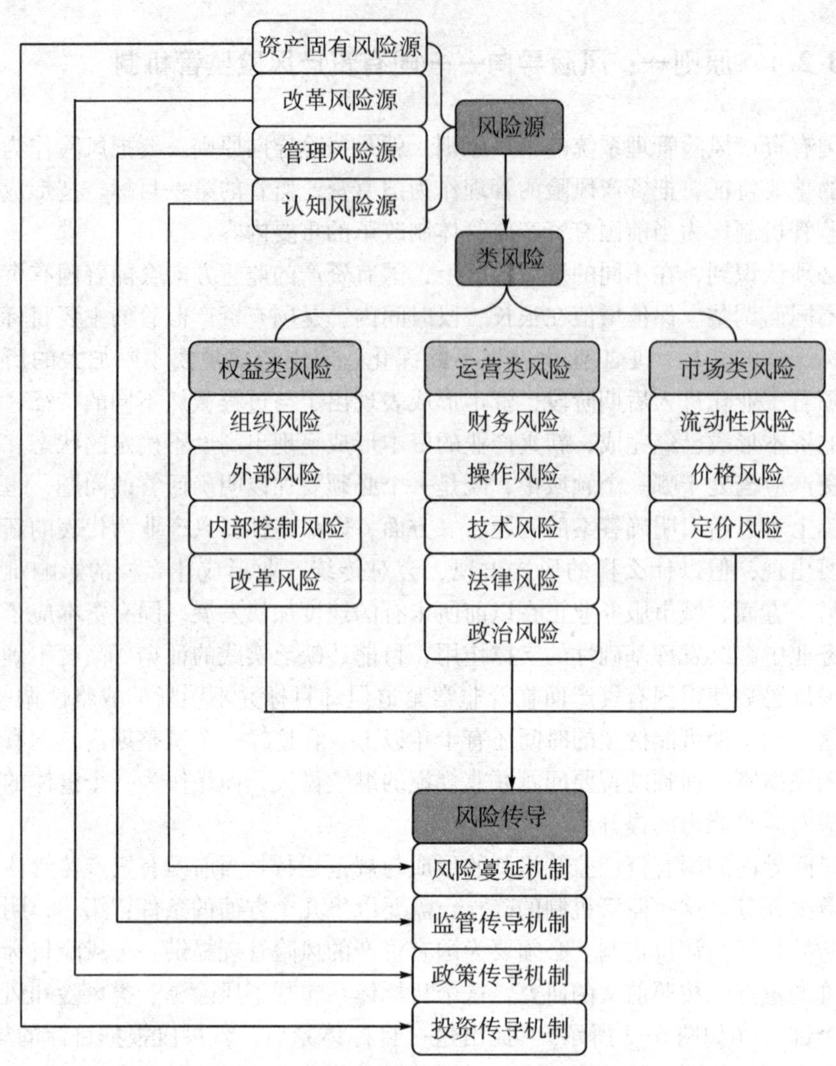


**图 6-3　国有资产风险类别与传导机制示意图**

险管理在不同层面上的实施主体，是风险导向的资产监管体系得以确立的另一个重要的条件。监管、运营和使用，是理论上的风险管理的主体。在实践中，需要明确的是这三方应当具备什么样的条件。从上文关于主体的论述和研究中可以发现，并不是所有国有大型企业都可以做运营主体。如果缺乏必要的授权和资本运营手段，即使在形式上被认定为运营主体，在实际的资产管理过程中也难以落实。因此，明确主体资格条件是主体层级体系设计的主要内容。由于这一内容过于细节化，在本研究中就不予展开。在此，仅就主体资格提出三个核心条件：①合法授权。无论是监管、运营还是使用主体，都需要合法的授权。可能在授权的具体内容上有各自的差异，但授权是行使国有资产风险管理权力的前提。②风险承担能力。对于监管方而言，应当明确去除其承担风险的能力，而对于运营与使用方而言，应该根据各自的授权，明确界定其风险承担能力。③资产运营能力。这主要是为区分运营和使用主体而提出的条件。作为资产使用主体，应当通过组织约束和治理规制，限制其资产运营的能力，防止资产风险在使用层面上的失控。

### 6.2.2 原则二：市场决定——国有资产定价机制

市场决定是企业国有资产风险管理需要坚持的第二个基本原则。实现市场决定的资产风险管理，就是要明确市场化的国有资产定价机制，奠定国有资产市场化交易的价格基础，为国有资产的风险管理创造策略空间和工具组合。市场决定的基本原则，主要通过以下几个方面的制度设计和工作要求加以体现。

第一，采取措施提高国有资产的市场属性。资产风险管理的基础性应对机制必须是市场机制。风险的防控主要在市场中得到处置，才能使得国有资产具备脱离行政性力量而存在的可能性，政企分开也才能在操作意义上实现。要在市场中应对国有资产的风险，首先就必须使国有资产进入市场。没有进入市场的国有资产，客观上只能依靠自身和行政的力量来应对风险。这种态势不仅应对能力有限，而且弊害甚大。经营状况好时不顾风险约束拼命扩张，经营状况不好时全部推给政府，这种状况不能一而再、再而三发生。提高国有资产的市场属性，就是指国有资产运动的全过程，原则上都必须在市场环境下展开。除非有重大的资产战略性布局调整，坚决杜绝非市场的资产活动。就目前的状态看，有必要在以下几个环节上推进改革，引入市场的因素。①提高以企业为单位的资产整体市场化水平。国有资产的市场属性不高，一个较为突出的原因就在于国有企业改革不彻底，整体资产的市场化水平不高。有必要在新一轮国有资产和企业改革中对这一缺陷加以彻底弥补。②提高投资环节的资产市场化运作水平。资产在投入过程中的市场化决策，主要表现为决策主体企业化、投入机制竞争化、效益评价指标化。一方面，要在国有资产监管的制度设计中为这些目标的实现创造空间，另一方面，要通过市场化资产风险防控的执行来倒逼投入的市场化决策。这是两个不可分割的工作内容。③提高增量国有资产集中管理过程的市场化水平。国有资产的市场运动过程中实现的增量部分，从监管主体来说，只要明确归属于唯一的监管机构进行监管即可，这在原则上和执行上均无问题。但在运营和使用层次上，则存在一个资产以何种形式集中、集中到什么水平的问题。对于这些问题的解答，并非行政性指令可以解决的，必须要通过市场的方式来加以实现。

第二，对国有资产市场化定价的方式多样化提出明确要求。上文所述的资产定价四种方式（见图 6-4），应当在实践中成为国有资产定价的基本策略组合工具。一方面形成多样化的定价态势，为把握资产的真实价格创造信息基础；另一方面同一资产多种形式价格的存在，也必然会形成一个资产的价格空间，为资产风险交易的达成提供策略基础。多样化的定价方式并不是一次性的工作，不是为了资产定价而定价，而是贯穿于资产运动的始终，是资产运动的必然结果。也就是，资产运动必然会形成多样化的资产定价结果。这就提出了对国有资产运动进行规范的现实需要。要让资产定价伴随资产运动出现，主要需要进行以下几个方面的调整：①资产运动以价格变化为基本参考指标。没有不具备价格的资产运动。这必须成为国有资产管理的核心考核内容。②有可以重复的价格形成过程。国有资产的价格形成不能是一次性的、偶然的活动，而是可以重复的、经常性活动。强调价格形成的可重复性，就在于为资产的风险管理提供进行风险判断的必要条件。③有市场化的资产交易活动。资产价格不是一个模拟的定价活动，而是由实际的交易活动得到的价格。在国有资产的运动过程中，必须要有足够的市场交易活动。这可以作为资产市场化定价的一个直接的证据。

第三，明确价格指标在国有资产管理中的核心地位。国有资产的管理，特别在监管层面上，必须要以资产价格为核心展开。简而言之，就是要做到，资产价格是管理的前提，资产价格变化是管理的重点，资产价格实现是管理的目的。明确资产进入市场和退出市场的必要条件，并为国有资产进入和退出市场制定规范的条件。

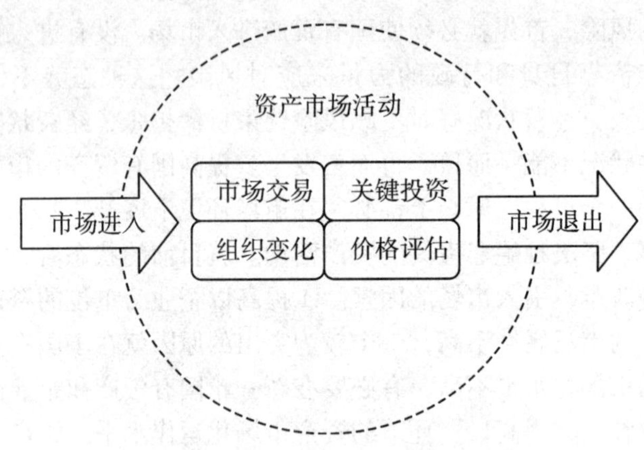


**图 6-4 国有资产定价机制示意图**

### 6.2.3 原则三：风险敏感——国有资本治理机制

风险敏感是国有资产风险防控的第三条基本原则。风险敏感是指国有资产管理的制度设计、主体治理和事件管理均对资产风险及其变化做出及时的回应。风险敏感是对风险导向的国有资产管理的具体细化。一个风险导向的国有资产管理体系，需要对资产风险保持相当的敏感度。可以从以下几个方面的能力建设来对风险敏感加以制度实现。

第一，风险识别的能力。风险敏感首先就是要能够发现风险。可以识别的风险才是能够管理的风险。对于资产运动过程的熟悉程度以及资产运动可能会出现的异常状态有经验性认识，是资产风险识别的前提条件。正是在这一意义上，专业化的风险管理团队的培育和能力的建设，是国有资产监管、运营和使用三个方面的主体都应当重视的关键内容。在监管方，重点应在权益类风险方面，专业化能力应侧重于对资产风险整体规模的动态评估和对极端风险损失的判断上。在运营方，重点应在运营类风险方面，对所在领域的特有风险、金融风险的防范应成为专业化能力建设的重点。在使用方，重点应放在市场类风险方面，专业化能力建设的重点应突出特定种类的风险因素的应对上。对于不同的管理主体的不同风险识别能力的界定，有助于在资产风险管理的运行过程中，通过各方不同的资产风险识别的相互印证，形成更为客观的风险认识，进而形成各异的风险应对策略。

第二，风险价格的获得能力。风险识别的关键在于风险价格的形成。风险价格只会在交易中形成。因此，在这里所说的风险价格的获得能力，是在资产的市场交易过程中动态把握资产价格变化、并以此为基础进行风险识别的能力，而不是静态的某次资产交易价格。这一能力的提高，有赖于经常性的资产交易活动以及专业化的资产交易管理团队。资产运营主体必须要在风险价格获得能力上进行大量的投入，以确保可以获得持续的风险价格信息。这是资产运营主体尤其需要加以重视的能力建设。

第三，风险承担能力。作为资产运营和使用主体，都需要具备足够的风险承担能力。这一风险承担能力，既取决于企业法人治理结构的合理性，也取决于国有资产本身的结构与质量。提高风险承担能力，就是要在国有资产的市场化配置中，完善企业法人治理结构，为企业层次的资产风险治理创造条件。

在三个方面的能力建设前提下，就可以对国有资产风险防控的风险敏感度进行设计和判断。风险敏感度可以包括如下指标。①风险预判的正确率。在风险事件之前对资产风险进行评估与预判，根据事后的实际情况进行检验，正确率有多高。这主要是方向性的预判，有助于判断其对国有资产风险的识别能力。②风险价格的获取时间长短。就是说在实际的资产运动过程中，资产的价格变化到资产风险价格的获得之间的时长。时间越长，说明企业对资产风险的反映越慢。反之亦然。③资产风险应对策略的匹配度。对于不同的风险适用于不同的应对策略。在事后的分析中，可以对风险的大小以及应对策略的适当程度进行判断，以判明企业资产风险的承担能力。

### 6.2.4 原则四：规范有序——资产风险应对机制

规范有序是企业国有资产风险应对的第四个基本原则。资产风险的应对不是相机的决策与实行，而是常规的资产管理活动；资产风险管理不是事后的应急处置，而是事前、事中、事后的全面管理。规范有序是资产风险应对成为国有资产管理的基础性工作的必然要求，也是资产风险管理本身不成为新的资产风险源的制度性保障。除了在国有资产管理层面上应有对资产风险应对的规范性指引外，规范有序的资产风险应对，还应具备以下几个基本特征。

第一，存在共同的、不可缺少的必要管理环节。两个类型管理环节可以成为必要的管理环节。一是从风险防控工作流程角度看，必要的、可以识别的工作步骤。二是具有普遍性的资产运动形式或环节，且与特定的资产风险之间存在显著的相关关系。

第二，存在明确的风险类型判断。风险识别必须要明确可能会出现的资产风险类型，即使在事前无法认定，在事中也要有规范的形式对识别的风险给予及时认定，将其纳入企业资产风险应对的领域中来加以处理。

第三，存在明确的风险应对策略选项和使用条件。企业的资产风险应对策略选项取决于资产在市场中的运动状态。并非所有的资产市场交易形式都是企业资产风险应对可以加以利用的策略。只有那些适应于资产运动的市场交易形式，才能成为企业资产风险应对的策略选项。因此，有必要在提高资产交易频率的同时，注意储备风险应对策略，并明确不同策略的优先度和使用条件。

第四，存在对风险应对机制自身的反馈机制。对于资产风险应对机制本身运行状态的好坏，也必须要有足够的判断。对于那些为风险而进行风险管理，却不站在资产运营的高度来整体性把握资产风险的管理活动，在资产风险应对机制中要高度关注并加以消除，不能让原本旨在防控风险的应对机制成为新的风险的来源。

## 6.3 构建风险导向的资产风险管理系统的对策研究

结合以上的领域划分和原则性设定，笔者就当前如何在国有资产管理体制和国有企业改革的新进程中构建风险导向的资产风险管理系统，提出具体的对策建议。把握国有资产的战略方向是监管层面的主要工作。明确资产运营实体的风险管理主要责任是运营层面的主要工作，而在使用层面，则需要积极推进混合所有制改革以提高风险治理能力。

### 6.3.1 监管：把握国有资产战略方向

当前在国有资产监管层面上，要关注的一个重要问题，就是国有资产的战略方向。这里有三层含义：一是对过去在工业化进程中所做出的国有资产战略方向调整决策及其过程的梳理，以把握历史经验。二是把握当前国有资产整体的结构与空间布局，以明确问题所在。三是把握未来国有资产调整的战略方向，以说明发展方向。这三个层次的战略方向把握水平高低，将对国有资产监管层面上的资产风险管理以及在运营和使用层面上的资产风险防控活动，形成明确的政策导向。

如前文所述，企业、资产、资本和财富的国有资产管理重点的界定，是国有资产战略方向的高度概括。在过去的改革与发展中，以国有企业为特征的隐性国有资产管理逐步转变为显性的国有资产管理，国有企业的管理成为从属于国有资产管理的次要目标。新一轮改革又将把以国有资产为特征的隐性国有资本管理转变为显性的国有资本管理，并且让国有资产管理成为国有资本运营下的次级战略目标。在未来，以国有资本为特征的隐性公共财富管理将转变为显性的公共财富管理，国有资本运营成为公共财富管理的方式之一。对于第一次转变的把握已经可以在过去的国有企业改革中得到佐证。第二次转变尽管还未完全展开，但其轮廓已经在公布的政策文件中被清晰地勾勒出了。第三次转变则是根据我国经济社会发展趋势所得出的理论结论，也是必然要发生的历史趋势。

在这一发展的历史进程中，如果对国有资产的战略方向把握不好，就会走弯路，形成资产风险源。例如，在上一轮国有企业改革中，在改革之初，把改革的重点放在国有企业这一组织平台上，没有抓住国有资产这个本质，各种形式的企业组织形式变革，最终也没有对改变国有资产疏于管理的状态形成实质性的作用。尽管资产风险事件多次发生，但国有资产风险管理缺乏制度依据，无法获得管理上的应有地位。直到发现了国有资产的核心价值，把管理的重点放在了国有资产上，成立了国有资产授权监管机构，才真正找到了管理的客观规律，才实现了国有资产伴随着我国工业化进程深入发展的快速增值。也正是国有资产管理体制的建立，才使得风险管理成为管理关注的热点，风险管理作为企业管理的重要内容，也才在国有大型企业中得到试行。但这一风险管理体系，是以全面风险管理这一系统化的管理工具为核心的管理策略，尽管可以对国有资产的风险管理起到一定的作用，但由于管理重点过于宽泛，所以能在国有资产监管的框架下成为共识。也正是在这一时期，大规模的资产扩张带来了同样不能忽视的资产风险事件，而仅仅停留在管理工具层面的风险管理又无法对这些风险事件的处置提供可以信赖的框架和手段，使得风险管理在企业内的运行难以为继。

新一轮的改革，再一次提出了能否使资产风险管理成为国有资产监管重要内容的问题。监管重点从资产向资本的转变，既要决定国有资产的战略方向是否需要调整，还要决定因为战略方向调整而带来的监管模式的变革方向。要在新的改革中因势利导，落实资产风险管理，以下几个方面的问题值得高度关注。

第一，国有资本的特殊职能界定及其未来变化的余地。在新的发展阶段，国有资本的特殊职能应当与工业化中后期阶段的职能有所不同。以下几个重点方向应当在国有资产的职能中加以明确。①国家战略安全。这是在当前发展阶段上必须由国有企业、国有资本加以绝对控制来实现的特殊职能。要履行这一特殊职能，需要付出的代价很大，相关领域的改革可能也会因此延后，但出于国家战略安全的目的，这样的代价也是值得的。②向重点领域的投入以及由此形成的国有资产战略性转移。一方面是新兴产业投资。这是当前国有资产战略调整的重点方向，也是按照市场的要求，需要落实资产风险管理的重点领域。在履行这一特殊职能的过程中，可以预见会出现三个方面的高度不确定性。一是国有资产如何从原有的产业领域中顺利转移到新产业领域中，一出一进，两个方向上都有性质不同但同样高度不确定的风险因素。二是新兴产业投入过程中，由于产业变化不定的发展态势而带来的运营风险。三是整体性的资产战略转移对显性国有资产监管体制带来的冲击及其应对，也是重点的风险因素。另一方面是差异化公共服务市场化供给所需要的投资。这是政府简政放权，特别是公共服务差异化供给之后必然形成的市场，也是一个相对稳定的市场 。国有资本进入这一市场既有天然的优势，也有客观的必要性。但面对的现实挑战在于，国有资本由过去主要处在工业领域转而向服务业进军，所面临的企业经营模式的转变，必然会存在较多的不确定性。③宏观调控。这是一个派生的职能。只要国有资产需要在投资活动中扮演重要角色，国有资本就必然要履行宏观调控的职能。④国有资本走出去。国有资产走出国门，在更为广阔的国际市场空间中去开展运营活动，是风险程度更高的资产投入活动。尽管从性质上依然是投资，但由于其重要性，将其单列出来，作为一个独立的特殊职能来加以对待。对于这四个方面职能的执行，在国有资产战略方向选择与调整的过程中，既要考虑现实的需要，也要为未来的变化留下足够的空间。

第二，国有资本运营主体资格设定以及资本运营的可行性。新一轮国有资产管理体制和国有企业改革所提出的国有资本运营模式，需要由独立的市场主体来承担。对于这一主体，必须对其资格有较为严格的条件设定。一方面要把握战略层面上对于国有资产特殊职能的要求，另一方面还要在资本运营中贯彻落实风险管理的要求，这两个方面的要求在资本运营实践中并不是具有严格的业务区分的领域。因此，资本运营主体对于两个方面要求的把握和落实的能力就变得非常突出。换言之，专业化的国有资本运营主体是本轮国有资产管理体制改革的关键所在。要选好资本运营主体，从程序上看，无非是三个方面的办法，一是预先的资格条件设置，根据这些条件，得到一批运营主体。凡实际上正在从事资本运营，但又不能满足预先设置条件的主体，不是通过合并的方式来实现运营主体的更替，就是给予一定的观察期，看在观察期内是否达到相关的要求。二是竞争性的办法，不设预先的条件，设定资本管理指标，对于处于同一行业内的国有资本运营主体，通过一定期限考核的方式，在竞争环境中以淘汰的方式得到新的资本运营主体。三是直接设立新的资本运营主体。三种方式中，第一种方式较为简单，但关键在于预先的资格条件难以确定。第二种方式尽管有效，但显然对于时间的要求较长。第三种方式虽然较为直接，但所形成的运营主体，则可能有很强的行政性，缺乏市场所要求的必需的竞争能力。在实践中，应根据国有资本所在行业的差异，对国有资本运营主体的形成方式进行针对性选择。无论是哪种方式，都必须要明确，如果国有资本运营主体的实际活动结果，只是行政性监管在市场中的延伸，无法起到应当发挥的资本运营功能，也无法实现资产风险防控的目的，那么主体选择就是失败的。这一点应作为判断的核心原则来加以重视。

第三，资本运营优缺点的预先判断以及必要的调整应对方案。从国有资产监管和国有资本运营的转变，是当前我国经济发展新阶段的内在要求。对于这一点，要有两个方面的充分认识。一方面，要充分认识到转变的必然性和内在逻辑，积极推进国有资本运营的实现。另一方面，也要充分认识到转变后的新国有资本运营，在实现战略转型目标的同时，还是存在不可忽视的机制性弱点。①资本运营虚拟化的可能性必然会随着资本运营的实现而提高。虚拟化的国有资本运营是完全背离当前国有资产管理格局的基本设定。在导致整个管理体制失效的同时，也会在根本意义上摧毁国有资产在实体经济中的显性存在。这些是在推行国有资本运营改革过程中必须要加以重视的内容。②资本运营所实现的国有资产的更大规模集中，也蕴含着管理效率递减的可能性。“排序悖论”所反映的，是过去国有资产集中的结果。在资本运营层面上必然会出现的更大规模的国有资产集中，如何去规避“排序悖论”，是运营体制设计中必须要具备的针对性措施。③资本运营对资产市场价值的关注是否会对国有资产特殊职能的履行形成障碍，需要观察。国有资产和国有企业，一方面因其资产属性而成为国有资产和国有企业，另一方面也因为其履行的特殊职能而成为国有资产和国有企业。在资产角度的管理变革，不能以其特殊职能的丧失为代价。这一原则不仅要通过分类改革来强调国有企业的特殊职能来加以强调，更要通过资本运营的模式选择来加以动态实现。④资本运营是否内含着解决周期性的国有企业改革的规范方案，并不是十分清晰。从上一轮国有经济改革到这一轮国有经济改革，尽管面对的具体问题与环境已大不相同，但处于困境中的国有企业和配置失当的国有资产却是共同的特征。资本运营是否能在一个更长的时期内解决这一问题，也并非是一个可以完全肯定的问题。对于所有这四个方面的问题，在资本运营模式确立的过程中，就必须要有清晰的认识和预先的应对方案。

国有资产监管模式之下，国有资产的战略方向应该成为贯穿于监管始终的重点内容。之所以对于这一问题如此强调，是由于缺乏了明确战略方向的国有资产，与市场中追逐市场利益的其他资本并无差异，而且由于其明显的政府背景，市场对其又缺乏明确预期，很容易造成诸如“国进民退”的市场格局，从而形成对市场的实质性损害。国有资产监管就是监管资产的存在领域和职能履行，任何忽视或超越这一核心内容的监管活动，都应纳入监管不当的范围来加以认识。也正是对监管进行有效约束的前提下，才有可能形成以资本运营为核心的资产风险防控机制。

### 6.3.2 运营：明确资产运营主体的风险管理主要职责

国有资产风险管理模式的确立，在新的国有资产监管模式下，主要的风险防控职责应当界定到资产运营这一环节上。可以从以下几个方面对资产运营主体的风险管理职责进行界定。

从国有资产风险管理系统角度看，资产运营主体必须成为风险处置的决策中心。监管方确定国有资产的战略发展方向，对国有资产的运营提出内含特殊职能要求的政策原则。监管方不承担资产风险，资产风险的管理方必须是资产运营主体。所有的资产风险决策都应源自资产运营主体的战略部署和相机决策。作为资产风险管理的决策中心，资产运营主体应当具备以下条件。①专业化的决策资源和决策能力，使得资产风险决策满足运营的需要。②存在明显冗余的资产风险信息供给，使得资产风险评价具备潜在的深入展开能力。③资产运营和风险处置的充足历史数据和实践活动，使得运营主体的资产风险管理活动可以在公开的层面上得到认同。④组织架构满足风险决策的需要，风险应对、资产管理与企业治理之间，存在及时有效的信息沟通与执行机制。这四个方面的条件，对资产运营主体的资格提出了明确的前置性要求。作为决策中心的国有资产运营主体，应当具备以下几个职能。

第一，风险承担职能。所谓风险承担职能，是指从国有资产风险管理的处置流程上看，资产运营主体必须成为风险的最后承担者。这时运营主体作为国有资产权益履行主体必须要承担起来的职能，也是运营主体能够执行资产运营的必要条件。这是对风险事件实际发生的极端状况的底线制度安排。在极端风险事件发生时，资产运营主体是制度层面、能力层面和社会层面的风险承担者。政府、监管机构和社会等，在过去的国有企业经营失败中承担风险损失的主体，通过运营主体的设计，都不再有承担风险的责任和激励。必须认识到，如果运营主体不能承担风险，那么围绕运营主体进行的新一轮改革就失去了应有的意义，运营主体不是沦为监管机构的延伸，就是成为新的国有企业。从风险承担职能来看资产运营公司的制度设计，有以下几个基本的要求：①足够的企业组织空间。资产运营公司应有相当复杂的组织架构，可以在组织内部“消化”风险，而不至于影响企业的经营。②足够的资产规模。规模大、结构合理的资产是运营主体应对风险的重大依仗。③足够的资产运营权限授予。有了充分的运营权限，才能具备调动资产进行风险应对的能力。④足够的专业性。对于所在领域的技术发展和市场运营有充分的认识和把握，对于风险事件的发生有预先的充分认识。缺乏这一条件，资产运营公司会在实际操作中逐渐变为纯粹的资本运作机构，丧失其承担国有资产应当承担的特殊职能的能力。因此，国有资产运营主体在成立之初，就必须根据上述条件，进行相应的资产配置、权限授予和能力建设。

第二，风险阻断职能。所谓风险阻断职能，是指国有资产运营主体具备调控资产风险传导的能力，可以利用风险传导进行资产风险管理，可以对国有资产整体的风险水平，从风险传导的角度进行调控。站在国有资产的整体来看，经营性和公益性国有资产属性的分类，就是一种旨在阻断风险的制度安排。在这一整体制度安排之下，才是国有资产运营主体对风险传导的阻断。从资产风险传导的角度看，资产运营主体必须成为风险传导的阻断阀。这一阻断阀主要体现在以下两个方面：①运营主体本身就是阻断阀的基本制度安排。有了处于不同专业领域的运营主体，在制度层面上就把国有资产分为了相互之间存在一定隔离的不同领域，降低了资产风险在不同领域之间进行传递的可能性。②国有资产运营主体可以通过资产的配置与调整，设置阻断阀，阻断所在领域内的风险的传导。所谓阻断阀，是指对风险传导进行干预的制度设计与策略安排。主要包括以下几种：①特定的企业组织设计。例如集团公司制以实现风险治理，母子公司制设置风险防火墙等。②特定的投资活动。例如，通过对冲性投资活动降低资产运动的不确定性，通过对关键技术领域的投资以降低技术性资产在面临创新性活动时的不确定性等。③资产处置。对于存在风险溢价的资产，要通过资产交易活动实现溢价，对于存在可能风险损失的资产，要通过资产处置实现风险的分散，等等。这些阻断阀的综合使用，可以在运营主体层面上，实现对资产风险传导的有效控制和利用。

第三，风险治理职能。从资产风险的处置模式上看，资产运营主体必须具备完善的风险治理结构。无论是风险决策、风险承担还是对风险传导的控制和利用，都需要资产运营主体对资产风险有正确认识和恰当反应。这主要决定于资产运营主体的能力。这种能力，既取决于资产运营主体的资产规模和风险控制投入的资源水平等，也取决于资产运营主体的治理水平。“资源+信息+专业+授权+治理”的能力结构中，治理居于资产风险管控的核心位置。有了确定的风险治理职能，可以在资产运营主体的法人治理结构层面厘清监管方与运营主体之间的责权划分，进一步明确资产运营主体在国有资产风险管控中的中心地位。在新一轮的国有经济改革进程中，有必要通过以下方式强化国有资产运营主体的风险治理职能：①股权证券化。这时已经得到确认的国有企业改革的成功经验。②股权多元化。特别需要注意国有资产内部不同来源的股权、非国有股权的引入。在股权多元化条件难以满足的情况下，可以考虑依托投资项目的战略联盟来实现实质上的多元化。③债务工具的使用。通过使用债务工具来强化外部市场约束，对倒闭企业强化风险管控。④有约束的监管。对资产运营主体的监管应集中于合规性，不应对承担风险管控主体责任的国有资产运营主体进行强制性的外部风险管控约束，也不应越俎代庖，代行资产风险管控的职能。通过这些举措，强化国有资产运营主体的独立法人地位，使其能够根据自身完成的风险决策来管控国有资产的风险。

### 6.3.3 使用：推进混合所有制改革以提高风险应对能力

在确立国有资产运营主体的风险管控中心地位之后，对于其他的大型国有企业，应当进行主动的制度调适，以适应新的国有资产监管体系，适应以风险为导向的新的国有资产监管。具体来说，使用层面的国有资产风险管理，应在以下几个方面围绕混合所有制来推进改革的进程。

第一，以风险为导向，推进混合所有制改革。新一轮混合所有制改革明确提出“以资本为纽带”推进混合所有制改革，在子公司层面注重通过混合所有制，引入非国有资本，实现经营模式的战略性转向；在集团公司层面，在保持国有资本应有地位的同时，通过整体上市、并购等多种方式引入各类投资者。在这一方案设计中，显然把涉入新产业、新领域、新技术的高度不确定因素和风险处置限制在子公司层面。这是资产风险阻断阀的制度设计。同时，在集团公司层面的多元化投资者的引入，则是风险治理的必然要求。在这里，显然是把集团公司作为了潜在的国有资产运营主体来加以设计。混合所有制改革的方案与国有资产监督管理体制改革的方案在这个地方的衔接存在问题。国有企业改革的历史经验已经表明，混合所有制，并非“一混就灵”，如果混合股权的所有者具有同源性，例如同属国有资本、同属一个地方、同属一个产业，其混合并不一定就能够提供股权多元化应有的制衡效应。换言之，混合所有制并非万能。所以，混合所有制能够提供什么样的管理效率，关键在于作为制度的设计者，对其赋予了什么样的职能。因此必须在混合所有制的推进过程中，把不符合实际的职能从混合所有制改革中剥离出来，以资产风险为核心，以“权利+制衡”为基本要求，来设计和推进混合所有制改革。按照新一轮的混合所有制改革的政策文件要求，改革是一企一策，不设时间表。同时也要注意，即使是一企一策的改革，改革所追求的混合所有制，如果不能服务于资产风险管控的目标，改革就是无效的。这是改革所追求的结果导向的共性内容。从新一轮改革推进的过程来看，各个企业的混合所有制改革可以千差万别，但在国有资产运营公司确立之后，应当有一个推进所属国有企业混合所有制改革的路线图，规范的国有企业混合所有制是发展的趋势所在。

第二，优化国有大型企业组织结构，限制管理层级无序扩张。与混合所有制改革相配合的，是国有大型企业组织结构的变化。这是从组织管理层面上对国有大型企业混合所有制改革的适应性调整。从国有企业发展的历程上看，在经历了经济快速增长之后，国有企业趋向于形成一个管理层级高度复杂化的组织结构。这是较为典型的无风险约束的资产管理的结果。因此，站在实践的角度，管住管理层级的无序扩张就是管理资产风险。但一个显然的事实在于，对于国有企业管理层级的调整表现出周而复始的态势，每过一段时间总是会重新出现。对于管理层级的管理，直接限定管理层级显然不符合市场变化的需要；放任不管，每隔一段时间进行调控，从实践上看也没有解决根本性的无风险约束问题。企业组织平台只是承载国有资产的载体，其对资产本身有隐性，但并非是根本性的。要关注国有企业组织的无序扩张，首先还是要关注资产风险。在新的改革中，要特别注意这一秩序的前后差异，不能本末倒置。优化国有大型企业组织结构，在新的改革进程中，应重点关注以下几个方面：①探索除集团所有制外的新的国有资产承载平台的有效实现形式。集团公司制是一个较好的实现资产风险管控的企业组织习形式。但这一形式的缺陷在于内部以股权联系为主，内部组织之间的相互联系并不是完全紧密。可能在股权上明确了相互关系，但在业务上却并非完全明确，集团公司与子公司之间也未必存在实质上的控制关系。从资产风险管理系统的角度看，存在多样化的资产承载平台，本身就是一种应对资产风险的有效对策。②配合混合所有制改革，压缩管理层级，明确无序扩张的原因，不能仅就管理层级压缩谈管理层级压缩。③探索非企业组织平台承载国有资产的有效形式。这是伴随国有资产整体属性和特殊职能变化必然会出现的调整。在当前阶段，要在组织层面上加以预先布局与安排。

第三，明确全面风险管理在企业经营管理中的重要地位，强化资产风险管理。全面风险管理作为规范的综合性风险管理体系，在企业中的推广和实施，必然会形成国有资产风险管理的良好制度基础和操作空间。有必要在当前的基础上进一步落实。重点关注以下几个方面：①以资产类风险为核心风险领域，展开全面风险管理。②在企业法人治理结构层面，落实全面风险管理的制度设计与组织安排。③培育专业的风险管理人才，执行常规风险分析。

## 6.4 结语

本部分是对策性研究。本部分提出了国有大型企业资产风险管理系统的总体思路和运行原则、机制，在此基础上，围绕构建风险导向的资产风险管理系统，从监管、运营和使用三个方面进行了对策研究。本部分的主要观点包括以下几个方面：

第一，国有资产风险管理系统可以分为两个大的域，一是资产风险治理域，二是资产风险管理域。在风险治理域中，定价、策略和市场是三个基本的治理行为，不同的资产风险管理方都要通过运用这三种基本治理行为的组合，来实现资产风险的防控。在风险管理域中，监管、运营和使用是三种基本的资产风险管控的活动，划分三种活动的责任主体，是进行资产风险防控的基本前提。治理域的核心问题在于辨识合格的资产风险防控主体，形成有效的风险治理机制。必须利用市场、定价和风险应对策略的组合，在资产活动中找到合格的资产风险防控主体，实现风险治理参与主体的多元化。管理域的核心问题在于维持一个适宜国有资产风险管理的管理体系，形成可执行的资产风险管理模式。

第二，国有资产风险治理域的核心要素主要包括三个方面，即资产定价、交易市场与风险应对策略。资产定价就是国有资产交易价格的确定活动，有了明确的定价才有资产风险防控的价格基础；交易市场是指资产风险得以通过市场交易活动加以防控的市场空间，这是国有资产风险在企业组织之外的市场中得到应对的必要环境条件和行为界定；策略是资产风险防控参与各方可以采用的资产风险应对方案的集合。在这三个核心要素方面，定价是主线，市场是条件，策略是手段。

第三，资产风险管理域的核心要素，包括了监管、运营和使用等三种活动，这三种活动分别界定了企业资产风险管理的法律边界、行政边界和合同边界等三条边界，突出了资产监管与资本运营、资本运营与资产使用、资产监管与资本使用等三对基本关系。

第四，国有资产风险管理系统的运行原则主要包括风险导向、市场决定、风险敏感和规范有序原则，风险管理运行机制包括国有资产风险监管机制、国有资产定价机制、国有资本治理机制、资产风险应对机制等四大机制。

第五，要构建风险导向的资产风险管理系统，在监管层面，必须把握国有资产战略方向，必须明确国有资产运营主体的风险承担职能、风险阻断职能、风险治理职能，必须推进混合所有制改革以提高风险应对能力。

# 7. 参考文献

## · 中文文献

· 政策类

[1] 国家出资企业产权登记管理暂行办法. 国务院国有资产监督管理委员会29号令. 2012. 6.

[2] 关于以经济增加值为核心加强中央企业价值管理的指导意见. 国资发综合〔2014〕8号. 2014. 1.

[3] 中共中央、国务院关于深化国有企业改革的指导意见. 2015. 8.

[4] 关于国有企业发展混合所有制经济的意见. 国发〔2015〕54号.

[6] 关于改革和完善国有资产管理体制的若干意见. 国发〔2015〕63号.

[7] 关于加强和改进企业国有资产监督防止国有资产流失的意见. 国办发〔2015〕79号.

[8] 关于全面推进法治央企建设的意见. 国资发法规〔2015〕166号.

[9] 关于国有企业职工家属区"三供一业"分离移交工作的指导意见. 国办发〔2016〕45号.

[10] 企业国有资产交易监督管理办法. 国务院国有资产监督管理委员会、财政部第32号令.

[11] 关于推动中央企业结构调整与重组的指导意见. 国办发〔2016〕56号.

[12] 关于国有控股混合所有制企业开展员工持股试点的意见. 国资发改革〔2016〕133号.

[13] 关于建立国有企业违规经营投资责任追究制度的意见. 国办发〔2016〕63号.

[14] 关于完善中央企业功能分类考核的实施方案. 国资发综合〔2016〕252号.

[15] 中央企业负责人经营业绩考核办法. 国务院国有资产监督管理委员会第33号令.

[16] 中央企业投资监督管理办法. 国务院国有资产监督管理委员会第34号令.

[17] 中央企业境外投资监督管理办法. 国务院国有资产监督管理委员会第35号令.

[18] 关于创新政府配置资源方式的指导意见. 2017.1.

·著作类

[19] 中国财政统计年鉴：2015 [M]. 北京：中国统计出版社，2016.

[20] 中国统计年鉴：2015 [M]. 北京：中国统计出版社，2016.

[2] 资本论：第1卷 [M]. 北京：人民出版社，1975.

[22] 张庆龙. 资产管理与控制 [M]. 北京：企业管理出版社，2008.

[23] 上海财经大学课题组. 中国经济发展史（上、下）[M]. 上海：上海财经大学出版社. 2007.

[24] 杰克·赫什莱佛，约翰 G. 赖利. 不确定性与信息分析 [M]. 刘广灵，李绍荣，译. 北京：中国社会科学出版社，2000.

[25] 弗兰克 H. 奈特. 风险、不确定性与利润 [M]. 安佳，译. 北京：商务印书馆. 2006.

[26] 杨志远. 我国国有企业风险控制问题研究 [M]. 成都：四川大学出版社，2012.

·论文类

[27] 林岗. 国有企业改革的历史演进与发展趋势 [J]. 中国特色社会主义研究. 1999 (3)：34-38.

[28] 郑海航. 中国国有资产管理体制改革三十年的理论与实践 [J]. 经济与管理研究. 2008 (11)：3-14.

[29] 王加春，王萌. 国有资产管理体制改革30年 [J]. 经济研究参考. 2008 (49)：24-44.

[30] 李政. 中国国有企业改革的历史回顾与评析 [J]. 政治经济学评论. 2008 (2)：36-50.

[31] 庄心一. 国有控股上市公司总市值16万亿 [N]. 经济参考报，2014-11-03.

[32] 王健刚. 构建国有企业对外投资风险控制体系的管理模式研究 [J]. 上海管理科学. 2013 (2)：87-89.

[33] 廖红伟，乔莹莹. 产权视角下中国资源性国有资产管理体制创新 [J]. 理论学刊. 2015 (2)：41-48.

[34] 王秀丽，是松伟. 从控制企业未来现金流角度讨论产融结合的风险控制方法 [J]. 现代管理科学. 2015 (1)：6-8.

[35] 范巍. 国有企业非效率投资及其风险控制研究 [D]. 大连：东北财经大学. 2010.

[36] 张浩. 国有投资公司风险控制机制研究 [D]. 济南：山东大学. 2014.

[37] 高广鸣. 广西YH铁路公司资金管理风险控制研究 [D]. 南宁：广西大学. 2013.

[38] 王志伟. 基于风险管理的企业内部控制重构研究——英国风险管理发展对中国的启示 [D]. 天津：天津财经大学. 2006.

[39] 谢建宏. 基于风险控制的企业集团资金安全研究 [D]. 长沙：中南大学. 2009.

· 英文文献

[40] Jean-Marc Mercantini, Colette Faucher, Editors. Risk and Cognition [M]. New York: Dordrecht, 2015

[41] Rescher, N. Risk: A philosophical introduction to the theory of risk evaluation and management [M]. Washington D. C.: University Press of America, 1983.

[42] Caeymaex, F. Risquer, gérer, sécuriser: Techniques politiques de la modernité? In C. Kermisch & G. Hottois (Eds.), Techniques et philosophies des risques [M]. Paris: Vrin, 2007: 111-122.

[43] Beck, U. World at Risk [M]. Cambridge: Polity Press, 2009.

[44] Desheng Dash Wu, David L. Olson. Enterprise Risk Management in Finance [M]. New York: Palgrave Macmillan, 2015.

[45] Philip E. J. Green. Enterprise Risk Management: A Common Framework for the Entire Organization [M]. Amsterdam: Elsevier, 2016.

[46] The Committee of Sponsoring Organizations of the Treadway Commission. Enterprise Risk Management - Integrated Framework [R]. 2004.

[47] K. Lajili. Corporate Risk Disclosure and Corporate Governance [J]. Journal of Risk and Financial Management, 2009 (2): 94-117

[48] N. Cetorelli, S. Peristiani. Firm Value and Cross Listings: The Impact of Stock Market Prestige [J]. Journal of Risk and Financial Management, 2015 (8): 150-180.

[49] Kuo-Ping Chang. The Ownership of the Firm, Corporate Finance and Derivatives: Some Critical Thinking [M]. Singapore: Springer Singapore, 2015.

# 后记

本书是国家社科基金西部项目《完善国有大型企业资产风险管理体制研究》（项目编号：13XJY015）的研究成果。

本书在研究过程中，受到了四川省委党校的资助和支持。四川省委党校不仅为研究的开展提供了技术和资源的支持，也为研究成果的出版创造了良好的环境条件。特别感谢四川省委党校的姜凌教授、李翔宇教授、吴德辉教授，西南财经大学的纪尽善教授对研究的开展提出的宝贵建议与帮助。西南财经大学出版社的编辑老师为本书的出版付出了辛勤的劳动，在此一并表示感谢。

由于作者水平所限，研究还存在一些错弊粗漏。还请读者不吝指正。

杨志远

2017年10月